재미있는
영어 인문학
이야기
3

영어 단어를 통해 서양의 정치, 사회, 문화, 역사, 상식을 배운다

강준만 지음

The man who has no imagination has no wings

us, we are not given
to the mind

Despair is a
greater deceiver
than hope

War was my
university
muscle memory

Democracy is being allowed to vote for the
candidate you dislike least

When war is

The mind is given to

재미있는
영어 인문학
이야기
3

He dones no
cooking, no
washing, no
anything else.
How do I feel?

Freedom rings
where opinion clash

Life is a dead-end street

People don't have
time to choose
everything in
their lives

declared, Truth is
the first casualty

Who's putting
on a front?

Millennial Generation

Great leaders
require great
followers

While I breathe, I hope

No wise man ever
wished to be younger

인물과
사상사

컴퓨터 운영체제를 시작하는 걸 왜 '부팅'이라고 하나?

I admire him for pulling himself up by his own bootstraps(남의 도움을 빌리지 않고 혼자 힘으로 버티는 그가 가상하다).

이 문장에서 보듯, pull oneself up by one's (own) bootstraps는 "자력으로 일을 처리하다"라는 뜻이다. 같은 맥락에서 bootstrapper는 "독립·독행의 야심가, 자력으로 성공한 사람"을 뜻한다. 왜 그런 뜻을 갖게 되었을까? bootsrapper는 원래 등산화처럼 목이 긴 구두로 착용하기에 용이하게끔 구두 목 뒤에 붙은 가죽끈을 말하는데, 구두에 발을 넣고 그걸 잡아당기면 신기에 용이하다. 일을 하는 걸 목이 긴 구두를 신는 것에 비유한 것이다.

bootstrap은 1953년부터 비유적으로 컴퓨터 용어로 쓰이기 시작했다. 컴퓨터에서 사용자가 운영체제를 시작하는 것 또는 예비 명령에 의해 프로그램을 로딩loading하는 띄우기를 bootstrapping이라고 하며, 줄여서 booting이라고 한다.[1] 이 또한 컴퓨터를 시작하는 걸 목이 긴 구두를 신는 예비 작업에 비유한 것이다.

pull oneself up by one's (own) bootstraps는 미국에서 1950년대 말부터 시행된 Operation Bootstrap으로 인해 더욱 널리 쓰이게 되었다. 이는 푸에르토리코Puerto Rico가 경제적 자생력을 가질 수 있게끔 하는 미국의 원조 정책으로, 푸에르토리코에 미국 기업의 공장을 세우는 등의 방법으로 bootstrap을 제공하는 것이었다.[2]

가수 신해철의 유작 앨범명은 〈리부트 마이셀프Reboot Myself〉였다. 리부팅은 자기계발 분야에서도 자주 외치는 구호이기도 하다. 한 번 실패했거나 큰 어려움을 겪고 있는 사람들에게 용기를 내 다시 한 번 시도해보자는 취지에서 "인생을 리부팅하자"라는 식으로 많이 쓰인다.

부팅은 경영 용어로도 쓰인다. 예컨대, '명품 패딩'의 선구자 격인 브랜드 '몽클레르Moncler'는 쓰러져가는 브랜드를 컴퓨터 전원을 껐다가 다시 켠 것처럼 '재부팅rebooting'하는 데 성공한 사례로 거론된다. 몽클레르는 스포츠용품으로 쓰이던 거위털 재킷을 명품 패션으로 재정의하고, 새로운 브랜드 정체성을 구축함으로써 새로운 시장을 개척하고 선점하는 효과를 누렸다.[3]

미국 정치학자 찰스 세이블Charles F. Sabel, 1947~은 '부트스트래핑bootstrapping'이라고 명명한 시스템 해법을 제시했다. 부트스트래핑은 일본의 자동차회사 전체를 아우를 뿐 아니라, 다른 업계와 문화 부문까지 폭넓게 포용하는 도요타의 유명한 자동차 생산 체제를 모범으로 한 것인데, 그 기본 발상은 생산 시스템의 어느 한 부분이 작동하지 않을 경우 시스템 전체를 중단하고 일단 그 문제부터 해결하는 '적시just in time' 원칙에 따라 구축해야 한다는 것이다(이 원칙은 일본에서 터무니없이 비싼 공간을 절약하는 데 기여했다).⁴ 이와 관련, 미국 사회학자 덩컨 와츠Duncan J. Watts는 다음과 같이 말한다.

"언뜻 보기에는 별로 좋은 생각 같지 않지만(적어도 한 번은 도요타를 재앙 직전으로 몰고 가기도 했다) 각 조직이 문제를 신속하고 공격적으로 해결할 수밖에 없도록 강제한다는 이점이 있다. 또한 시스템의 한 부분에서 생긴 결함이 어떻게 다른 부분의 오작동으로 이어지는지 알아내려면, 지금 일어난 오작동의 직접적인 원인 너머를 살펴봐야 하므로 문제의 '근본 원인'을 캐낼 수 있다.……부트스트래핑의 단점이라 할 만한 것은 문제가 생기는 즉시 그 문제를 해결하도록 작업자에게 동기를 부여하려면 강한 인센티브가 필요하다는 점이다."⁵

이상은 '재미있는 영어 인문학 이야기'의 한 샘플로 써본 것이다. 모두 100가지의 그런 이야기를 담고 있는 이 책은 『교양영어사전』(2012), 『교양영어사전 2』(2013), 『인문학은 언어에서 태어났다: 재미있는 영어 인문학 이야기』(2014), 『재미있는 영어 인문학 이야기 1』(2015), 『재미있는 영어 인문학 이야기 2』(2015)에 이어 내놓는 이 분야의 6번째 책이다. 이 일은 이른바 '잡학雜學 상식'에 대한 열정으로 내가 재미있고 좋아서 하는 일이다. 독자들이 내가 누린 재미의 일부라도 공유할 수 있기를 바랄 뿐이다.

2015년 12월

강준만

제3장 자연·과학·기술

●

제4장 정치·권력·리더십

●

제5장 심리 · 마음 · 두뇌

◉

제6장 대중문화 · 미디어 · 언론

◉

제7장 남녀관계 · 노동 · 스포츠

제8장 신체 · 건강 · 보건

제9장 소통 · 의견 · 학문

●

제10장 인생 · 삶 · 행복

●

제1장

●

Minnesota
Dixie
South Carolina
Amazing Grace
confederate battle flag
Abilene
Sun Valley
New Mexico
Santa Fe
Millennial Generation

●

미국의 지리와 역사

왜 한국전쟁 참전 미군 중 미네소타 출신이 많았을까?

●
Minnesota

Minnesota는 미국 중서부Midwest에 있는 주州 이름이다. 인디언 다코타Dakota족의 말로 "하늘빛 물sky-tinted water"이란 뜻이다. 북쪽으로 캐나다(매니토바주, 온타리오주)와 국경이 맞닿으며, 동쪽으로는 위스콘신주와 슈피리어호Lake Superior, 남쪽으로 아이오와주, 서쪽으로 노스다코타주 · 사우스다코타주와 접하며 슈피리어호 건너로는 미시간주와 마주하고 있다.

1858년에 32번째 주가 된 미네소타주의 면적은 22만 5,111제곱킬로미터로 미국 50개 주 가운데 12위, 중서부 지역에서 가장 큰 주다. 가장 큰 도시는 미니애폴리스Minneapolis(인구 40만 명), 주도州都는 세인트폴Saint Paul(인구 30만 명)이다. 세인트폴이라는 이름의 도시는 미국 내에 모두 14개가 있다. 미니애폴리스와 세인트폴은 인접해 있어 둘을 합한 메트로폴리탄 지역을 Twin Cities라고 하는데, 여기에 사는 인구가 전체 인구의 60퍼센트를 차지한다.

미네소타주의 인구는 545만 7,173명(2014년)으로 21위, 인구밀도는 1제곱킬로미터당 25.9명으로 31위, 가구당 중위

소득은 5만 8,906달러로 9위다. 스칸디나비아계와 독일계 인구가 가장 많다. 미시시피강의 발원지이기도 한 미네소타주의 별명은 "Land of 10,000 Lakes(1만 호수의 땅)"인데, 이는 결코 과장이 아니다. 10에이커가 넘는 크기의 호수가 모두 1만 1,842개나 된다(1에이커는 4,047제곱미터 또는 1,224평).

미네소타주의 또 다른 별명은 "North Star State(북극성 주)"와 "The Gopher State(뒤쥐 주)"다. gopher는 굴을 파서 땅속에서 사는 땅다람쥐로, Gopher는 미네소타주 주민을 가리킨다. 소문자로 쓴 gopher는 "아주 열성적인 사람, 끈질긴 사람(외판원), 사환, 불량소년, 잘 속는 사람" 등 다양한 뜻을 갖는다.

미네소타대학University of Minnesota-Twin Cities 스포츠팀들을 Golden Gophers, 이들의 마스코트를 Goldy Gopher로 부른다. Gopher는 1991년 미네소타대학이 개발한 인터넷 검색 시스템 이름이기도 하다. 항공모함 USS 미네소타USS Minnesota와 잠수함 고퍼SS Gopher State는 미네소타주를 기리는 의미에서 이런 이름을 얻었다.[1]

미네소타주는 알래스카주를 제외한 미국 본토 주 가운데 가장 북쪽에 있어 겨울이 길고 매우 춥다. 6·25 때 한국 땅을 밟은 미네소타 출신 군인이 9만 4,000여 명에 달할 정도로 많은 것도 기후와 관련이 있다. 태평양사령관 더글러스 맥아더 Douglas MacArthur, 1880~1964가 본국에 "한국의 혹한을 견딜 군인을 보내달라"고 했더니 1년 중 거의 절반이 겨울인 미네소타 출신이 대거 차출되었다. 1950년 겨울 미군이 개마고원에서 중공군과 벌인 장진호전투에서 전사한 미네소타 군인만도 4,000여 명이다.

한국전쟁 참전 용사가 많은 까닭에 일찍부터 한국에 대한 이해와 애정이 컸다고 한다. 미네소타에는 한국에서 입양된 사람이 교민보다 2배 많은 2만 8,000여 명이다. 1955년부터 7년간 1,000만 달러를 들여 220여 명의 한국인 공·농·의학도를 미국에서 공부시키는 프로그램이었던 '미네소타 프로젝트'는 제2차 세계대전 후 개도국 교육 원조 사업 중에 최대 규모였으며 훗날 가장 성공한 사업으로 평가받았다. 미국에서 선진 의술을 익힌 70여 명의 의사 중 3명만 빼고 미국에 남으라는 제안을 뒤로하고 모두 고국으로 돌아왔는데, 이렇듯 우리에게 선진 의술을 가르쳤던 미네소타대학 병원이 2016년 의료진 30여 명을 서울아산병원 외과 이승규 교수팀에 보내 생체 간이식을 배우기로 했다고 해서 화제가 되었다.[2]

1956년 건축가 빅토르 그루엔Victor Gruen, 1903~1980이 미니애폴리스 교외郊外의 이다이너Edina에 건설한 사우스데일 몰 Southdale Mall은 오늘날 전 세계로 퍼져 나간 쇼핑몰shopping mall의 원형으로 유명하다. 당시 사우스데일 몰의 개장은 모든 언론이 총출동해 대서특필한 경이로운 사건이었다.

72층짜리 건물로 10에이커(4만 470제곱미터)에 달하는 실내 쇼핑 구역에 5,200대의 차를 주차할 수 있는 45에이커(약 18만 2,115제곱미터)의 주차장은 사우스데일 몰이 소비의 신전 神殿이 아닌가 하는 생각을 갖게 하기에 족했다. 어디 그뿐인가. 사우스데일 몰은 계절에 관계없이 실내 온도를 조절함으로써 밀폐된 공간에 마법의 세계를 방불케 하는 환상적인 환경을 재현하는 데 성공함으로써, 소비자들은 이곳에서 바깥 세계의 소음, 산만함, 사고, 긴장감에서 해방될 수 있었다. 이후 미국과 다른 나라들의 거의 모든 쇼핑몰이 이걸 모방함으

로써 사우스데일 몰은 쇼핑몰의 원형이 되었다.[3]

우리에게 '포스트잇'이나 '스카치테이프'의 제조업체로 잘 알려진 '3M'은 '미네소타 광업·제조Minnesota Mining & Manufacturing'에서 따온 것으로, 문방구업 이미지와는 달리 5만 가지 이상의 제품을 갖고 있으며 매년 100개 이상의 획기적인 신제품을 내놓을 정도로 '혁신의 대명사'로 꼽히는 기업이다. 미네소타주의 대표 기업 중 하나인 3M의 2014년 매출은 318억 달러로 '2014 포천 500대 미국 기업' 순위에서 101위를 차지했다. 이 회사엔 그 유명한 '15퍼센트 룰'이 있다. 연구·개발 부서 직원 전체가 자신들의 업무와 관계없는 프로젝트에 업무 시간의 15퍼센트를 할애할 자유를 갖는다는 룰이다.

1949년부터 1966년까지 3M의 회장을 지낸 윌리엄 맥나이트William L. McKnight, 1887~1978가 만들고 실천했다고 해서 '맥나이트 원칙McKnight principle'이라고도 한다. 포스트잇의 공동 개발자 제프리 니콜슨Geoffrey Nicholson은 "어떤 사람은 그만큼의 시간도 쓰지 않고, 또 어떤 사람은 그보다 더 많은 시간을 쓴다. 그것은 꿈을 꾸는 것도 허용하는 규칙이다"고 말한다.[4]

왜 미국 남부를
'딕시'라고 할까?

●
Dixie

　　　　　　　Dixie(딕시)는 미국 남북전쟁
(1861~1865) 때 남부연합**CSA: Confederates States of America**을 결
성한 11개 주들을 가리키며, 오늘날엔 미국 남부의 별명으로
쓰인다. 남북전쟁 당시 남부연합 병사들은 〈Dixie〉라는 노래
를 거의 국가처럼 불렀다. 이 노래는 1861년 2월 18일 앨라배
마주 몽고메리**Montgomery**에서 열린 제퍼슨 데이비스**Jefferson
Davis, 1808~1889**의 남부연합 대통령 취임식에서 연주되기도 했
다.[5]

　　1859년 대니얼 에멋**Daniel Emmett, 1815~1904**이 지은 이 노
래는 〈I Wish I Was in Dixie〉 또는 〈Dixie's Land〉라고도 한
다. 남부연합은 국기로 붉은 바탕에 흰 별이 그려진 파란 십자
가를 채택했는데, 이 딕시 기**Dixie flag**는 'rebel flag(반란 기)'
또는 'Southern cross(남부 십자가)'라고도 하며 지금도 남부
주에 가면 자주 볼 수 있다. 딕시라는 단어의 유래에 대해선
크게 보아 3가지 설이 있다.

　　첫째, 남북전쟁 직전 루이지애나주 은행들이 발행한 10달
러 지폐에 10을 의미하는 프랑스어 딕스**Dix**가 적혀 있었던 데

서 유래되었다는 설이다. 루이지애나주에서 프랑스어를 사용하는 지역을 가리켜 '딕시랜드Dixieland'라고 불렀는데, 이것이 다른 남부 주들을 가리키는 이름이 되었다는 것이다.

둘째, 뉴욕 맨해튼에 거주하던 노예 소유주 미스터 딕시Mr. Dixy가 노예들을 인간적으로 대우해 다른 농장의 노예들이 그의 농장을 부러워하며 'Dixy's Land'라고 부른 데서 유래했다는 설이다.

셋째, 1763년에서 1767년 사이에 형성된 '메이슨딕슨 선Mason-Dixon Line'에서 유래되었다는 설이다. 측량기사 찰스 메이슨Charles Mason, 1728~1786과 제레미아 딕슨Jeremiah Dixon, 1733~1779의 이름을 따서 지은 '메이슨딕슨 선'은 메릴랜드와 펜실베이니아를 나누는 경계선으로 남과 북, 노예제도와 자유를 가르는 경계선 역할을 해왔으며, 오늘날에도 미국 북부와 남부를 정치적·사회적으로 구분하는 상징적인 경계선으로 남아 있다.

앨라배마주는 남북전쟁 직전 연방 탈퇴의 선도자였고, 현 주도州都인 몽고메리Montgomery는 남부연합Confederate States의 첫 번째 수도였다. 그래서 앨라배마주의 별명은 "Heart of Dixie(남부의 심장)"다. Heart of Dixie라는 제목의 영화와 노래도 있다.[6]

딕시크랫Dixiecrat은 남부의 보수적인 민주당 지지자들을 가리키는 말이다. 딕시 작전Operation Dixie은 산별노조 회의 등이 1950년대에 남부 농장 노동자들의 대다수를 차지하던 흑인 노동자들을 조직하고자 시도한 것으로, 민주당 남부 보수파의 지지를 잃어버릴 것이 두려웠던 제33대 대통령 해리 트루먼Harry Truman, 1884~1972에 의해 좌절되었다.[7]

남부를 세분화해서 표현하는 별칭도 많다. Old South는 1776년 미국 건국 당시 노예제도가 유지되던 주 또는 여기에 1860년 당시 노예제도를 인정했던 주를 포괄해서 부르는 이름이다. Solid South는 남북전쟁에서 패배한 뒤 공화당에 대한 반감으로 100여 년간 민주당을 강력하게 지지한 남부의 정치적 성향을 가리키는 말이다. New South는 버지니아에서 플로리다에 이르는 남대서양에 있는 주들을 가리키는 말이다. Gulf South는 플로리다에서 텍사스까지 멕시코만Gulf of Mexico에 인접한 주들을 가리킨다. Deep South는 루이지애나, 앨라배마, 미시시피, 조지아, 사우스캐롤라이나 등 이른바 '목화벨트Cotton Belt'에 속하는 주들을 가리킨다.[8]

아직도 남북전쟁 시절을 잊지 못하는 대표적인 주는 어디인가?

●
South Carolina

　　　　　　　While I breathe, I hope(숨을 쉬는 동안엔 희망이 있다). 미국은 각 주州마다 슬로건을 갖고 있는데, 이는 동남부에 있는 사우스캐롤라이나South Carolina주의 슬로건이다. 살아 있는 동안엔 희망을 가지라는 뜻이다. 그런 희망이 필요한 재난이 2015년 10월 사우스캐롤라이나를 덮쳤다. 허리케인 호아킨의 영향으로 기록적인 폭우가 쏟아져 엄청난 피해가 발생한 것이다. 사우스캐롤라이나 찰스턴 Charleston은 10월 3일 하루 동안에만 29.21센티미터의 비가 내리는 등 "1000년에 한 번 발생할 정도의 강우량"이 기록되어 이날 버락 오바마 대통령은 사우스캐롤라이나주에 비상사태를 선포했다.[9]

　　Carolina라는 이름은 1629년 당시 영국 왕인 찰스 1세 Charles I, 1600~1649, 재위 1625~1649, 즉 Charles를 라틴어로 옮긴 것이다. 좀더 정확히 말하자면, '찰스의 땅'이란 뜻이다. 원래는 Carolina라는 하나의 식민 영지였으나, 1729년 North Carolina와 South Carolina로 분리되었다.

　　사우스캐롤라이나는 북쪽으로는 노스캐롤라이나, 남서

While I breathe, I hope

쪽으로는 조지아주, 동쪽으로는 대서양에 접해 있다. 사우스캐롤라이나의 면적은 8만 2,931제곱킬러미터로 미국 50개 주 가운데 40위, 인구는 483만 명(2014년)으로 24위, 인구밀도는 1제곱킬로미터당 60명으로 19위, 1인당 중위소득은 4만 4,625달러로 38위다. 주도州都이자 최대 도시는 컬럼비아 Columbia로 인구는 13만 명(2013년)이다. 주의 별명은 'The Palmetto State'인데, palmetto(팔메토)는 종려나무 모양의 잎을 가진 야자나무다.

사우스캐롤라이나는 에이브러햄 링컨Abraham Lincoln, 1809~1865이 대통령으로 당선된 지 얼마 지나지 않은 1860년 12월 20일 연방에서 탈퇴한 최초의 주다. 또한 사우스캐롤라이나는 남북전쟁 당시 남부연합에서 가장 격렬하게, 또 최후까지 저항한 곳이다. 지금까지도 살아 있는 그런 저항성은 사우스캐롤라이나 출신 대학생의 다음과 같은 말에서 잘 드러난다.

"난 고등학교 전까지 남북전쟁에서 남군이 이긴 줄 알고 있었어요. 어린 시절 내내 남군의 영웅담만 들었거든요. 누구도 남군이 졌다고 얘기하지 않았어요. 고등학교 교과서에서 처음 그 사실을 접하고 엄청난 충격을 받았어요. 아니 우리가 졌다니."[10]

사우스캐롤라이나는 여성에게 남성과 동등한 참정권을 허용한 수정헌법 제19조(1920년)를 처음에 거부한 주였으며, 2015년 현재 주의회의 여성 의원 비율은 13.5퍼센트로 미국 전체 평균인 24.3퍼센트에 크게 못 미치는 주다(사우스캐롤라이나보다 여성 의원 비율이 낮은 주는 루이지애나, 오클라호마, 와이오밍). 2011년 통계에 따르면, 남성에 의한 여성 살해 비율은

24

사우스캐롤라이나가 미국에서 가장 높다.[11]

사우스캐롤라이나의 보수성 또는 복고성은 2000년 5월 사우스캐롤라이나 주정부 청사의 남부연합기 게양 사건으로 입증된 바 있다. 이후 미국 사회에 뜨거운 논란을 불러일으킨 남부연합기 게양 논란의 한복판엔 늘 사우스캐롤라이나가 있었다.

왜 버락 오바마는 찰스턴에서
〈놀라운 은총〉을 불렀는가?

Amazing Grace

놀라운 은총이여! 나같이 타락한 자에게도

구원의 손길 내리시는 다정한 음성!

나는 버려진 자식 그러나 지금은 집을 찾았네!

눈 뜬 장님이었으나 지금은 보이네.

나를 두려움에 떨게 하신 그 은총이

두려움을 도로 거두어주셨네.

내가 처음으로 믿음을 가진 순간

그 은총 정말 소중했네!

가시밭길 쑥 넝쿨 다 지나서

나 이제 여기 왔네.

이토록 멀리까지 나를 고이 인도하신 은총이여

이 몸을 천국으로 이끌어주시리.

천년만년 그곳에서 복락을 누릴 때

태양같이 빛나는 우리의 마음

주님 찬미하는 노래 소리는

처음과 같이 세세에 영원하리.[12]

미국인의 "영적인 국가國歌"로 불리는 〈놀라운 은총Amazing Grace〉의 가사다. 영국 성공회 사제 존 뉴턴John Newton, 1725~1807이 가사를 썼고, 작곡가는 미상이며 스코틀랜드 민요에서 기원했다는 등 여러 설이 있다. 노예무역에 종사했을 뿐만 아니라 지저분한 입으로 악명을 떨쳤던 뉴턴은 1748년 자신이 탄 노예무역선이 엄청난 폭풍우에 휩쓸려 전복 일보 직전에 놓이자 죽음을 맞이할 각오로 마지막 기도를 올렸다. "주여! 자비를 베푸소서!" 배는 기적처럼 폭풍우에서 벗어났다. 제2의 삶을 살게 된 뉴턴은 성공회 사제의 길을 택했고, 1772년에 이 〈놀라운 은총〉을 썼다. "한때는 길 잃고, 한때는 장님이었던 죄인(노예무역 종사자)조차 살리신 하나님의 은총"을 가사에 담은 것이다.

이 곡은 영국에서는 주목받지 못했으나, 1789년 미국에 소개된 후 널리 파급되었다. 18세기 후반부터 미국에서 국가적 신앙 부흥 운동이 일어났는데, 당시 설교를 듣기 위해 모인 미국인들은 설교가 끝나면 〈놀라운 은총〉의 앞 구절을 함께 불렀다. 미국 남북전쟁(1861~1865) 때도 〈놀라운 은총〉은 남북을 가리지 않고 사망자를 추도하고 전쟁으로 상처받은 자를 치유하는 곡으로 쓰였다. 〈놀라운 은총〉는 20세기 들어서도 수많은 가수에 의해 수천 번 녹음되었을 정도로 인기를 누려 때론 대중음악 차트에 오르기도 했다.[13]

2015년 6월 17일 미국 사우스캐롤라이나주 찰스턴에 있는 흑인 교회인 이매뉴얼 아프리카 감리교회에서 백인 청년 딜런 루프Dylann Roof가 총기를 난사해 클레멘타 핑크니Clementa Pinckney 목사를 비롯해 흑인 9명이 숨지는 비극이 발생했다. 6월 26일 미국 대통령 버락 오바마는 찰스턴대학 강당에서 열린 희생자 추도식에서 "인종주의에서 비롯된 테러"라고 언급하며 "용의자 딜런 루프는 자신의 행위가 미국을 분열시키리라 생각했을 것"이라고 말했다. 그는 "그러나 신의 은혜는 교묘히 작동해, 끔찍한 비극을 겪은 미국으로 하여금 그동안 몰랐던 것에 눈을 뜨게 했다"며 미국 내 뿌리 깊은 인종차별을 언급했다. 그는 "인종 문제는 하루아침에 사라지지 않는다. 다만 우리가 다시 침묵에 빠진다면 그것은 핑크니 목사의 죽음에 대한 배신"이라고 지적했다.

말을 마친 후 한동안 침묵에 빠졌던 그는 낮은 목소리로 찬송가 〈놀라운 은총〉을 부르기 시작했다. 대통령이 노래하는 이례적인 모습에 놀랍다는 웃음이 터져나왔으나 이내 추도객 모두 기립해 함께 부르기 시작했다. 찬송가가 울려 퍼지는 동안 오바마는 숨진 9명의 이름을 차례로 읊었다. 그는 "이들 모두 은총을 받았다. 신께서 미국에도 은혜를 내려주시길"이라며 추도사를 마쳤다. 그의 35분 추도사는 마틴 루서 킹Martin Luther King, 1929~1968 목사의 '나는 꿈이 있습니다'에 버금가는 기념비적 연설로 평가받았다. 『워싱턴포스트』는 이 연설을 "역대 최고의 사회 통합 메시지"라고 했다.[14]

왜 사우스캐롤라이나주 의사당엔 남부연합기가 휘날렸는가?

confederate battle flag

2015년 6월 17일 미국 사우스캐롤라이나주 찰스턴에 있는 흑인 교회인 이매뉴얼 아프리카 감리교회에서 백인 청년 딜런 루프Dylann Roof가 총기를 난사해 9명을 죽인 사건이 발생했는데, 로프가 범행 전 인터넷에 올린 사진 속에서 한 손에 들고 있던 깃발, 즉 '남부연합기'로 인해 미국 사회가 다시 뜨거운 남부연합기 논쟁에 휘말려들었다.

일명 '군인의 깃발the soldier' s flag'로 부르기도 하는 남부연합기의 정식 명칭은 '연합군 전투 깃발confederate battle flag'로 남북전쟁(1861~1865) 당시 노예제도에 찬성하던 남부연합이 사용하던 깃발을 통틀어 일컫는다. 전쟁 초기부터 5년간 여러 차례 디자인이 바뀌었지만, 미국 국기인 '성조기'와 마찬가지로 붉은색, 푸른색, 하얀색을 주요 색상으로 하고, 미국의 주를 별 모양으로 표시한 건 같다. 하지만 성조기와 달리 이 깃발에 등장하는 별은 13개뿐이다. 노예제에 찬성했던 13개 주를 의미한다.

1861년 처음 만들어진 남부연합기에는 사우스캐롤라이나 · 미시시피 · 앨라배마 등 노예제 찬성 지역을 상징하는 별

29

이 7개뿐이었지만, 이후 버지니아·아칸소 등 4개 주가 가세하고 북부 인근 지역인 미주리와 켄터키까지 합류하면서 총 13개로 늘었다. 남부연합기는 남북전쟁이 끝난 뒤, 미국 대다수 지역에서 인종차별을 상징한다는 이유로 금지되었지만, 남부의 정서는 북부와 크게 달라 자주 사회적 논란을 빚었다.[15]

2000년 3월 4일 미합중국에서 분리 독립을 요구하는 남부연방 분리주의자 2,500명이 앨라배마주 주도 몽고메리에서 남부연합기를 앞세우고 시위를 벌였다. 이들은 남북전쟁 당시의 회색 빛 남군 복장을 입고 시위를 한 뒤 남부 분리의 첫 단계 조처로 '남부 문화 독립선언문'을 채택하기도 했다. 이해 5월엔 사우스캐롤라이나 주정부 청사의 남부연합기 게양이 뜨거운 논란을 불러일으켰다.[16]

2001년 새로 만들어진 조지아주 기의 한 부분에는 그전보다는 작은 크기이긴 하지만 여전히 남부연합기가 그려졌는데, 주 상원과 하원은 '남부연합의 역사적 중요성을 인식하기 위해' 비판적 여론에도 그 같은 결정을 내렸다고 발표했다.[17]

2003년 민주당 대선 후보 경선에서 하워드 딘Howard Dean, 1948~은 공화당 지지 성향의 남부 백인을 민주당 편으로 끌어들이고 싶다는 뜻을 피력하기 위해 "나는 픽업트럭에 남부연합기를 달고 다니는 사람들을 위한 후보가 되고 싶다"고 말했다. 이 발언이 논란을 빚자, 딘은 "노예제도와 인종주의 탄압의 역사를 강하게 기억하고 있는 사람들에게 남부연합기는 고통스러운 상징"이라는 점을 인정하면서 사과했다.[18]

2009년 2월 링컨 탄생 200주년 추모 분위기가 북부를 휩쓴 가운데 남부는 '썰렁한' 분위기를 보여 대조를 이루었다. AP통신은 "1860~1861년 연방에서 탈퇴해 '남부연맹'을 구성했던 남부 11개 주 대부분에서 뚜렷하게 차분한 분위기다"며 "남부는 여전히 링컨의 땅이 아니다"고 전했다. '링컨 탄생 200주년 기념 전국위원회'는 각 주정부에 탄생 200주년 기념 행사 운영위원회 구성을 촉구했으나, 연방을 탈퇴했던 11개 주 가운데 앨라배마와 루이지애나 2곳만 구성했다. 남부연맹의 두 번째 수도였던 리치먼드Richmond가 있는 버지니아주에서는 주의원들이 기념위원회 구성을 거부했다. 자신의 조상이 남부군에 참여했던 로버트 램Robert Lamm 의원은 "우리 땅에 쓰레기를 버리도록 군대를 보낸 대통령을 기념할 수는 없다"고 주장했다.[19]

이런 수준의 남북 갈등은 이후에도 계속되었지만, 딜런 루프의 총기 난사 사건을 계기로 사우스캐롤라이나주 의사당에 내걸려 있는 남부연합기의 철거 여부를 두고 공화당 지도부에서 논쟁이 벌어지기 시작했다. 2012년 공화당 대선 후보였던 밋 롬니Mitt Romney는 2015년 6월 20일 트위터에 "남부연합기를 끌어내려라. 이것은 인종 증오의 상징이다"라는 글을 띄워 논쟁을 지폈다. 이어 2016년 대선 후보 중 한 명인 젭 부시Jeb Bush 전 플로리다 주지사도 페이스북에 "플로리다주에선 남부연합기를 박물관으로 옮겼다"며 사우스캐롤라이나주에서도 올바른 선택을 해야 한다고 강조했다.

반면, 또 다른 대선 후보자인 테드 크루즈Ted Cruz 상원의원은 "이것은 사우스캐롤라이나주에서 결정할 문제"라며 "조상들의 희생과 자신들의 주의 전통을 기억하고 싶은 사람들도 이해한다"고 말했다. 버락 오바마 대통령의 견해에 대해, 에릭 슐츠Erich Schultz 백악관 대변인은 "오바마 대통령은 남부연합기가 박물관에 있어야 할 것이라고 생각한다"고 전했다.[20]

하지만 2014년 윈스럽대학Winthrop University 조사에서 사우스캐롤라이나 주민 62퍼센트가 이 깃발에 긍정적 또는 중립적 견해를 나타냈다는 게 문제다. 백인우월주의 단체인 남부연맹의 마이클 힐 회장은 성명에서 "퇴출되어야 할 것은 남부연합기가 아니라 성조기"라며 "성조기는 다문화주의, 관용, 다양성 등 좌파들의 불경스러운 삼위일체"라고 밝혔다. 『뉴욕타임스』는 9명이 비명횡사한 뒤 사우스캐롤라이나 주의회 건물의 성조기와 주정부 깃발은 조기弔旗가 게양되었지만 남부연합기만은 정상 게양되어 있다는 사실에 많은 사람이 경악하고 있다고 전했다.[21]

온라인 쇼핑몰인 아마존과 이베이, 구글, 대형 유통업체인 타깃, 백화점 체인인 시어스Sears도 남부연합기와 유사 상품들의 판매를 불허한다고 발표했다. 구글은 "남부연합기는 특정 그룹에 대한 혐오를 표현하는 것으로 여겨지는 내용은 허용하지 않는 우리의 광고 규정에 어긋난다고 결론내렸다"며 검색에서 몇몇 목록과 광고를 중단할 것이라고 밝혔다. 미 최대 유통업체인 월마트는 남부연합기가 새겨진 상품을 취급하지 않기로 했다고 밝혔다.

남부연합기 게양에 대한 비난 여론이 빗발치자, 사우스캐롤라이나 주의회는 6월 23일 의사당에서 남부연합기를 퇴출시키자는 의안을 압도적인 찬성으로 가결했다. 찰스턴에 있는 명문 주립군사학교 시타델Citadel의 이사회도 남부연합 해군기를 캠퍼스에서 퇴출시키기로 9대 3으로 가결했다. 또 테리 매콜리프Terry McAuliffe 버지니아 주지사는 이 주의 자동차 번호판에서 남부연합기 문양을 제거하라고 지시했으며, 메릴랜드주, 노스캐롤라이나주, 테네시주도 같은 조처를 취하기로 결정했다. 7월 10일 오전 10시 사우스캐롤나이나주 의사당 앞에서 펄럭이던 남부연합기의 하강식, 즉 철거식이 거행되었다.[22]

사우스캐롤라이나 출신으로 현장에서 이 철거식을 지켜본 미국의 대표적 흑인인권 운동가 제시 잭슨Jesse Jackson 목사는 정치적 압박과 물리적 위협 속에서도 남부연합기 퇴출을 이끌어낸 공화당 소속 니키 헤일리Nikki Haley 주지사의 노력을 높이 평가하면서도 "깃발 하나를 끌어내렸다고 이 사회가 변했다고 생각하는 건 착각이다. 사회 곳곳의 인종차별적 패권주의를 다 끌어내려야 한다"고 말했다. 그는 "사우스캐롤라이나 인구의 25%가 흑인인데 감옥에 갇힌 죄수의 구성은 75%가 흑인"이라며 "노예제는 불법이지만 많은 흑인들이 교도소에서 감옥 노동자로 살아가고 있다"고 지적했다. 그는 "지금도 노예제는 '다른 이름'으로 이 사회에 존재한다"며 "남북전쟁은 끝나지 않았다"고 말했다.[23]

소떼가 몰려들던 '평원의 도시'를 아시나요?

●
Abilene

미국에서 남북전쟁이 끝났을 때 텍사스 목장에는 약 500만 마리의 소떼가 있었다. 동부에선 영국산 쇼트혼shorthorn을 키운 반면, 텍사스의 소는 스페인산 롱혼longhorn이었다. 롱혼은 무엇이든 닥치는 대로 잘 먹고 3개월 동안 하루에 16~19킬로미터를 이동할 수 있는 탁월한 기동성을 자랑했다.[24]

북부 시장에서 소 가격이 오르자, 1867년부터 텍사스 소 방목업자들은 미주리주 세달리아Sedalia의 소 시장으로 약 26만 마리의 소떼를 몰고 가는 장관을 연출하기 시작했다. 각 주요 목장을 대표하는 카우보이들이 소떼를 몰고 갔다. 캔자스주의 애빌린Abilene도 대규모 소떼 집결지였다. 1867년에서 1871년 사이에 카우보이들은 치스홀름 통로Chisholm Trail를 따라 146만 마리의 소떼를 그곳으로 몰고 갔다. 이후 '장거리 이동'이 소 방목의 토대가 되었다.[25]

1880년대부터는 철도를 통해 소를 실어 날랐는데, 텍사스주에서 소를 기차에 싣는 주요 거점인 목적지인 캔자스주의 애빌린을 따라 애빌린이라는 이름을 얻었다. 애빌린은 『성경』

「누가복음Luke」 3장 1절에 나오는 지명으로 '평원의 도시city of the plains'란 뜻이다. 텍사스주 중서부에 있는 애빌린은 오늘 날 11만 7,000명(2010년 기준)의 인구를 가진 도시로 성장했 지만, 애빌린의 원조인 캔자스주 애빌린의 인구는 6,800명에 불과하다.[26]

텍사스주 애빌린은 소떼의 집결지였던 만큼 스테이크 요리로 유명하다. 1974년 7월 미국 조지워싱턴대학 경제학 교수 제리 하비Jerry B. Harvey는 텍사스주 콜먼Coleman시에 있는 처가를 방문했다가 처가 식구들과 함께 그곳에서 85킬로미터 떨어진 애빌린으로 스테이크를 먹으러 갔다. 뜨거운 여름날 그건 고행苦行이었으며, 스테이크 맛도 별로였다. 돌아온 후 모두가 불평을 했는데, 그 과정에서 밝혀진 건 그 누구도 애빌린에 가는 걸 원치 않았다는 사실이다. 장인이 별 생각 없이 "우리 스테이크 잘하는 애빌린시에 가서 저녁 먹을까?"라고 말한 게 발단이 되었던 것인데, 장인 역시 나중에 "난 다들 너무 심심해하기에 그냥 해본 말이었어. 근데 전부 찬성했잖아?"라고 항변했다.

하비는 이 경험을 근거로 「애빌린 패러독스: 합의 관리 The Abilene Paradox: The Management of Agreement」라는 논문을 발표해 경영학 분야에서 큰 화제를 불러일으켰다. 그는 이 논문에서 아무도 원치 않았는데 만장일치의 합의로 나타난, 즉 누구도 왜 그렇게 했는지 이해가 안 되는 현상을 가리켜 '애빌린 패러독스'라는 이름을 붙였다. 우리말로 옮기자면, '동의되지 않은 합의의 모순' 또는 '만장일치의 착오'라고 할 수 있겠다. 이른바 '집단사고groupthink'의 한 유형인 셈이다.[27]

왜 매년 7월 아이다호주에선 '코끼리 박치기'가 일어나나?

●
Sun Valley

Idaho(아이다호)는 미국 북서부에 있는 주 이름이다. 인디언 말로 "태양이 뜨는 땅"이란 뜻이다. 슬로건은 라틴어로 Esto Perpetua인데, 영어로 "Let it be forever(영원하라)" 또는 "Let it endure forever(영원히 지속하라)"라는 뜻이다. 1890년 43번째 주가 되었으며, gemstone(보석)이 많다고 해서 별명은 Gem State(보석 주)다. 감자가 많이 생산되어, Potato State라고도 불린다. 주도州都이자 가장 큰 도시는 보이시Boise다.

아이다호주는 워싱턴주, 오리건주, 네바다주, 유타주, 몬태나주, 와이오밍주와 주 경계를 접하며, 캐나다의 브리티시컬럼비아주와도 국경을 접한다. 아이다호주의 면적은 21만 6,632제곱킬로미터로 미국 50개 주 가운데 14위, 인구는 163만 4,464명(2014년)으로 39위, 인구밀도는 1제곱킬로미터당 7.4명으로 44위, 1인당 소득은 3만 1,632달러(2009년)로 48위다.[28]

Sun Valley(선 밸리)는 아이다호주에 있는 휴양지로, 스키, 골프, 하이킹, 사이클링 등을 즐기려는 미국 부자들의 별장이 많이 몰려 있는 곳이다. 이곳에서 매년 열리는 '미디어 · 테크놀로지 콘퍼런스(일명 선 밸리 콘퍼런스)'가 유명하다. 선 밸리라는 지명은 아이다호주 외에 캘리포니아주, 네바다주, 텍사스주, 애리조나주에도 있다.

선 밸리에서 열리는 선 밸리 콘퍼런스 행사는 투자회사 '앨런 앤드 컴퍼니Allen & Company'가 1983년부터 매년 7월에 1주일간 개최하고 있는데, IT와 미디어업계 거물들이 대거 참석하는 것으로 유명하다. 회의 내용을 일체 비보도에 부친 채 골프와 하이킹 등을 즐기면서 자유롭게 대화를 나누는 형식이어서 '재벌들의 여름 캠프'라는 별명으로도 불린다. 1995년 디즈니의 ABC방송 인수, 1999년 타임워너와 AOL 합병, 2009년 컴캐스트의 NBC 유니버설 매입 등 굵직한 인수 · 합병 소식이 이 콘퍼런스 전후로 터져나왔다.

2013년 행사엔 늘 그랬던 것처럼 워런 버핏 버크서 해서웨이 회장, 빌 게이츠 마이크로소프트MS 창업자, 루퍼트 머독 뉴스코프 회장, 페이스북 창업자인 마크 저커버그, 팀 쿡 애플 CEO, 삼성전자 이재용 부회장 등 글로벌 IT · 미디어업계 거물들이 참석했다.[29]

앨런 앤드 컴퍼니는 미리 파악한 초대 손님들의 인간관계에 기초해서 상세한 사회적인 의제를 마련하며, 위계질서에 근거해 새로 참석하는 인물들이 누구를 만나고 누구와 한자리에 앉을지 하는 것까지 사전 조율하는 것으로 유명하다. 이런 사전 조율을 '코끼리 박치기'라고 부르는 이들도 있는데, 이에 대해 워런 버핏Warren Buffet은 다음과 같이 말한다.

"거물들을 여러 명 한자리에 모이게 할 때마다, 사람들은 꾸역꾸역 찾아와요. 왜냐하면 코끼리 박치기가 벌어지는 현장에 있으면 자기들 역시 코끼리이며, 이런 사실을 스스로 뿌듯한 마음으로 확인할 수 있기 때문이지."[30]

앨리스 슈뢰더Alice Schroeder는 "선 밸리는 초대받은 손님에게 언제나 안도감을 안겨주었다. 돈을 주고 입장권을 살 수 있는 자리가 아니었기 때문이다. 결과는 일종의 유사 엘리트 민주주의였다"며 다음과 같이 말한다.

"여기에서 즐길 수 있는 긴장감 넘치는 게임 가운데 하나는 누가 초대받지 못했는지 확인하는 것이었다. 그리고 이보다 더 긴장 넘치는 건 누가 초대를 받았다가 취소당했는지 확인하는 것이었다. 하지만 초대받은 사람들끼리는 진정한 인간관계를 발전시켰다."[31]

뉴멕시코와 멕시코는
무슨 관계인가?

●
New Mexico

미국은 1846년부터 멕시코와 전쟁을 벌여 승리를 거두었고, 전쟁의 마무리 작업으로 1848년 2월 2일 멕시코시티 근처에서 과달루페 이달고 조약Treaty of Guadalupe Hidalgo을 체결했다. 이 조약의 결과 멕시코는 전 국토의 절반이 넘는 240만 제곱킬로미터를 잃었다. 텍사스는 물론 장래의 캘리포니아주, 네바다주, 유타주, 뉴멕시코와 애리조나의 대부분, 와이오밍과 콜로라도 일부가 이에 포함된다.

땅을 강제로 빼앗은 것이 아니라 돈을 주고 구입한 것이라고 내세울 수 있는 명분을 위해 미국은 멕시코에 1,500만 달러를 지불했다. 이에 장단 맞추듯 미국의 한 신문은 "우리가 정복해서 강제로 빼앗은 것은 전혀 없다"며 "하나님께 감사드리자"고 했다.[32] 물론 오늘날에도 미국인들은 그 땅을 돈을 주고 샀다고 굳게 믿는다.

그런 역사 때문에 많은 사람이 미국 남서부에 있는 주인 New Mexico(뉴멕시코)주를 뉴멕시코라고 하면 그 이름이 멕시코라는 나라에서 유래한 것으로 생각하지만 실은 전혀 그렇지 않다. Mexico는 아즈텍Aztec 인디언들의 전쟁의 신神인

Mexitil에서 유래했으며, New Mexico는 스페인 탐험가들에 의해 Nuevo Mexico로 불린 지역이었는데, 이때가 1581년이다. 멕시코라는 나라가 지금의 이름을 갖게 된 것은 1821년이니, 이때부터 240년이나 앞선다. Nuevo Mexico는 1846년 미국에 합병되면서 영어식 표기인 New Mexico로 바뀌었다.

뉴멕시코는 1912년 1월 6일 미국의 제47번째 주가 되었으며, 북쪽은 콜로라도주, 동쪽은 오클라호마주와 텍사스주, 서쪽은 애리조나주, 남쪽은 텍사스주와 멕시코 국경에 접해 있다. 뉴멕시코주의 면적은 31만 5,194제곱킬로미터로 미국 50개 주 가운데 5위, 인구는 208만 5,572명(2014년)으로 36위, 인구밀도는 1제곱킬러미터당 6.6명으로 45위, 1인당 소득은 3만 2,992달러(2009년)로 42위다. 주도州都는 산타페Santa Fe, 가장 큰 도시는 앨버커키Albuquerque다.

뉴멕시코주는 오랫동안 스페인의 땅이었던 역사적 배경 때문에 미국에서 히스패닉계 주민 비율이 가장 높은 주다. 2010년 통계를 보면, 46.3퍼센트나 된다. 인디언, 즉 아메리카 원주민 역시 9.4퍼센트로 높은 비율이다. 미국에서 알래스카주 다음으로 높은 비율이다. 인디언 인구수로만 보자면, 캘리포니아, 오클라호마, 애리조나에 이어 4위다. 2011년 6월에 발표된 인구 조사 자료를 보면, 뉴멕시코에 거주하는 한인 인구는 2,423명이다. 앨버커키에 있는 한인 교포가 운영하는 식당이 16곳이나 되며, 산타페에도 한인 교포가 운영하는 식당이 2곳 있다.

뉴멕시코주가 처음 세계의 주목을 받은 건 원자폭탄 때문이었다. 미국에서 1942년부터 시작된 이른바 '맨해튼 프로젝트Manhatten Project'의 중심지가 뉴멕시코였기 때문에 나중에

원폭 투하가 전 세계적 뉴스가 되면서 뉴멕시코도 덩달아 유명해진 것이다.

로버트 오펜하이머J. Robert Oppenheimer, 1904~1967 박사의 지휘로 뉴멕시코주의 로스앨러모스Los Alamos에서 시작된 원자폭탄 개발 연구엔 12만 5,000명의 인력이 동원되었다. 개발에 착수한 지 약 3년 반이 지난 1945년 7월 16일 오후 5시 29분 뉴멕시코주 앨라모고도Alamogordo 사막에서 거대한 버섯구름이 피어올랐다. 완성된 원자폭탄 폭발 실험이 최초로 성공하는 순간이었다.

뉴멕시코주의 별명은 "Land of Enchantment(매혹의 땅)"다. 미국의 어느 주치고 '매혹의 땅'이 아닌 곳이 없겠지만, 뉴멕시코주에 관광할 만한 경치 좋은 국립공원과 내셔널모뉴먼트National Monument가 많은 건 분명하다. 특히 이 지역은 다양한 지형으로 되어 있어 황량한 사막과 숲이 울창한 높은 산들이 대조적이며 단층으로 인해 다양한 색깔을 가진 지층과 메사Mesa 등이 좋은 볼거리가 되고 있다. 그런 자연 풍광에 매혹된 것인지 1900년 초기부터 많은 예술가가 이 지역으로 이주해온 덕분에 산타페는 미술품의 거래 액수에서 뉴욕, 로스앤젤레스에 이어 3위를 차지한다. 산타페엔 300개가 넘는 갤러리가 있으며, 앨버커키에도 100여 개의 갤러리가 있다.[33]

'거룩한 신앙' 산타페의
비극을 아십니까?

Santa Fe

우리에겐 SUV 차량의 이름으로 널리 알려진 산타페Santa Fe는 뉴멕시코주의 주도州都로 탄생 연도가 1610년으로 미국에서 가장 역사가 긴 주도며 두 번째로 역사가 긴 도시다. 산타페는 해발 2,194미터 지역에 있어 미국에서 가장 높은 곳에 있는 주도이기도 하다. 인구는 6만 9,204명(2012년)이다. 산타페는 스페인어로 '거룩한 신앙holy faith'이란 뜻이다. 뜻이 좋다고 생각한 걸까? 산타페라는 이름의 도시는 미국에만도 모두 15개, 중남미 지역에 수십 개에 이른다.[34]

그러나 뉴멕시코주 산타페의 역사는 '거룩한 신앙'과는 거리가 멀었다. 류대영은 『미국종교사』(2007)에서 "1610년에 만들어진 산타페에 기지를 둔 초기 정복자들은 주변의 푸에블로 거주 원주민들을 닥치는 대로 강간, 고문, 살육했으며 마을을 약탈하고 파괴하면서 기독교를 강요했다"며 다음과 같이 말한다.

"에스파냐 병사들이 어린 소녀들을 강간한 데 격분한 아코마Acoma 부족이 반란을 일으키자 산타페의 초대 총독 돈후

안 데 오나테Don Juan de Onate는 마을을 공격하여 800명 이상의 원주민을 살육하고 25세 이상의 모든 남자의 한쪽 발을 절단했으며, 12세 이하의 어린이들을 프란체스코회 선교사들에게 하인으로 선물했다. 정복자들의 이와 같은 비인간적인 횡포는 유럽인과 기독교에 대한 원주민들의 적개심을 불러일으켰고 결과적으로 기독교 선교를 어렵게 만들었다."[35]

배성규는 『서프라이즈 아메리카』(2015)에서 산타페의 독특한 분위기에 대해 이렇게 말한다. "미국에서 가장 미국답지 않은 도시랄까. 산타페는 내게 2가지 이미지였다. 하나는 커피 음료의 이름, 또 하나는 일본 여배우였던 미야자와 리에의 첫 누드 화보집. 그런데 2가지 모두 진짜 산타페와는 닮지 않았다. 도시 전체가 황토 빛이다. 건물 외벽을 황토나 황토색의 시멘트로 바르고, 창살도 황토색 나무로 덧대었다. 3층 이상 건물은 보기 힘들다. 사각형인데 위로 갈수록 면적이 줄어드는 계단식 구조다. 시청사와 호텔, 상가, 심지어 교회까지도 같은 구조를 지녔다. 과거 인디언들의 가옥 스타일에 스페인 풍이 혼합됐다고 한다."[36]

뉴멕시코주에서 가장 큰 도시는 앨버커키Albuquerque다. 인구는 55만 7,169명이지만, 주변 위성도시를 포함한 메트로폴리탄 인구는 90만 2,797명이다(2014년 7월 1일 기준). 뉴멕시코주의 대표 대학인 뉴멕시코대학University of New Mexico이 바로 이곳에 있으며, 학생 수는 3만 4,000여 명이다.[37]

앨버커키는 1668년에서 1670년까지 이 지역의 스페인 총독을 지낸 인물의 이름이다. 정경민은 『미국 누비기』(2005)에서 "원주민의 땅에 자기들 멋대로 정복자의 이름을 붙인 백인들의 뻔뻔함에 다시 한 번 입맛이 씁쓸했다. 앨버커키는 이름에 걸맞은 백인 동네였다. 멀리 샌디아 피크Sandia Peak라는 산 정상이 바라다 보이는 언덕에 그림 같은 집들이 늘어서 있었다. 새로 개발된 곳이라 그런지 집이나 도로가 갓 구워낸 빵처럼 산뜻했다"며 다음과 같이 말한다.

"해발 3,254미터의 샌디아 피크는 마침 기막힌 장면을 연출하고 있었다. 바람에 쫓긴 구름이 산으로 도망가다 미처 넘지 못하고 있는데 바람이 달려와 구름을 밀고 있었다. 그 힘에 못 이겨 구름은 산 건너편으로 밀려가면서 긴 꼬리를 남기고 있었다. 마치 아라비아의 여인이 흰색 차도르를 바람에 휘날리며 서 있는 것 같았다. 샌디아 피크의 멋진 경치를 보면서, 매일 저런 장관을 보며 학교로 갈 백인 학생과 산골짜기 흙길에서 롤러보드를 타던 원주민 후손이 오버랩된 건 무슨 이유였을까."[38]

2016년 미국 대선 판도를
좌우할 주인공은 누구인가?

●
Millennial Generation

Millennial Generation(밀레니얼 세대)은 1980년대 초부터 2000년대 초 사이에 태어난 젊은 연령층을 일컫는데, 논자와 나라에 따라 이 세대의 범위를 잡는 게 각기 다르지만 2000년대에 성장기를 거친 세대라는 의미에서 그런 이름이 붙었다. Millennials 또는 Generation Y(Y세대)라고도 한다. 미국에서 나온 말이지만, 다른 나라들에서도 쓰인다.

밀레니얼 세대는 1987년 미국 작가 윌리엄 스트라우스 William Strauss, 1947~2007와 닐 하우Neil Howe, 1951~가 처음 만든 말인데, 당시 이들은 이 세대의 범위를 1982년에서 2004년에 출생한 사람들로 잡았다. 이들은 1991년에 출간한 『세대론Generations: The History of America' s Future, 1584 to 2069』에서 이 세대를 언급했고, 이어 2000년에 출간한 『밀레니얼스의 부상Millennials Rising: The Next Great Generation』에서 본격적으로 다루었다.

Generation Y는 미국 광고전문지 『애드에이지Ad Age』가 1993년 8월에 이전의 Generation X와 대비시켜 만든 말인데, 2012년 『애드에이지』는 Millennials가 Generation Y보

45

Millennial Generation

다 나은 작명이라는 걸 흔쾌히 인정했다. 비슷한 세대명으로 Generation We, Global Generation, Generation Next, Net Generation, Echo Boomers 등도 쓰인다.[39]

스트라우스와 하우는 밀레니얼 세대가 '공공적 성향civic-minded'을 가진 세대일 거라고 예측했지만, 밀레니얼 세대에 대한 평판은 그다지 좋지 않다. 게으르고, 소셜 미디어에 중독되어 있으며, 무책임하다는 식이다. 밀레니얼 세대에 속하는 이들 역시 자기 세대에 대해 부정적 평가를 내린다. 2015년 9월 미국 여론조사기관 퓨리서치센터Pew Research Center에 따르면 59퍼센트는 자신들 세대를 '자기밖에 모른다'고 했으며, 49퍼센트는 '낭비가 심하다', 43퍼센트는 '욕심이 많다'고 여기는 것으로 나타났다. 이에 비해 'X세대(35~50세)'는 약 30퍼센트, '베이비붐 세대(51~69세)'는 20퍼센트만이 스스로 부정적으로 생각하는 등 연령집단age cohort의 나이가 더 많을수록 자신들을 더 긍정적으로 평가하는 것으로 조사되었다.[40]

밀레니얼 세대가 자라던 시절에 크게 유행했던 '아이 자존감 키워주기 운동'이 그들의 자기도취narcissism를 부추긴 건 아닐까? 미국 샌디에이고주립대학 심리학과 교수 진 트웬지Jean M. Twenge의 『자기중심주의 세대Generation Me』(2006)에 따르면, 미국에서 "나는 잘났다"는 말에 걸맞은 사람이라고 여긴 10대는 1950년대엔 12퍼센트에 불과했지만, 1980년대엔 무려 80퍼센트로 늘었다.[41]

그러나 밀레니얼 세대의 경제적 처지가 좋은 건 아니다. 포기를 강요당하는 세대라고 볼 수도 있다. 2014년 12월 미국 월간지 『애틀랜틱Atlantic』은 "새 차와 집을 원하는 열망이 2차 대전 후 경제를 이끌어왔다. 그러나 밀레니얼 세대는 둘 다 원치 않는 것으로 보인다"면서 이들을 '가장 궁핍한 세대cheapest generation'로 명명했다.[42] 그런 의미에서 미국 사회학자 캐슬린 샤푸티스Kathleen Shaputis는 밀레니얼 세대를 '부메랑 세대boomerang generation' 또는 '피터팬 세대Peter Pan generation'라고 부른다.[43]

밀레니얼 세대의 주관적 심경이 어떠하건, 이들의 미디어 사용은 다른 세대와 크게 다른 건 분명하다. 2015년 6월 퓨리서치센터의 설문 결과(복수응답)에 따르면, 1981~1996년에 태어난 밀레니얼 세대의 압도적 다수인 61퍼센트가 '페이스북'을 통해 정치·공공분야 뉴스를 접한다고 답했다. 실시간 뉴스채널인 CNN과 지역 TV방송은 각각 44퍼센트와 37퍼센트에 그쳤다. 밀레니얼 세대는 세계에서 가장 권위 있는 언론사로 꼽히는 『뉴욕타임스』(17퍼센트)나 『가디언』(4퍼센트)보다 인터넷 언론인 『구글 뉴스』(33퍼센트)나 『버즈피드』(8퍼센트)를 통해 많은 정보를 얻는 것으로 조사되었다.

이는 1946~1964년생인 '베이비부머'의 뉴스 소비 행태와 정확히 대칭을 이루는 결과다. 베이비부머 중 지역 TV방송을 꼽은 응답률은 60퍼센트, 페이스북은 39퍼센트에 불과했다. 둘 사이에 낀 'X세대(1965~1980년생)'는 페이스북과 지역 TV가 각각 51퍼센트와 46퍼센트로 비슷한 비율을 차지했다. 또 밀레니얼 세대 중에서 9개의 뉴스 분야 중 정치 분야를 상위 3개 안에 꼽은 사람은 26퍼센트에 불과한 반면 X세대는 34퍼센트, 베이비부머는 45퍼센트를 기록해 윗세대로 갈수록 정치에 관심이 많았다. 퓨리서치센터는 "젊은 세대와 기성세대가 정치와 관련된 정보를 습득하는 방식이 서로 근본적으로 다르다는 사실을 알 수 있다"면서 "2016년 미국 대선을 앞두

고 특별한 시사점을 던져준다"고 지적했다.[44]

밀레니얼 세대가 2008년, 2012년 대선에서 버락 오바마 대통령의 승리에 결정적인 역할을 했던 것처럼 2016년에도 대선 판도를 좌우할 것이라는 관측이 나온다. 무엇보다도 밀레니얼 세대는 인구수가 많다. 미국에서 밀레니얼 세대를 1980년에서 2004년 사이 출생자로 볼 때 2015년 현재 그 숫자는 7,480만 명가량이다. 바로 전 세대인 X세대는 1965년부터 1979년 사이 출생자로 6,580만 명가량이다. 그전의 베이비붐 세대는 1946년부터 1964년 사이 출생자로 7,540만 명정도다. 최고령층인 1928년부터 1945년 사이 출생자는 '침묵의 세대'로 불리며 2,910만 명가량이다. 밀레니얼 세대가 차기 대선 유권자의 36퍼센트를 점할 것으로 추정된다.

2015년 10월 국기연은 "문제는 밀레니얼 세대의 정치와 선거에 대한 무관심이다. 오바마 대통령은 인터넷과 소셜 미디어를 통해 젊은 유권자를 끌어 모으는 데 성공한 기록을 남겼다. 그는 최초의 소셜 미디어 대통령인 셈이다. 오바마의 당선에 결정적 기여를 한 밀레니얼 세대는 오바마 대통령 집권 이후에도 결코 달라지지 않은 미국 정치의 암울한 현실을 직접 체험했다"며 다음과 같이 말했다.

"밀레니얼 세대는 민주, 공화당 등 특정 정당과 연대하기보다 이슈별로 결집하는 성향을 보이고 있다. 이 때문에 정치권은 밀레니얼 세대를 끌어들일 수 있는 이슈 선점 경쟁을 벌이고 있다. 그러나 밀레니얼 세대를 하나로 묶을 수는 없다. 밀레니얼 세대는 셀 수 없이 많은 소집단으로 나뉘어져 있어 특정 이슈에 관심을 갖는 그룹을 겨냥한 개별 접근이 필요하다고 전문가들은 강조하고 있다."[45]

제2장

rent-seeking
rentier state
ratchet effect
survival of the fittest
bureaucracy buster
decoupling
diversity
flexicurity
incentive
The Secret

경제·경영·기업

왜 한국은 지대추구가
삶의 문법으로 자리 잡은 나라인가?

●
rent·seeking

　　　　　　　　　　"집세, 방세, 지대地代, 임차료"를
뜻하는 rent는 원래 '돌아온다'를 뜻하는 프랑스어 rendre의
과거분사형으로 출발했다. '(~의 대가로) 주다'라는 뜻을 가진
영어 단어 render와 싸움을 포기하고 모든 것을 되돌려주는
것, 즉 항복을 뜻하는 surrender와 같은 어원이다. 이와 관련,
조승연은 "11세기 프랑스 북부 노르망디는 윌리엄 공작이 다
스렸다. 1066년 그는 영국으로 쳐들어갔는데, 영국 해럴드 왕
이 전투에서 화살을 맞고 전사하자 정복자 윌리엄 공이 영국
국왕이 되었다. 1066년부터 1225년까지 영국은 프랑스인인
노르망디 공의 후손들이 다스렸다. 프랑스 왕은 신하에게 땅
을 나눠주고, 신하는 그 땅에서 농사지어 번 돈의 일부를 왕에
게 돌려주는 제도가 있었다"며 다음과 같이 말한다.

　　"왕이 땅을 준 대가로 왕에게 돈을 돌려준다는 뜻으로
rent라고 불렀다. 윌리엄 공은 rent가 주요 국고 충당 자금이
었기 때문에 영국 각 지역 구석구석의 특산물과 농지 크기 등
을 낱낱이 조사했다. 이를 토대로 만든 'Doomesday Book'
이라는 보고서는 서양 최초의 '토지 및 인구 실태 보고서'로

알려져 있다. 1820년에 영국은 토지 사유화가 법으로 허용됐다. 이때부터 타인 소유의 땅이나 집을 빌린 대가로 내는 돈도 rent라고 부르게 되었다. 점차 남의 것을 빌리는 일이 많아지면서 의미가 확장돼 모든 임대료, 장비·자동차·콘도 등의 대여비, 대여 행위를 포함하게 됐다."[1]

2015년 7월 자가 소유 비중이 높았던 영국의 집값이 가파르게 상승하면서 '임차 세대rent generation'라는 말이 나왔다. 영국의 회계법인 프라이스워터하우스쿠퍼스PWC가 발표한 보고서를 보면, 영국에서 내 집을 갖지 못한 민간 임대 세입자는 2001년 230만 명에서 2014년 540만 명으로 2배 이상 급증했다. PWC는 2025년까지 180여만 명이 더 증가해 영국 전체 인구의 4분의 1이 민간 세입자가 될 것이며, 특히 '임차 세대'라고 불리는 20~39세 청년층은 두 명 중 한 명이 이에 해당될 것으로 예측했다.[2]

rent-seeking(지대추구)은 미국 경제학자 고든 털록Gordon Tullock, 1922~이 1967년에 제시한 개념이다. 비록 '지대추구'라는 용어는 1974년 앤 크루거Anne Krueger, 1934~가 만들었지만 말이다. 앞서 보았듯이, 원래 렌트rent란 지대地代를 의미하는 영어지만 오늘날의 경제학이나 정치학에서는 그것을 은유로 발전시켜 공적인 권력에 의해 공급량이 고정되어 있는 재財나 서비스의 공급자가 독점적으로 얻는 이익을 가리키는 개념으로 사용한다. '지대추구'는 사적 영역의 집단들이 생산적 활동을 통해 수익을 얻기보다 국가 부문의 자원과 영향력에 접근해 수익을 얻고자 하는 비생산적인 행위를 의미한다.[3]

조지프 스티글리츠Joseph E. Stiglitz는 『불평등의 대가: 분열된 사회는 왜 위험한가』(2012)에서 "모든 지대추구가 정부를 이용해야만 국민들로부터 돈을 뽑아낼 수 있는 것은 아니다. 민간 부문은 자력으로도 능숙하게 국민들로부터 지대를 뽑아낼 수 있다. 이를테면, 독점적인 관행을 통해서 정보와 교육의 혜택을 충분히 누리지 못하는 서민들을 수출하는 것이다"며 다음과 같이 말한다.

"그 대표적인 사례가 은행권의 약탈적인 대출이다. 최고경영자들은 회사에 대한 통제권을 이용해서 회사 수입 가운데 상당히 큰 몫이 자신에게 돌아오게 한다. 하지만 이런 형태의 지대추구에서도 정부는 한몫을 담당한다. 이를테면, 이런 행위들을 규제 또는 불법화하거나 현존하는 법률을 집행해야 하는 정부가 마땅히 해야 할 일을 하지 않는 것이다. 경쟁을 촉진하는 법률을 제대로 집행하면 독점 이윤을 억제할 수 있고, 약탈적인 대출이나 신용카드 관행을 차단하는 법률을 제정하면 은행권의 서민 수탈 행위를 제한할 수 있고, 적절한 기업 지배구조 관련 법률을 제정하면 기업 임원들이 회사 수입을 빼돌리는 정도를 제한할 수 있다."[4]

스티글리츠는 "상위 1퍼센트가 누리는 엄청난 부는 그들이 생산에 기여한 것 때문이 아니라, 자신의 특권과 지위를 이용하여 사회적 생산으로부터 터무니없는 양을 빼앗아가기 때문이다"고 했는데,[5] 이 관점에서 보자면 지대추구 행위는 오늘날 모든 사회에서 일어나는 현상이라고 볼 수 있겠다. 한국은 어느 정도일까?

김대호는 "한국은 사회적 약자들이 사는 영역, 즉 식당아줌마, 건설노동자, 택시운전사, 영세자영업, 영세기업, 사무직(화이트칼라) 노동시장 등을 보면 엄청나게 신자유주의적인 국가다. 반면 사회적 강자들이 사는 영역, 즉 공공부문, 대기업

생산직, 전문직능 관련 보호규제 등을 보면 엄청나게 사회주의
인 국가이거나 양반관료제 국가이다"며 다음과 같이 말한다.

"유능한 개인과 사익집단의 목적은 정치·경제·사회적
지대rent 혹은 거대한 불로소득이다.……이들이 가져가는 잉
여와 누리는 처우는 생산력(1인당 GDP) 수준에 비추어 세계
최고라고 해도 과언이 아니다. 당연히 한번 이곳에 들어오는
사람은 떠나지 않기에, 평균 연령은 급격히 상승하고, 해고는
일종의 살인이기에 구조조정이 거의 불가능하며, 신참자들의
진입(입시, 입사) 경쟁률은 살인적이다. 반면 힘없는 3비층(비
경제활동인구, 비임금근로자, 비정규직), 청년세대, 하청협력업체
등 대다수 비기득권층은 공적 규제(공정거래법, 소비자보호법
등)나 사회안전망의 보호를 받지 못하고 엄청난 경쟁과 심각
한 기회 부족에 신음한다. 저출산, 사교육 광풍, 각종 고시·
공시 열풍, 대졸 청년실업과 중소기업 인재 기근 문제 등의 뿌
리는 바로 이것이다."[6]

이런 주장에 따르자면, 한국은 지대추구가 삶의 문법으로
까지 자리 잡은 나라라고 해도 과언이 아니겠다. 지대추구를
없애거나 줄이는 것, 그게 바로 한국 사회가 지향해야 할 새로
운 패러다임이 아닐까?

왜 천연자원이 풍부한 나라들은 발전이 어려운가?

●
rentier state

　　　　　　　　　　　　　　rentier는 '임대료를 받아먹고 사는 사람, 금리생활자', rentier class는 '불로소득 생활자(주주·지주 등)', rentier economy는 사회 구성원 다수가 임대료·이자수익 등 불로소득으로 생계를 잇는 '지대추구형 경제', rentier state는 내부 경제의 생산성이 아니라 자원 수출에 의해 지탱되는 '지대추구형 국가, 지대추구 국가, 지대 국가'를 말한다.[7]

　　지대 국가에 자원은 축복이 아니라 저주가 되는데, 이를 가리켜 '자원의 저주resource curse'라고 한다. 자원의 저주는 천연자원이 풍부한 나라들은 그렇지 못한 나라들보다 경제사회적 발전에서 오히려 뒤처진다는 역설로, 1993년 리처드 오티 Richard Auty가 『광물경제의 지속적 발전: 자원의 저주론 Sustaining Development in Mineral Economies: The Resource Curse Thesis』에서 처음 제시한 것이다. 자원의 저주가 빚어지는 이유는 나라마다 좀 다르긴 하지만 대략 다음 10가지를 들 수 있다.

　　(1) 천연자원 가격의 불안정성으로 안정된 경제 운영을 하기 어렵다. (2) 생산의 대부분을 지하자원에 의존하기 때문

에 서비스업이나 제조업의 발전이 더디다. (3) 광업에 생산력을 집중하기 때문에 제조업이나 첨단산업에 비해 생산성이 떨어진다. (4) 자원을 선점한 기업은 채굴 외에 어떠한 투자도 하지 않고, 이익의 일정액만 생산국가에 주면 되기 때문에 기술 발전이 느리다. (5) 정부 역시 주어진 이익만 챙기고, 다른 산업에 신경을 쓰지 않는다. (6) 천연자원에서 돈이 나오므로 발전을 위한 장기적 인프라 구축에도 소홀해진다. (7) 다른 경제 부문과의 관계도 단절되어 총합적인 발전을 기대하기 어렵다. (8) 자원 수출로 얻은 부富를 일부 계층이 독점함으로써 빈부격차가 심화된다. (9) 시민들은 세금을 내지 않거나 매우 적게 내기 때문에 자기계발 의욕이 약할 뿐만 아니라 정부 감시를 소홀히 하기 때문에 부정부패가 창궐하기 쉽다. (10) 이런 모든 조건은 억압적 정부 탄생의 온상이 된다.[8]

전前 프랑스 외교관 피에르 불러는 "러시아는 본질적으로 과세보다는 석유와 가스 등을 수출해 얻는 수익에 의존하는 '지대 국가rentier state'다. 이를 통해 러시아 정부는 국민의 정치적 대의권 요구를 막고 있다. 러시아는 지대 국가의 특징을 대부분 갖고 있다"며 다음과 같이 말한다.

"독단적인 통치 방식, 법치의 결여, 투명성 부재, 표현의 자유 억압 등이다. 또 러시아 경제 체제는 광산 채굴 등 원자재 개발에 의존하고 있다. 세계에서 석유와 가스를 가장 많이 수출하는 나라이기도 하다. 국가 수출의 3분의 2 정도를 원자재가 차지한다. 이런 특징들이 통치 방식에 주는 영향은 자명하다. 국제투명성기구TI가 올해 발표한 부패지수 결과에서 러시아는 182개국 가운데 143위를 차지했다. 국가 경제에 필수적인 광산 채굴산업에 있어서도 사회기반시설이 흔들리고 있고, 제조업은 국제경쟁력이 없다. 무기 산업에서도 중국과 인도에 뒤처진다. 연구개발R&D에 들이는 비용은 미국의 15분의 1에 불과하다."⁹

북한도 대표적인 '지대 국가'에 속한다. 통일연구원 선임연구위원 박형중은 "2010년 이래 북한에서 '원자재 지대', 그러니까 원자재가 수출에서 차지하는 비중은 거의 70%에 달한다(석탄 50%, 기타 광물, 가공도가 낮은 광물 상품 및 농수산물 등 1차 산업 상품 포함). 나진, 선봉 및 청진 등 항만을 중국 또는 러시아에 임대하고 받은 임대수입, 러시아로부터 한국으로 가는 가스관을 설치하고 통과 수입을 확보하는 계획 추진, 금강산 관광을 포함한 관광 진흥 정책, 한국과 인접한 개성에 경제특구 설치 등은 '위치 지대'다. 중국의 대북 원조, 한국의 '평화보장'을 위한 대북 원조, 대량살상무기 개발 및 외교적 활용을 통해 확보한 원조는 '전략적 지대'라고 할 수 있겠다. 끝으로 '이민자 지대'가 있다. 탈북자의 대북 송금, 중국을 비롯한 해외로의 노동력 수출이 그것이다"며 이런 지대 수입의 특징에 대해 다음과 같이 말한다.

"수입의 대부분이 국가에 의해 독점된다. 내부경제 생산성을 높이지 않고서도 정권이 생존하는 데 필요한 자금을 마련해준다. 비생산적 활동을 통해 벌어들인 돈이어서 생산을 위해 재투자되지 않는 경향이 있다. 이러한 수입에 습관을 들이면 노력과 성과 사이의 인과관계를 이해하지 못해 공짜를 당연하게 생각하게 되는 경향이 있다. 지하자원 수출에 의존하는 대부분의 국가에서 국내 경제 생산성 증가 조치는 등한시하는 한편, '공짜' 소득을 바탕으로 충성집단 치부, 대내외 정권안보 강화 등 비생산적 지출 및 투자에 자금을 헤프게 쓰는 경향이 있다."[10]

　　한국은 낮은 전력 가격이 혁신의 유인을 저해한다는 주장
도 같은 맥락에서 이해할 수 있겠다. 한국은 세계에서 가장 안
정된 전력을, 그것도 매우 낮은 가격에 공급한다.[11] 그로 인한
문제가 없지 않다. 이와 관련, 서울공대 전기정보공학부 교수
설승기는 다음과 같이 말한다.

　　"안정적이지만 마진이 낮은 시장 상황은 역으로 국내 업
체들에 신기술을 개발해야 할 유인을 주지 못했습니다. 이와
대조적으로 반도체산업 같은 경우는 애초에 국내시장이 거의
없는 상태여서 처음부터 해외시장을 노리고 개발을 시작했습
니다. 그 결과 자연스럽게 전 세계와 경쟁하면서 끊임없이 기
술력을 키워왔고, 결국 세계 1등 자리에 올라설 수 있었습니
다."[12]

왜 소득 감소는 지출 감소로 이어지지 않는가?

●
ratchet effect

ratchet은 한쪽 방향으로만 회전하게 되어 있는 톱니바퀴인데, 뒤로 돌아가지 않는 속성에 근거해 비유적으로 '~을 단계적으로 증가시키다'는 뜻으로 쓰인다. the uptoward ratchet oil prices는 '꾸준히 상승하는 원유 가격', ratchet up은 '단계적으로 증가시키다'는 뜻이다. Overuse of credit cards has ratcheted up consumer debt to unacceptable levels(신용카드 남용으로 소비자 부채가 조금씩 올라 용납하기 어려울 정도가 되었다). This means that the nation will need to ratchet up exports by 12-13 percent next year to meet the $500-billion target(이것은 한국이 5,000억 달러의 목표를 맞추기 위해 수출을 내년에 12~13퍼센트 정도 단계적으로 증가시켜야 한다는 것을 의미한다).[13]

ratchet effect(톱니 효과)는 다양한 분야에서 쓰이는데, 어느 분야에서 쓰이건 공통적으로 앞으로만 나아간다는 의미를 담고 있다. 그래서 '관성 효과'라고도 한다. 예컨대, 경제학 분야에서 톱니 효과는 소득 증가는 지출 증가로 이어지나 소득 감소는 지출 감소로 이어지지 않는다는 것으로, 미국 경제학자 제임스 듀젠베리James S. Duesenberry, 1918~2009가 제시했다. "절약을 하다가 사치하기는 쉬우나 사치를 하다가 절약을 하기는 어렵다"는 옛말처럼 한 번 형성된 소비 습관은 쉽게 변하지 않기 때문이다. 임금과 가격은 오르기만 할 뿐 떨어지지 않는 것도 톱니 효과라고 한다.[14]

문화인류학에 관심이 많은 미국 심리학자 마이클 토마셀로Michael Tomasello는 1999년 '문화의 진화evolution of culture' 연구에 톱니 효과라는 말을 사용했다. 인간의 문화가 많은 사람에 의해 공유되고 집적되는 과정이 톱니 효과와 비슷하다는 의미에서 쓴 것이다.[15]

국가 간 통상협상에서 일단 자유화(개방)한 부문의 경우 이를 다시 후퇴시킬 수 없다는 원칙, 즉 역진방지조항도 ratchet이라고 한다. 한미 FTA 협상 때 서비스와 관련한 조항에서 역진방지가 들어간 것을 진보 진영은 대표적인 독소조항으로 꼽았는데, 김대호는 그건 웃기는 이야기라고 일축했다.

"저는 레칫 조항이 위험도 분명히 있겠지만, 한국 사람들 적응 능력 탁월하잖아요?(웃음) 그걸 생각하면 위기보다 기회가 더 큰 거라고 봐요. 만약에 개방 수준의 역진을 가능하게 해놓으면, 즉 개방을 되돌릴 수 있게 하면 어떤 일이 벌어질지 생각해보세요. 일단 개방을 하면 거기에 적응해서 경쟁력을 갖추는 집단이 있는 반면, 경쟁력을 갖추지 못하고 도태되는 집단들이 있지 않겠습니까? 그러면 이런 집단들은 개방된 환경에 적응하려고 하기보다 개방 수준을 역진시키려고 난리가 날 겁니다. 또 이런 조항들은 우리만 그런 게 아니라 미국도 적용되잖아요. 어쩌면 우리나라 사람들 적응 능력을 생각하면 역진방지 조항은 우리보다 미국이 더 걱정해야 할지도 몰라요."[16]

그러나 진보 진영은 정부의 규제 완화와 관련, 역진방지 조항의 위험성에 대해 계속 경고하고 있다. 2014년 4월 국회 산업통상자원위원회 소속 김제남 정의당 의원실은 'FTA 점검 없는 묻지마 규제 완화'라는 자료를 내어 정부가 규제 완화를 추진하며 FTA 역진방지 조항과 관련한 연구 용역을 단 한 번도 실시하지 않았다고 밝혔다. 한국은 지금까지 맺은 11개 FTA 대부분에 역진방지 조항을 담고 있는데, 정부가 한 번 규제 완화를 실시하면 이 조항에 걸려 다시 규제를 강화하지 못하게 되지만 정부가 이에 대한 아무런 문제의식이 없다는 것이다.[17]

왜 디즈니와 맥도날드는
닮은꼴인가?

●
survival of the fittest

오늘날의 디즈니 제국을 세운 월
트 디즈니Walt Disney, 1901~1966와 맥도날드 황제 레이 크록Ray
Kroc, 1902~1984은 모두 미국 일리노이주 출신으로 어려서부터
알고 지냈다. 이들은 제1차 세계대전 당시에는 야전 의무대에
서 함께 복무한 적도 있을 뿐만 아니라 나중에 사업을 할 때에
도 내내 밀접한 관계를 유지했다. 둘 다 고등학교 중퇴자이며
후에 자신들의 회사에 '대학'이라는 이름을 붙인 직원 교육기
관을 세웠다는 것도 똑같다. 어린이를 대상으로 한 마케팅에
주력했고, 나중에 사업 차원을 넘어서 미국 문화, 아니 전 세계
문화에 큰 영향을 미쳤다는 점도 똑같다. 또 디즈니랜드에선
맥도날드를 팔았으니 사업에서까지 돈독한 우정을 유지한 셈
이다.[18]

그것뿐만이 아니다. 세상과 경쟁을 바라보는 두 사람의 시
각도 똑같았다. 디즈니는 직원들에게 이렇게 말했다. 'Don't
forget this, it's the law of the universe that the strong
shall survive and the weak must fall by the way, and I
don't give a damn what idealistic plan is cooked up,

McDonaldization

nothing can change that(잊지 마시오. 강한 자는 살아남고, 약한 자는 도태되는 것이 자연법칙입니다. 어떤 빌어먹을 이상주의적인 계획이 등장한다고 해도 이 법칙을 바꿀 수는 없습니다)."[19]

1972년 크록은 패스트푸드 사업에 대해 고차원적인 해석을 늘어놓는 기자를 이렇게 비웃은 적이 있다. "Look, it is ridiculous to call this an industry. This is not. This is rat eat rat, dog eat dog. I'll kill'em, and I'm going to kill'em before they kill me. You're talking about the American way of survival of the fittiest(패스트푸드 레스토랑을 산업이라고 하는 것은 정말 웃기는 일입니다. 절대 그렇지 않습니다. 그건 단순한 동족살육의 게임에 지나지 않습니다. 그들이 나를 죽이기 전에 내가 먼저 그들을 죽여야 하는 이 일은 산업이라기보다는 적자생존의 미국적 해석이라 불러야 할 겁니다)."[20] 심지어 크록은 경쟁자들에 대해 이런 말까지 했다. "If they were drowning to death, I would put a hose in their mouth(만약 그들이 물에 빠져 허우적거리고 있다면 난 그 입에 호스라도 집어넣을 것이다)."[21]

디즈니와 크록의 그런 생각을 가리켜 '적자생존適者生存'이라고 한다. 영어로는 survival of the fittest다. 찰스 다윈Charles Darwin, 1809~1882이 처음 한 말로 알려져 있지만, 1859년 11월 25일 영국에서 출간된 다윈의 『종의 기원Origin of Species』은 이 말을 사용하지 않았다. 이 말을 처음 쓴 사람은 영국 철학자이며 사회학자인 허버트 스펜서Herbert Spencer, 1820~1903로, 1864년 나온 『생물학 원리Principles of Biology』라는 책에서였다. 스펜서를 가리켜 "나보다 몇 배나 나은 '선배'"라고 칭찬하기도 했던 다윈은 스펜서의 '적자생존' 개념을 자신의 이론에 대한 적절한 해석으로 보고 제5판부터 이 개념을 삽입했

다.[22]

　미국 심리학자 로이 바우마이스터Roy F. Baumeister는 '적
자생존'이라는 용어가 진화론을 제대로 대변하지 못하다고 주
장한다. "'생존'은 최근 세대의 진화론자들에게 점차 부차적
인 것으로 여겨지고 있다. 진화의 핵심은 생존이 아닌 '재생
산'에 있다. 즉 모든 것은 재생산을 위한 것이다. 진화를 이끄
는 자연선택의 결론은 결국 재생산을 위함이다."[23]

　자연세계의 적자생존을 사회세계에까지 적용한 디즈니
와 크록의 경쟁관은 두 기업의 관리법까지 똑같게 만들었는
데, 그 공통된 핵심은 효율성efficiency, 계산가능성calculability,
예측가능성predictability, 통제control다. 미국 메릴랜드대학 사회
학 교수 조지 리처George Ritzer는 '맥도날드'로 대표되는 패스
트푸드점의 원리가 미국 사회와 그 밖의 세계의 더욱더 많은
부문을 지배하게 되는 과정과 그것이 초래하는 비인간화를
'맥도날드화McDonaldization'라고 불렀는데,[24] 맥도날드화는 '디
즈니화Disneyization'라는 말로도 교체 가능하다. 이 두 기업이
세계적인 대성공을 거두었다는 것은 디즈니와 크록의 경쟁관
이 현실 세계에선 설득력이 높다는 걸 말해주는 걸로 보아야
하는 걸까?

구글은 흑인을 고릴라로
인식한 사건을 어떻게 해결했나?

bureaucracy buster

"관료에게는 주인이 따로 없다!/
봉급을 주는 사람이 그 주인이다!/개에게 개밥을 주는 사람이
그 주인이듯/……/공화당 시절에 그는 서기관이 되었다/남달
리 매사에 공정했기 때문이다/민정당 시절에 그는 청백리상
을 받았다/……/나는 확신하는 바이다/아프리칸가 어딘가에
서 식인종이 쳐들어와서/우리나라를 지배한다 하더라도/한
결같이 그는 관리생활을 계속할 것이다/……/성실하고 공정
하게!"[25]

김남주 시인의 「어떤 관료」라는 시詩의 일부다. 어찌 이
시뿐이랴. bureaucrat(관료)과 bureaucracy(관료제, 관료주의)
에 대한 비판, 아니 독설은 철철 흘러넘친다고 해도 과언이 아
닐 정도로 많다.[26] 그럼에도 우리가 여전히 관료주의를 버리지
못하는 것은 그것이 그 어떤 문제점이 있어도 그걸 압도할 수
있는 장점(조직의 안정성)이 있다고 보거나 그건 완전히 청산
할 수 없는 인간의 본성이라고 보기 때문일 것이다.

"위계조직에서 모든 직원은 자신의 무능력 수준에 도달
할 때까지 승진하려는 경향이 있다In a hierarchy, every employee

68

tends to rise to the level of his incompetence"는 말로 대변되는 '피터의 법칙The Peter Principle'도 사실상 관료주의 비판이다.[27] 관료만 존재할 뿐 개인은 보이지 않는 현실에 대한 비판이다. 로렌스 피터Laurence J. Peter, 1919~1990는 '관료주의 공해bureaucratic pollution'란 말까지 써가면서 관료주의를 맹비난한다.

"조직이 사적인 영역을 침범하고 나아가 구성원의 삶 전체를 야금야금 갉아먹는다.……관료주의 체제에 물든 정부는 국민의 창의성과 개혁 정신마저도 정부의 규범이 허락하는 내에서만 받아들이므로, 개혁적 인물들도 이내 큰 벽에 부딪히게 된다. 관료주의 체제에 익숙해진 사람들은 시간이 지날수록 자신의 운명을 가늠하지 못하게 된다. 현상 유지는 방향 전환을 불가능하게 만든다. 체제의 벽에 갇혀 삶의 방향을 바꾸지 못하고 쩔쩔 맨다."[28]

그래서 관官은 물론 민간 기업들도 가급적 '관료주의 공해'를 사전에 방지하려는 노력을 하는데, 그 대표적 기업이 '관료제 파괴자bureaucracy buster'란 프로그램을 운영하는 구글이다. 전 직원이 관료제의 징후가 보이면 아무리 사소한 문제라도 사내 전산망에 올려 문제의식을 공유하고 해결 방안을 모색하는 것이다.

라즐로 복Laszlo Bock은 『구글의 아침은 자유가 시작된다: 구글 인사책임자가 직접 공개하는 인재등용의 비밀』(2015)에서 "이 제도를 통해 구글 직원들에게 관료제의 문제점을 최소화할 수 있는 아이디어를 낼 것을 독려했다. 첫 번째 시도에서 구글 직원들은 570개의 아이디어를 내놓았고 5만 5,000번 이상 투표를 했다"며 다음과 같이 말한다.

"그 결과에 의하면 직원들이 가장 크게 좌절감을 느낀 문제들은 사소하면서도 쉽게 고칠 수 있는 것들이었다. 예컨대 달력 앱에 그룹들이 추가되는 걸 허용하지 않는 바람에 규모가 큰 회의의 일정을 잡을 수 없다든가, 예산 승인 절차가 까다로워 관리자들이 매우 사소한 비용까지도 꼼꼼하게 검토해야 한다든가, 시간을 절감하는 도구들을 찾기가 몹시 어렵다든가 (얼마나 역설적인가!) 하는 것들을 사례로 들 수 있다. 구글은 직원들이 요청한 변화를 수행했고 직원들은 한층 더 만족했으며, 그 결과 직원들이 일하기가 더욱 쉽고 편한 환경이 만들어졌다." [29]

2015년 6월 구글이 흑인을 고릴라로 인식한 사건에 대해 초스피드 사과를 할 수 있었던 것도 바로 그런 프로그램 덕이었다. 구글은 한 달 전 구글 포토에 사용자가 사진을 올리면 사진 형상을 자동 인식해 관련 태그를 붙여주는 새로운 서비스를 출시했다. 그런데 이 서비스가 흑인 얼굴을 고릴라로 잘못 인식해, 사람 얼굴 사진에 고릴라 태그를 붙이는 '사건'이 발생한 것이다. 구글은 사건이 발생한 지 1시간 30분 만에 즉각 대응에 나서 다음 날 사진 자동 인식 오류를 바로잡는 패치를 내놓아 문제를 해결함으로써 오히려 칭찬을 받았다. [30]

한국 경제는 미국과 헤어지고 중국과 손을 잡았나?
●
decoupling

decoupling(디커플링)은 함께 움직인다는 뜻의 커플링coupling(동조화)과 반대되는 개념으로 '탈脫동조화'를 의미한다. 한 나라 또는 일정 국가의 경제가 인접한 다른 국가나 보편적인 세계경제의 흐름과는 달리 독자적인 경제 흐름을 보이는 현상을 말한다. 크게는 국가 경제 전체에서, 작게는 주가나 금리 등 국가 경제를 구성하는 일부 요소에서 나타나기도 한다. 수출과 소비, 주가 하락과 환율 상승 등과 같이 서로 관련 있는 경제 요소들이 탈동조화하는 현상을 포괄하는 개념이다.

주로 그런 뜻으로 많이 쓰이긴 하지만, 디커플링은 매우 다양한 분야에서 다양한 의미로 쓴다. 예컨대, 교통 분야에서는 연결되어 있던 기차를 분리하여 각기 다른 방향으로 움직이게 하는 것을 말한다. 'phenological decouplings(생물 계절적 탈동조화)'이라는 것도 있는데, 이는 기후 변화로 개엽開葉, 애벌레 등장, 새끼 새의 부화 식으로 한때 세심한 순서로 이어지던 절차가 이전처럼 유려하게 맞물리지 않는 걸 말한다.[31]

2015년 9월 17일 미국 중앙은행인 연방준비제도이사회

coupling

FRB는 금리 동결 결정을 내리면서 '중국의 경기 둔화'를 중요한 이유로 들었는데, 전문가들은 이 장면이야말로 전 세계 경제가 안고 있는 '디커플링'이라는 고민을 상징적으로 보여준다고 지적했다. 과거 미국 경기가 좋아지면 미국에 수출하는 유럽이나 일본 등 전 세계 경기가 함께 좋아졌고, 미국이 경기를 조절하기 위해 금리를 올리거나 내리면 다른 나라도 함께 올리거나 내리는 등 세계경제는 대체로 함께 움직였지만, 금융위기 이후 이런 커플링이 무너져내리기 시작했다.[32]

2015년 11월 현재 한국 경제는 미국 경기가 다소 호전되는 상황에서도 중국의 성장 속도가 늦어지자 심각한 정체 현상을 보이고 있는데, 이에 대해 많은 전문가는 한국 경제가 이제는 미국 대신 중국 경제와 커플링coupling(동조화)한다고 주장했다. 모건스탠리 아시아 지역 회장 출신인 스티븐 로치 Stephen Roach 미국 예일대학 교수는 한국은 중국 경제와 동조화하는 중이고, 강도는 더 세질 것이라고 말했다. 수출 중심인 한국 경제가 세계 경제와 커플링하는 것은 당연한데, 세계 경제의 중심은 중국이 되고 있기 때문이라는 것이다.[33]

기술적 측면에서 보자면, 디커플링은 인류의 문명사적 문제이기도 하다. 조환규는 "산업혁명 시대의 기계 파괴 운동과 같이 우리는 기계를 항상 경계하고 있다. 특히 디지털 기술의 등장은 많은 직종을 사라지게 했다. 2005년을 기준으로 볼 때 IT기술로 인해 사라진 일자리 수가 IT기술이 만들어준 일자리 수를 넘어서기 시작한 것이다. 경제학자들이 말하는 '거대한 분리great decoupling'가 이제 시작된 것이다. 지금까지 인간이 담당한 수작업은 자동화 시스템이 빼앗아가고 있으며 그 범위를 넓히고 있다. 경비원은 CCTV와 분석 프로그램으로 대치

되고 있다. 심지어 물에 빠져 허우적대는 사람만을 식별해주는 카메라 시스템까지 존재한다니, 안전요원의 자리도 위태해지고 있다"며 다음과 같이 말한다.

"박스터BAXTER사의 로봇은 그 표정까지 사람을 모방하여, 같이 일하는 사람들로 하여금 로봇임을 잊게 해주고 있다. 구글에서 개발중인 무인자동차는 운전기사를 무력하게 만들 것이다. 구글이 지도에 공을 들이는 이유는 여기에도 있다. 특히 방위산업에서 기계군단의 등장은 세계사의 중요한 전환점이 될 조짐을 보인다. 지난주 무인전투기 X-47B의 항모 이착륙 성공 소식은 불길한 느낌마저 주고 있다. 전투기에서 조종사 안전장치를 빼면 제조원가를 크게 줄일 수 있어 무기시장의 판도를 바꿀 것이다. 또한 무인항공기에는 국경이라는 개념조차 희미해 설사 무인항공기를 격추시킨들 추락한 쇠붙이를 포로교환용으로 쓰지 못할 것이다. 미국에서는 무인비행기 조작 교육 비용이 실전 비행 조종사 교육 비용을 상회하기 시작했다니 미래 전쟁의 모습이 그려진다."[34]

왜 다양성이
능력을 이기는가?

●
diversity

The development of knowledge may depend on maintaining an influx of the naive and the ignorant, and competitive victory does not reliably go to the properly educated(어쩌면 지식의 발전은 생각이 부족한 사람들과 무지한 사람들을 지속적으로 유입하는 데 달려 있는지도 모른다. 반드시 적절한 교육을 받은 사람들만 경쟁에서 승리하는 건 아니다).

미국 조직이론가 제임스 마치James March, 1928~의 말이다. 미국 저널리스트 제임스 서로위키James Surowiecki는 『대중의 지혜The Wisdom of Crowds』라는 책에서 마치의 주장에 기대어 다양성의 장점을 다음과 같이 역설했다.

"Groups that are too much alike find it harder to keep learning, because each member is bringing less and less new information to the table. Homogeneous groups are great at doing what they do well, but they become progressively less able to investigate alternatives. Or they spend too much time exploiting and not enough time exploring. Bringing new members into the organization, even if they're less experienced and less capable, actually makes the group smarter."

"너무 유사한 집단은 새로운 정보를 논의하지 않기 때문에 새로운 것을 배우기 어렵다. 동질적인 집단은 구성원들이 잘하는 일에는 뛰어나지만, 대안을 탐색하는 능력은 점차 떨어지게 된다. 그런 그룹은 구성원들이 갖고 있는 것을 활용하는 데 너무 시간을 많이 쓰는 반면 다른 것을 탐색하는 데는 충분히 시간을 쏟지 않는다. 비록 경험이 부족하고 덜 유능한 사람이라 하더라도 새 구성원을 조직에 포함시키면 조직이 더 현명해질 수 있다."[35]

The Harvard Business School graduates are abysmal failures, because the Business School assumes, for example, an elite, homogenous America, and we're the most diversified country in the world(하버드 비즈니스 스쿨 졸업생들은 지독한 실패작이다. 미국은 세계에서 가장 다양성이 강한 나라인데도 하버드 비즈니스 스쿨은 엘리트주의적이고 동질적인 미국을 대변하고 있기 때문이다).

1980년대 말 피터 드러커Peter Drucker, 1909~2005가 다양성의 가치를 강조하면서 한 말이다. 각기 다르면서도 최상의 조화를 이루는 심포니 오케스트라가 가장 이상적인 조직 모델인데 반해, 하버드 비즈니스 스쿨은 학생들의 출신 배경에서부터 스쿨의 의식·행태에 이르기까지 너무 획일적이라는 것이다.[36] 2009년 3월 블룸버그통신은 아이비리그 MBA 출신들의 터무니없는 자신감이 최악의 금융위기를 키웠다고 지적했다.[37]

기술자이자 기업인이면서 음악가인 스콧 페이지Scott Page
는 『차이The Difference』(2007)에서 온라인과 오프라인 모두에
서 "다양성이 능력을 이긴다diversity trumps ability"며 다음과 같
이 말한다.

"최고의 문제 해결자들에게는 비슷한 성향이 있다. 따라
서 그들이 집단으로 모여 있을 때나 문제 해결 능력에서는 거
의 차이가 나지 않는다. 하지만 무작위로 모아놓았을 때 문제
해결자 집단은 다양한 성향을 띠게 된다. 이런 다양성은 그들
을 집단적으로 더 뛰어나게 만들어준다."[38]

왜 유연성을 둘러싼
논쟁이 뜨거운가?

●
flexicurity

              flexicurity(유연안전성)는 고용의 유연성flexibility과 안전성security을 조합한 용어로, 기업들에게는 해고와 채용을 더 쉽게 할 수 있도록 해 경쟁력을 키울 수 있도록 하고, 근로자에게는 사회적 안전망social security net을 제공함으로써 유연화에 따른 근로자의 불안을 최소화하는 것이다. 덴마크 수상 포울 뉘루프 라스무센Poul Nyrup Rasmussen, 1943~이 최초로 사용한 이후, 네덜란드 암스테르담대학 진츠하이머연구소 선임연구원 톤 빌트하겐Ton Wilthagen이 이 용어를 체계화했으며, 덴마크와 네덜란드 등 일부 유럽 국가들은 1990년대 중반부터 유연안정성 정책을 펴고 있다.[39]

    flexicurity는 그 어떤 정책에도 다 적용될 수 있는, 모순어법을 활용한 말장난 아니냐는 비판도 있지만, '노르딕 모델Nordic model', 즉 북유럽 국가들의 사회경제적 모델의 핵심으로 꼽힌다. 브리짓 슐트Brigid Schulte는 『타임푸어: 항상 시간에 쫓기는 현대인을 위한 일·가사·휴식 균형잡기』(2014)에서 "덴마크는 세율이 높은데도 불구하고 좌파와 우파 양쪽으로부터 사랑받는 나라"라며 덴마크의 유연안전성 모델에 대해 다음과 같이 말한다.

"시민사회단체들은 덴마크 정부가 투명하고, 효율적이고, 신뢰도가 높고, 부패가 적다고 평가한다. 덴마크는 전체 에너지 수요의 40퍼센트를 재생에너지로 충당하고 있으며 에너지 자립을 향해 나아가고 있다. 그리고 친기업 정책을 시행하기 때문에 보수적 성향의 헤리티지재단에서 발표하는 경제자유지수Index of Economic Freedom 순위도 상위권이다. 보편적 양육수당, 건강보험, 넉넉한 실업수당으로 구성된 사회안전망과 대학원 과정까지 학비를 보장하는 든든한 공교육 제도가 있기 때문에 기업들이 비교적 자유롭게 노동자를 고용하고 해고할 수 있다. 이른바 '유연안정성 모델'이다. 결론적으로 덴마크에서는 모든 사람이 행복하다."[40]

경제사회발전노사정위원회(노사정위) 위원장 김대환은 2015년 1월 8일 『조선일보』와 가진 인터뷰에서 '유연안정성flexicurity'이란 말을 9차례, '정책의 조합'이란 말을 12차례 반복했다. '해고는 곧 죽음'이라는 논리로 '고용안전성security'을 강조하는 노동계와 '노동시장의 고비용 · 저효율이 경제를 죽인다'며 '고용유연성flexibility'을 주장하는 경영계를 동시에 설득하기 위해 '유연안정성'이라는 개념을 제시한 것이다.[41]

flexible specialization(유연전문화)은 전문적인 지식이나 숙련을 갖추고 여러 가지 직무를 유연하게 수행할 수 있는 상태를 말한다. 소품종 대량생산에서 다품종 소량생산으로 이행하는 이른바 포스트포디즘post-Fordism의 대표적인 특징으로, 1973년의 오일 쇼크, 세계화로 인한 국가 간 경쟁의 심화, 컴퓨터 기술의 발전 등으로 인해 나타난 현상이다.[42]

류동민은 "경영자 단체나 언론, 심지어는 노동부 관료들이 '유연한 노동'이라 말할 때, 그것은 한마디로 쉽게 자를 수 있는 노동이라는 뜻이다. 그렇지만 노동자 입장에서 보자면, 새로운 직무가 주어지더라도 쉽게 적용하여 성공적으로 수행할 수 있는 능력도 '유연'한 것이고, 혹시 해고되더라도 곧바로 거리로 내몰리지 않고 당분간 먹고살 수 있는 능력도 '유연한 것이다"며 다음과 같이 말한다.

"서구의 좌파 학자들 중에서도 노동의 유연전문화 등을 낙관적 전망으로 바라보는 이들은 주거 공간과 작업 공간의 엄격한 분리에 기초하는 포드주의적 형태가 무너지고 이 둘이 합쳐지는 현상을 긍정적으로 묘사하기도 했다. 한국의 텔레비전 방송에서도 가끔 보이듯이 고급 주택 같은 분위기에서 자기 집처럼 자유롭게 일하는 노동자들이 모여 있는 미래형 회사의 이미지 같은 것이 아닐까. 그러나 서울의 주거 비용이 높아지면서 주거 공간과 작업 공간이 합쳐지는 현상이 나타났다. 그것을 상징하는 것이 고시원이다."[43]

flex-firm(탄력회사)은 미래학자 앨빈 토플러Alvin Toffler, 1928~가 『권력이동』에서 관료체제의 대안으로 제시한 조직 유형으로, 그 대표적 예는 가족회사다. 토플러는 "가족회사에서는 아무도 남을 골탕먹이지 않는다. 모두가 모두를 너무나 잘 알며 '연줄'을 통해 아들이나 딸이 성공하도록 돕는 것은 당연시된다"며 "가족제도에서는 주관·직관력·정감情感이 사랑과 다툼을 모두 지배한다"고 주장했다.

"사업에서 가족관계가 역할을 수행하는 경우에는 관료적 가치관과 규칙이 파괴되고 이와 함께 관료체제의 권력구조도 파괴된다. 이것은 매우 중요한 의미를 갖는다. 오늘날 가족기업의 부활은 단순한 일시적 현상이 아니기 때문이다. 우리는 지금 '관료주의 이후'의 시대로 접어들고 있다.……(가족회사는) 대규모의 관료적 회사와는 달리 신속한 의사결정이 가능하다. 과감한 투기적 모험에도 선뜻 나설 때가 많다. 가족회사는 변화가 빠르며 새로운 시장의 요구에도 잘 적응한다. 일상적인 직접적 상호작용과 심지어 잠자리의 정담을 통한 의사전달은 신속하고 풍성하며 한마디 투덜거리거나 얼굴을 찡그려도 많은 내용을 전달한다. 가족 구성원은 보통 회사에 대한 뿌리 깊은 '소유' 의식을 가지고 있으며 높은 성취동기를 나타낸다. 또한 충성심이 강하며 초인적인 장시간 근무를 할 때가 많다."

토플러는 파키스탄의 경영전문가 셋 뭄타즈 사이드Syed Mumtaz Saeed가 서방에서 산업주의 시대의 탈인간화는 가족을 순전한 사회적 · 비경제적 역할로 강등시킨 결과로 빚어진 것이므로 제3세계 국가들은 관료체제의 비인격성과 서방식 반가족주의를 거부하고 가족에 기초한 경제체제를 구축해야 하며 고전적 온정주의를 보존해야 한다고 주장한 것에 동의를 표했다.[44]

왜 인센티브는 자주
소탐대실의 결과를 낳는가?
●
incentive

　　　　　　　　　incentive(봉급 외의 성과급)는
라틴어로 '~에 들어가다, 시작하다'를 뜻하는 'in'과 '노래 부
르다'의 'canere'를 합친 말로 원래 '노래를 불러 분위기를 띄
운다'를 의미했다. 프랑스어에서 혼자 부르는 노래인 샹송, 함
께 부르는 노래인 합창을 뜻하는 칸타타와 같은 어원이다.

　　조승연은 "로마에서는 대형 종교 행사부터, 전쟁 출병·
개선 행진, 검투사 경기 등 국가 주요 행사마다 대규모 악단을
동원해 흥겨운 곡 연주로 참가자들 사기와 관객들 흥을 돋웠
다. 출병이 잦았던 로마 군대는 행군으로 이동했는데, 이들의
행군에도 악사들이 커다란 악기를 메고 음악을 연주하며 선두
를 맡았을 정도였다. 고대 로마는 주요 행사나 의례의 시작 전
에 음악으로 분위기를 띄웠기 때문에 '노래를 시작한다'를 뜻
하는 라틴어 incanere에서 '분위기를 조성한다'인
incentivus가 나왔다"며 다음과 같이 말한다.

　　"1943년 미국은 일본과 독일을 상대로 2차 세계대전을
치렀다. 미국의 건강하고 젊은 남자들은 대부분 징집되어 전
쟁터로 떠나고 여성, 노인 등은 공장으로 나와 무기와 군수용

품을 생산했다. 미국 정부는 군수업체에 '더 많은 군수품을 생산하는 사람에게 더 많은 급여를 지급하는 것은 훌륭한 군가, 즉 incentive로 군인들의 사기를 높여주는 것처럼 더 많은 무기를 생산할 수 있는 분위기를 조성한다'면서 공장 직공들에게 상여금을 지급하도록 독려했다 이때부터 incentive는 봉급 이외 실적이 반영된 급여 이외 성과급을 뜻하게 됐다."[45]

disincentive는 인센티브의 반대말로, 어떤 행동을 억제할 때 쓰는 수단을 말한다. 예컨대, 이런 식으로 쓰인다. 금융위원장 임종룡은 2015년 11월 4일 기자간담회를 통해 전국은행연합회 주도의 태스크포스TF에서 구조조정의 원칙, 절차, 방식, 관련 조직 등 시스템을 정비하고 구조조정에 대한 인센티브Incentive 부여와 디스인센티브Disincentive 제거 등 여신제도 개선을 추진한다고 밝혔다.[46]

인센티브가 좋은 분위기를 조성한다는 의미에서 시작되어 열심히 일하는 분위기를 조성하도록 지불되는 돈, 즉 성과급으로 의미가 확장되었다는 건 인센티브의 핵심이 분위기의 문제라는 걸 시사해준다. 그래서 회사 분위기를 해치는 인센티브 제도는 하지 않느니만 못하다는 비판이 제기된다.

경쟁과 성과에 관해 오랫동안 연구한 미국 교육심리학자 알피 콘Alfie Kohn, 1957~은 『경쟁에 반대한다No Contest』(1986)와 『보상에 의한 처벌Punished by Rewards』(1993) 등을 통해 인센티브는 동기 부여의 수단으로 작용하기보다는 개개인의 이익을 앞세우기 때문에 의도하지 않게 동료 관계를 해치는 부작용을 낳는다고 비판한다. 또 그는 인센티브가 실적에 연계되면서 사람들이 평가 기준에 부합하는 '안전하고 만만한' 일만 하게 될 가능성이 높아져 조직 내 상상력을 갉아먹고 새로운 시도

나 혁신을 회피하게 만들어 결과적으로 집단 생산성을 떨어뜨린다고 주장한다.[47]

마거릿 헤퍼넌Margaret Heffernan은 『의도적 눈감기: 비겁한 뇌와 어떻게 함께 살 것인가』(2011)에서 돈을 인센티브로 이용할 때는 매우 신중하고 조심스러워야 하지만, 대다수 기업의 현실은 그렇지 않다며 다음과 같이 말한다.

"기업들은 마치 깨지기 쉬운 도자기들을 다루는 도예점에서 대장간에서나 쓸 법한 무지막지한 망치를 휘두르듯, 금전적 인센티브를 사용한다. 금전적 인센티브가 과부하에 걸리면 한 가지 신호가 감지된다. 돈, 돈만, 오로지 돈만 중요해지는 것이다. 금전적 인센티브는 사리사욕을 충족시킬 수는 있겠지만, 예상하지 못한 부분에서 실패로 끝날 수도 있다. 직원들을 일하게 만드는 데 필요한 도덕적 가치들을 무너트리기 때문이다."[48]

조직의 분위기를 해치는 금전적 인센티브를 사자성어로 표현하자면, '소탐대실小貪大失'이 아닐까?

'시크릿 열풍'의 비밀은
무엇인가?

●
The Secret

　　　　　　　　　　호주 방송인 론다 번Rhonda Byrne, 1951~의 『시크릿The Secret』(2006)은 2006년 영화와 책 형태로 동시에 발표되었는데, 두 가지 모두 경이적인 성공을 거두어 DVD는 200만 장 이상, 책은 400만 권 이상 판매되었다. 『시크릿』은 46개국 언어로 번역되어 1,900만 부 이상 팔려나감으로써 전 세계에 걸쳐 '시크릿 열풍'을 불러일으켰다(2007년 기준).[49] 『시크릿』은 한국에서도 2007~2008년 종합베스트셀러 순위 1위를 기록하는 등 엄청난 선풍을 불러일으켰다. 교보문고가 2010년 지난 11년간의 누적 도서 판매량을 집계했더니, 『시크릿』이 1위였고, 2, 3위도 같은 자기계발 계열의 『연금술사』, 『마시멜로 이야기』였다.[50]

　　『시크릿』이 누린 인기의 비결은 과연 무엇이었을까? 론다 번은 양자물리학을 끌어들여 과학적 후광효과를 노린 동시에 자신이 경험담을 소개하는 방식으로 독자들의 눈길을 사로잡았다. 예컨대, 그녀는 자신이 안경 없이도 잘 볼 수 있다는 생각을 한 뒤 실제로 안경을 벗어 던질 수 있었고, 식이 조절 없이 그저 날씬한 모습을 상상하는 것만으로 다이어트에 성공

했다고 말한다.[51]

론다 번은 그런 '권위'를 앞세워 "살찐 사람들을 보게 되면 시선을 오래 주지 말고 마음을 즉시 딴 데로 돌려 당신의 완벽한 몸을 상상하고 느끼는 데 집중하라"고 말한다. 이에 대해 바버라 에런라이크Barbara Ehrenreich는 이렇게 꼬집는다. "번은 뚱뚱한 사람들을 시야에서 차단함으로써 체중을 줄일 수 있다고 했다.……칼로리 따위는 신경 쓸 필요 없다. 70킬로그램이 넘는 여학생 회원들을 쫓아내기만 하면 된다."[52]

더글러스 러시코프Douglas Rushkoff는 "『시크릿』 자체가 다단계 상술은 아니지만, 많은 사람들이 그것을 이용해 자신의 상품을 팔아먹고 있다"며 이렇게 말한다. "『시크릿』의 지지자이자 유명한 자기계발 구루인 잭 캔필드, 밥 프록터, 마이클 벡위드는 팀을 이루어 '『시크릿』으로 부자 되자'는 일종의 다단계 영업을 시작했다. 소위 '부자 되기의 과학'으로 불리는 이 과정에 참여하려면 1,995달러를 내면 된다. 부자가 되는 데 단 하나 조건이 있다면, 당신은 당신의 친구들을 이 과정에 끌어들일 정도로 부자가 되기를 간절히 원해야 한다는 것이다."[53]

비키 쿤켈Vicki Kunkel은 『본능의 경제학: 본능 속에 숨겨진 인간 행동과 경제학의 비밀Instant Appeal: The 8 Primal Factors That Create Blockbuster Success』(2008)에서 『시크릿』이라는 책과 더불어 영화 〈시크릿〉이 컬트적 추종자들을 형성하는 데 성공할 수 있었던 비결은 '동족 상관성kinship relevancy'을 이용했기 때문이라고 말한다. 동족 상관성은 우리가 세상 속에서 대체적으로 자신을 바라보는 시각과 우리 자신을 연결 짓는 과정에서 한 집단이 조력하는 방식이다. 예컨대, 일부 기업들은 인사 관리 활동에서 동족 상관성 요소에 초점을 맞추는데, 이는 웹

사이트의 입사 지원 사이트에서부터 시작된다. 마이크로소프트의 온라인 지원 절차는 여러 단계의 복잡한 과정으로 이루어지는데, 이런 과정은 사실 정보와 세세함, 프로그래밍, 그리고 복잡한 절차를 사랑하는 사람들이 선호하는 유형의 작업이다. 여기서부터 코드가 다른 사람들을 걸러낸다는 것이다.[54]

"〈시크릿〉은 자기계발 분야와 형이상학, 점성학, 수비학 数秘學, 기타 관련 학문들의 실천가들을 타깃 그룹으로 삼아 대대적인 인터넷 입소문 마케팅을 벌였다. 이 영화의 마케터들은 무차별적으로 대중의 뒤를 쫓지 않았다. 이들의 대상은 이미 영화의 구상과 신념을 믿고 있는 작은 무리의 리더들이었다. 온라인집단의 리더들에게 영화의 티저 영상이 발송됐고, 티저 영상을 본 리더들은 그 정보를 마음이 맞는 동료들에게 전달했다. 〈시크릿〉이 미국 주류 사회로 들어가 매스 마켓에서의 성공에까지 이른 것은 이 무리들 내에서 정보가 충분히 파급되어 외부로까지 흘러나가면서부터였다."[55]

실존주의적 심리치료 전문가인 카를로 스트렝거Carlo Strenger는 '시크릿 열풍'의 원인을 출판 산업의 구조조정과 기업의 필요에서 찾는다. 전통적인 출판사는 대부분 책에 무관심한 경영자가 경영하는 거대 인포테인먼트infortainment 기업에 인수되었기 때문에 돈을 버는 데에만 집착하며, 기업은 '희망과 열정의 전도사'임을 자처하는 동기부여 강사들에게 많은 돈을 바친다는 것이다. 그는 "기업이 내게 강연을 의뢰할 때도 마찬가지이다. 기업의 교육 담당자는 경영자가 내 강연을 듣고 '행복해지기를' 기대하는 한편, 내 강연이 지적 노력을 요구할까봐 노심초사한다. 그래서 강연 내용이 단순하고 긍정적인지 조심스럽게 물어온다"며 다음과 같이 말한다.

"교육 담당자의 이런 행태는 아주 이상한 일이다. 내 강연을 듣는 경영자들은 모두 대학을 나왔으며, 경영학 석사 과정을 이수한 사람들도 많고, 박사 비율도 상당하다. 그런데도 왜 내 강연 내용이 어려울까봐 걱정하는가? 왜 경영자에게 생각할 거리보다는 '희망'만 주려고 하는가? 경제 전문가나 마케팅 전문가에게 교육 받을 때는 두루뭉술하고 긍정적인 메시지보다는 구체적이고 실질적인 정보를 원할 것이다. 그러나 인간의 정신과 관련해서는 교육이나 정보가 아닌 정신적 위안을 원한다. 이것은 그만큼 기업에 정신적 위안이 절실한 상황이며 호모 글로벌리스homo globalis(세계화 시대의 신인류)가 정신적 공황에 빠져 있음을 방증한다." [56]

그런 정신적 위안을 제공하는 『시크릿』은 이른바 '신사고 운동New Thought Movement' 대중화의 정점을 기록한 책이다. 리처드 루멜트Richard P. Rumelt는 "신사고 운동의 놀라운 점은 언제나 새로운 사상인 양 소개된다는 것이다. 그때마다 사람들은 이미 수차례 반복된 이야기를 새롭게 받아들인다. 이러한 의식적인 암송은 강한 열망을 품으면 마술처럼 이루어진다는 믿음을 통해 이루어진다"며 다음과 같이 말한다.

"명상이나 내적 성찰이 영혼을 완벽하게 만들어주는지는 알 수 없다. 분명한 사실은 생각이 물리적 세계를 바꾸며, 성공만을 생각하면 실제로 성공한다는 주장은 전략적 토대로 적합하지 않다는 것이다. 모든 분석은 부정적인 결과를 포함한 현실적인 가능성에 대한 고려로 시작된다. 나는 사고의 가능성을 다각적으로 검토하지 않고 긍정적인 생각만 하는 사람들이 설계한 비행기는 절대 타지 않을 것이다." [57]

2008년 『타임』에 실린 「서브프라임 모기지 사태는 하나님 탓일까?」라는 기사는 금융 위기를 조장한 번영 설교 목사들의 역할을 지적했다. 미국 캘리포니아대학 종교학 교수 조너선 월턴Jonathan Walton은 조엘 오스틴Joel Osteen 같은 목사들이 "하나님은 은행이 내 신용점수를 무시하도록 해주시고 내가 처음으로 소유한 집을 축복해주신다"고 말하면서 "저소득 계층이 서브프라임 모기지를 걱정하지 않도록 안심시켰다"고 꼬집었다. 긍정적 사고와 서브프라임 위기가 분명히 관련되어 있다고 본 케빈 필립스Kevin P. Phillips, 1940~는 『나쁜 돈Bad Money: Reckless Finance, Failed Politics, and the Global Crisis of American Capitalism』(2007)에서 오스틴과 함께 『시크릿』의 저자 론다 번을 비난했다.[58]

『시크릿』은 미심쩍은 과학적 논리 이외에 다른 문제점들도 있다. 첫째, 원하는 바를 끌어당기는 데 성공하지 못한 사람들에게 전가되는 비난이다. 둘째, 엉뚱한 일에 노력을 집중케 함으로써 문제에 대한 효과적인 해결책을 회피하게 만들 우려가 있다.[59] 이와 관련, 스티브 샐러노Steve Salerno는 『사기: 자기계발 운동이 어떻게 무력한 미국인을 만들었는가Sham: How the Self-Help Movement Made America Helpless』에서 이른바 SHAM(Self-Help and Actualization Movement의 앞 글자를 딴 단어)에 대한 대중적 호응으로 엄청난 비용이 발생했다고 주장한다.[60]

일부 경영자들도 『시크릿』에 열광했다. 스티븐 E. 크레이머라는 경영자는 "영업자들에게 〈시크릿〉 DVD를 보게 했더니 즉시 사기와 목표치가 올라가고 생산성도 높아졌다"고 밝혔다. 실제로 많은 기업이 직원들에게 〈시크릿〉 DVD를 보게 했는데, 반발하는 직원도 있었다. N. 밴 버스키크란 사람은 이렇게 말했다. "직장에서 이 DVD를 틀어주었다. 신경에 거슬렸다. DVD 내용이야 말할 것도 없이 한심했지만, 세뇌당하는 듯한 느낌을 받았다는 게 진짜 문제였다. DVD를 반쯤 보고는 자리를 떠나지 않을 수 없었다."[61]

자연·과학·기술

왜 '상상력이 풍부한'이라는 말은 높은 평가를 받지 못했나?

●
imagination

"과학자는 강렬한 직관적 상상력을 지녀야 한다. 자고로 새로운 아이디어란 논리적 연역이 아니라 예술과도 같은 창의적인 상상력에서 탄생하는 법이기 때문이다." 독일 물리학자 막스 플랑크Max Planck, 1858~1947의 말이다.[1] 역설 같지만, 이 말은 상상력imagination이 그간 좋은 대접을 받지 못했다는 걸 시사한다.

심리학자 E. L. 머리E. L. Murray가 잘 지적했듯이, 서구 사상의 역사에서 "의미, 존중받을 만한 의미는 인류의 논리적 사고와 동일시됐고 인간의 상상력은 물활론적, 비이성적, 비논리적, 직감적, 억압적이어서 궁극적으로는 위험한 것으로 간주됐다."[2]

리처드 오글Richard Ogle은 『스마트 월드Smart World』(2007)에서 "자연과학에서건 사회과학에서건 '상상력이 풍부한'이라는 말은 높은 평가를 받지 못한다"며 이렇게 말한다. "모든 연구에서 선호하는 용어는 이성적, 객관적, 예측 가능, 설명 가능 등이기 때문이다. 경영학 이론은 1990년대에 비전이 있는 리더라는 개념에 잠깐 심취했지만 닷컴의 몰락과 함께 재빨리

93

사라졌다. 이때의 비전이란 새롭게 떠오르는 트렌드를 재빨리 간파해내는 실질적 능력쯤으로 해석됐다. 현실주의와 이성이 지배하게 된 것이다."[3]

그런 풍토에서 오글이 주목하는 것은 이른바 '지능적 상상력intelligent imagination'이다. "이 상상력은 목표, 요구, 미래에 대한 희망 등과 잘 맞아떨어지는 방식으로, 세계를 바라보는 방식을 제시해 세상을 이해할 수 있도록 해주고, 문제를 창조적이면서 효과적으로 풀 수 있도록 도와주는 그런 상상력이다."[4]

상상력의 가치에 대한 인식의 수준은 점점 나아져 가고 있지만, '지능적'이건 그 무엇이건 어떤 식으로든 어느 정도의 제약을 가하는 상상력만이 대접을 받는 게 현실이다. 그래서 상상력의 장점과 강점을 강조하는 명언들이 자주 인용되는 건지도 모르겠다. 상상력과 관련된 명언을 7개만 감상해보자.

(1) Love is a canvas furnished by Nature and embroidered by imagination(사랑은 신에 의해 제공되고 인간의 상상력에 의해 꾸며지는 캔버스다). 프랑스 철학자 볼테르Voltaire, 1694~1778의 말이다.

(2) Happiness is not an ideal of reason, but of imagination(행복은 이성이 아닌 상상의 이상이다). 독일 철학자 이마누엘 칸트Immanuel Kant, 1724~1804의 말이다.

(3) Imagination rules the world(상상력이 세계를 지배한다). 나폴레옹 보나파르트Napoleon Bonaparte, 1769~1821의 말이다.

(4) To know is nothing at all; to imagine is everything(아는 것은 전혀 중요하지 않다. 상상력이 가장 중요하다). 프랑스 시인 아나톨 프랑스Anatole France, 1844~1924의 말이다.

(5) Moderation is the last refuge for the unimaginative(중용은 상상력이 없는 사람의 마지막 피난처다). 영국 작가 오스카 와일드Oscar Wilde, 1854~1900의 말이다.

(6) Logic will get you from A to B. Imagination will take you everywhere(논리는 A에서 B에 이르는 것이지만 상상력은 무한대로 뻗는다). 세계적인 물리학자 알베르트 아인슈타인Albert Einstein, 1879~1955의 말이다.[5]

(7) The man who has no imagination has no wings(상상력이 없는 사람은 날개가 없는 것이다). 세기의 권투 선수였던 무하마드 알리Muhammad Ali, 1942~의 말이다.[6]

왜 스티브 잡스는 "애플은 기술과 인문학의 교차로에 있다"고 했나?
●
imagineer

"애플은 기술과 인문학의 교차로에 있다We've always tried to be at the intersection of technology and liberal arts." 애플의 스티브 잡스Steve Jobs, 1955~2011는 프레젠테이션을 할 때마다 이 말을 했다.[7] 잡스의 출현 이전, 기술을 사랑하는 사람들과 예술을 사랑하는 사람들 사이의 간극은 매우 컸다. 기술 회사들은 창의성을 이해하지 못하고 직관적 사고의 가치도 몰랐는데, 음악·그림·영상·컴퓨터를 모두 사랑했던 잡스는 기술을 개발하려면 직관과 창의성이 필요하며 예술적인 무언가를 만들어내려면 현실적 규율이 필요하다는 점을 이해했다. 그는 이렇듯 인문학과 과학기술의 교차점에서 있었기에 융합시대의 선구자가 될 수 있었다.[8]

잡스의 말은 imagineer(이매지니어)가 되어야 한다는 요청이다. 이매지니어는 상상하다imagine와 기술자engineer의 합성어로 '상상하는 기술자'라는 뜻이다. 다른 분야의 장점을 결합해 완전히 새로운 분야의 가치를 창출하는 사람을 의미한다. imagination과 engineering의 합성어인 imagineering(이매지니어링)을 하는 사람을 뜻한다고 보아도 무방하다.

We've always tried to be at the intersection of
technology and liberal arts

imagineering은 1940년경 미국 알루미늄 제조업체인 알코아 Alcoa가 만든 말이지만, 세계적인 엔터테인먼트 회사인 월트 디즈니에서 널리 활용해 유명해졌다. 오늘날 월트 디즈니의 자회사로 존재하는 Walt Disney Imagineering은 테마파크, 리조트, 크루즈 관광, 부동산 개발 등의 업무를 맡고 있다.[9]

강원대학교 교수(컴퓨터정보통신공학) 김화종은 "고학력자의 실업률을 낮추기 위해, 그리고 글로벌 경제에서 앞서나가려면 우리 사회는 창의 융합형 정보통신ICT 인재 양성에 주목해야 한다. ICT 개발자는 프로그래밍 기술뿐만 아니라 철학, 심리학 등 인문학을 알아야 소비자가 원하는 훌륭한 제품을 만들 수 있다. 또한 사회학이나 인문학 전공자 역시 ICT를 몰라서는 경쟁력 있는 서비스를 만들어내기 어렵다"며 다음과 같이 말한다.

"한 분야의 선구자 역할을 하는 전문가보다는 이매지니어처럼 융합을 통한 창의 ICT 인재가 미래를 이끌어간다는 것을 잊어서는 안 된다. 그리고 창의 ICT 인재는 모든 산업 발전의 핵심 역할을 하는 소프트웨어 활용 능력을 갖추어야 한다. 융합형 ICT 인재 육성 정책이 성공을 거둬 대한민국이 창의적 일자리가 넘치는 나라가 되기를 희망해본다."[10]

이매지니어링은 자기계발 분야의 인기 개념이기도 하다. 미국의 목사이자 자기계발 전문가인 노먼 빈센트 필Norman Vincent Peale, 1898~1993은 『적극적 사고방식』이라는 책에서 "당신의 마음에서 걱정을 제거하라"며 다음과 같이 말한다.

"상상은 걱정을 만들어내는 한 원천이지만, 동시에 걱정의 치료제가 될 수도 있다. '상상의 공학Imagineering'은 사실적인 결과를 얻기 위해 심상을 이용하는 것인데, 놀랄 만큼 효과적인 방법이다. 상상은 환상과는 다른 것이다. 상상이라는 말은 상상한다는 관념에서 나온 말이다. 다시 말하면, 당신은 걱정의 심상, 아니면 걱정에서 해방된 심상을 구성한다. 당신이 구성하는 심상(당신의 상상)은 당신이 충분한 믿음을 가지고 마음속에 계속 가지고 있으면, 결국 사실이 되고 만다. 그러니 당신 자신을 걱정에서 벗어나 있는 모습으로 상상하라. 그러면 이 배수 작용이 조만간 당신의 생각에서 비정상적인 두려움을 제거할 것이다."[11]

제너럴일렉트릭GE의 슬로건인 에코매지네이션 Ecomagination은 생태학을 의미하는 ecology의 eco와 GE 슬로건인 Imagination at Work(상상을 현실로 만드는 힘)의 imagination을 결합해 만든 신조어로 친환경적 상상력을 뜻한다.[12]

왜 스티브 잡스는 '집중'과
'단순함'을 반복해서 외웠을까?
●
mantra

mantra(만트라)는 기도나 명상
때 외우는 주문을 말한다. 비유적으로 '경구, 좌우명, 목표' 등
의 의미로도 쓰인다. It is not a matter of political
mantra(그것은 정치적인 경구의 문제가 아니다). A majority of
India's middle class is well-educated, well-spoken and
their mantra in life is not to save, but spend(인도 중산층은
대부분 교육 수준이 높고, 화술도 뛰어납니다. 그리고 이들의 인생
목표는 저축이 아니라 소비에 있습니다). He repeated the
phrase like a mantra(그는 그 구절을 주문처럼 되뇌었다).[13]

만트라는 원래 석가의 깨달음이나 서원誓願을 나타내는
말로 불교에서 진실하여 거짓이 없는 신주神呪를 뜻하는 말이
다. 주주呪 · 신주神呪 · 밀주密呪 · 진언眞言 · 밀언密 등으로도 번
역한다. mantra는 산스크리트어로 man은 '생각', tra는 '도
구'라는 뜻이다. '만트라'는 사고의 도구, 즉 언어를 의미하며,
나아가서는 신들에 대하여 부르는 신성하고 마력적魔力的인 어
구를 가리키는 것으로 인도에서는 3,000년 전인 베다 시대
Verdic times부터 널리 행해졌다. 중국 · 한국 · 일본 등에서는

번역하지 않고, 원어를 음사音寫하며 이를 많이 외우면 재액이 물러가고 공덕이 쌓이는 걸로 여겨왔다.[14]

자기암시법autosuggestion의 주창자인 프랑스의 에밀 쿠에 Émile Coué, 1857~1926는 1920년대 미국에 만트라를 유행시켰다. 의지나 의식보다는 무의식의 힘을 강조한 쿠에의 자기암시법은 쿠에이즘Couéism 또는 쿠에법Coué method으로 불렸는데, 쿠에이즘의 핵심은 이런 주문 공식을 반복해서 말하는 것이다. "모든 면에서 나는 나날이 점점 좋아지고 있다Every day, in every way, I'm getting better and better." 쿠에는 1923년 미국을 방문해 낙관적인 메시지를 전하며 미국인들을 흥분시켰다. 그가 방문한 지 몇 개월도 되지 않아 수백만 명의 미국인이 그의 주장처럼 스스로 추켜올린 뒤 쿠에의 주문 공식을 계속 반복했다. "모든 면에서 나는 나날이 점점 좋아지고 있다."[15]

젊은 시절부터 선불교, 명성과 영성, 채식주의에 탐닉한 스티브 잡스Steve Jobs, 1955~2011는 『비즈니스위크』(1998년 5월 12일)와의 인터뷰에서 이렇게 말했다. "That's been one of my mantras—focus and simplicity. Simple can be harder than complex(제가 반복해서 외우는 주문은 '집중'과 '단순함'입니다. 단순함은 복잡함보다 어렵습니다)."[16]

2015년 11월 호주 출신 모델 미란다 커Miranda Kerr, 1983~는 자신의 인스타그램을 통해 아침 명상과 운동 장면을 담은 영상을 공개했다. 커는 "아침 명상으로 하루를 시작하는 것을 좋아한다"며 "약 20분간 명상과 만트라를 외운다"고 밝혔다.[17]

풀을 한 번 벤 뒤 나중에 한 번 더 베면 무엇이 되나?

●
aftermath

aftermath는 "그루갈이, 두 번째 베는 풀, (전쟁·재해 따위의) 결과, 영향"이란 뜻이다. 여기서 math는 고어古語로 "a mowing(풀베기)"이란 뜻이다. 즉, 풀을 한 번 벤 뒤 나중에 한 번 더 벤다는 뜻으로 이해하면 되겠다. 이런 뜻이 비유적으로 쓰이면서 '결과, 영향'이라는 뜻까지 갖게 된 것이다.[18]

aftermath의 사촌쯤 되는 단어가 바로 polymath(박식가, 박식한 사람)다. 풀을 베는 걸 공부에 비유해, 두루 많이 아는 사람을 그렇게 부른 것이다. He was a polymath who lived from 1602 to 1680(그는 박식한 사람으로 1602년부터 1680년까지 살았다). They do not need to be polymaths(박식한 사람이 될 필요가 없다).[19]

polymath는 17세기부터 사용된 말이며, 비슷한 뜻을 갖고 있는 '르네상스맨Renaissance man'은 20세기 초부터 사용되었다. 르네상스맨의 전형은 레오나르도 다빈치Leonardo da Vinci, 1452~1519다. 영국에선 polymath sportsman이나 sporting polymath와 같은 형식으로, 여러 종목에서 탁월한 성적을 낸

운동선수를 가리키는 말로 많이 쓰인다.[20]

the aftermath of war는 '전쟁의 여파', the aftermath of the flood는 '홍수가 남긴 흔적', the aftermath of elections 는 '선거의 후유증'이란 뜻이다. A lot of rebuilding took place in the aftermath of the war(전쟁의 여파로 재건축이 많이 되었다). I don't know how to handle the aftermath(뒷일을 어떻게 감당해야 할지 모르겠다). In the aftermath of 9-11, travelers face extra challenges(9·11 사건의 여파로 여행객들은 추가적인 부담을 지게 되었습니다). 『The New York Times』 covered the aftermath of the tsunami(『뉴욕타임스』가 지진 해일의 여파를 취재했다).[21]

이와 같은 예문들이 말해주듯, aftermath는 좋지 않은 사건의 경우에만 써야 하는데, 영국이나 미국에선 이를 모르는 고교생이 많다. 영국 언어학자 데이비드 크리스털David Crystal 은 한 고등학생이 쓴 문장 (A)는 (B)와 같이 바꿔야 한다고 말한다.

(A) The church fete was great fun and very successful, and in the aftermath a thousand pounds was given to charity.

(B) The church fete was great fun and very successful, and as a result a thousand pounds was given to charity(교회 축제는 아주 재미있고 성공적이었으며, 그 결과 1,000파운드의 자선기금이 마련되었다).[22]

왜 아인슈타인과 오펜하이머는
블랙홀을 혐오했을까?

●
black hole

"In general relativity, a black
hole is a region of space in which the gravitational field
is so powerful that nothing, including light, can escape
its pull(일반상대성이론에서 볼 때, 블랙홀이란 중력장의 힘이 너
무나 강해서 빛을 포함해서 어떤 것도 [한번 그 속에 들어가면] 잡아
당기는 힘에서 벗어나지 못하는 공간의 영역을 말한다).[23]

『위키피디아』의 정의다. 블랙홀은 세계적인 물리학자 알
베르트 아인슈타인Albert Einstein, 1879~1955의 '일반상대성이론
theory of general relativity'(1915)에서 출발한 존 로버트 오펜하이
머John Robert Oppenheimer, 1904~1967와 하틀랜드 스나이더
Hartland Snyder, 1913~1962가 1939년에 발견한 것으로, 천문학
분야의 기이한 창조물 중에서도 가장 기이한 것으로 여겨지고
있다.[24]

black hole이란 용어가 최초로 사용된 것은 저널리스트
앤 유잉Ann Ewing이 1964년 1월 18일에 발표한 「'Black
Hole' in Space」란 기사에서였으며, 미국 물리학자 존 휠러
John A. Wheeler, 1911~2008가 1967년 강연에서 사용한 이후로 널

리 쓰이게 되었다.[25]

아인슈타인은 블랙홀 개념을 혐오했으며, 오펜하이머 역시 자신의 가장 중요한 과학적 업적이 블랙홀이었지만 말년에는 블랙홀에 냉담했다. 왜 그랬을까? 프리먼 다이슨Freeman Dyson은 『과학은 반역이다The Scientist as Rebel』(2006)에서 이들이 진정한 이론물리학자라면 반드시 물리학의 기본 방정식을 발견해야 한다고 생각했기 때문이라고 말한다.

"정확한 기본 방정식을 발견하는 것, 오로지 그것만이 중요했다. 그것만 발견되면, 그 방정식의 개별적인 해들을 찾는 것은 삼류 물리학자나 대학원생들에게도 누워서 떡먹기가 될 터였다. 오펜하이머가 보기에, 자신과 아인슈타인이 개별적인 해들의 자잘한 부분까지 신경 쓰는 것은 귀중한 시간을 낭비하는 일이었다. 이런 식으로 오펜하이머와 아인슈타인은 환원주의 철학에 빠져 길을 잃었다. 그들은 모든 물리적 현상들을 몇 개의 기본 방정식들로 환원하는 것을 물리학의 유일한 목표로 삼았다. 그러니 블랙홀과 같은 특정한 해들을 찾는 일은 원대한 목표에 집중하지 못하게 만드는 방해물일 뿐이었다.……그들은 근본적인 문제들을 한 번에 해결하려는 꿈에 젖어 있었다. 그러나 그들도 결국 말년에는 단 한 문제도 해결하지 못했다."[26]

처음에 블랙홀은 "자연의 법칙이 피해야 할 저주"로 여겨졌다. 시간과 공간까지 뒤엉켜버리는 곳이니 어찌 두렵지 않으랴. 그러나 영국 물리학자 스티븐 호킹은 "블랙홀이 그리 검기만 한 건 아니다Black holes ain't so black"고 했는데, 이는 빛마저 마셔버리는 무시무시한 블랙홀이 동시에 무궁무진한 에너지를 방출한다는 이야기다.[27]

2015년 8월 25일 호킹은 스웨덴 스톡홀름의 왕립과학원이 마련한 대중 강연에서 "블랙홀에 빠졌다고 느끼더라도 출구가 있으니 포기하지 마라"며 "블랙홀에서 정보가 빠져나오는 메커니즘을 발견했다"고 밝혔다. 호킹은 "블랙홀 이론의 여러 대안들은 그런 일이 가능하다는 걸 시사한다"며 "블랙홀이 충분히 크고, 회전하고 있다면 또 다른 우주로 나가는 통로가 있을 수 있다"고 말했다.[28]

왜 '보통 사람들에 의한 분류법'이 주목을 받는가?

◉
folksonomy

　　　　　폭소노미folksonomy란 '사람들에
의한 분류법folk+taxonomy, folk+order+nomos'이란 의미로 하나의
체계에 근거해서 '디렉터리' 방식으로 분류하는 텍소노미
taxonomy와는 달리 이용자 나름으로 '태그Tag'에 따라 나누는
새로운 분류 체계를 말한다. 즉, 가나다, ABC와 같은 전통적
인 분류 기준이 아니라 무작위로 올라온 태그의 종류와 인기
순위를 기반으로 사람들의 관심사에 따라 분류 체계를 만드는
것으로 이는 전문가의 견해가 아니라 일반 사용자들의 의견을
기준으로 삼는 새로운 분류법이다.[29]

　　즉, 사용자들의 관심과 가치부여에 따라 정보의 분류 체
계조차 달라질 수 있다는 의미다. 폭소노미는 소수의 전문 편
집 인력보다 나은 방법으로 지식을 분류하고 걸러주어 이용자
간의 지식 창출이 가능하게 해준다. 예컨대 듀이 십진분류법
Dewey Decimal System은 도서관에서 볼 수 있는 도서 폭소노미
다. '폭소노미'와 '집단지성Collective Intelligence'은 웹 2.0의 파
워를 표현한다. 폭소노미는 2004년 미국의 정보전문가 토머
스 반더 왈Thomas Vander Wal이 만든 용어다.[30]

folk+order+nomos

폭소노미는 정보의 조직화 방식을 민주화했다는 긍정적 평가를 받는 동시에 혼란스럽고 사용하기 어려운데다 일시적인 트렌드일 뿐이라는 비판도 받는다. 『검색 2.0: 발견의 진화 Ambient Findability』(2005)의 저자 피터 모빌Peter Morville은 폭소노미가 같은 내용이나 서열, 다른 의미상의 관계를 처리하지 못하기 때문에 중요한 차원에서는 비참하게 실패하고 만다고 말한다. 이렇듯 폭소노미의 장단점을 둘러싸고 찬반 논쟁이 치열하게 벌어진다.[31]

하워드 라인골드Howard Rheingold는 『넷스마트: 구글, 페이스북, 위키, 그리고 그보다 스마트해야 할 당신』(2012)에서 "폭소노미에는 본질적으로 몇 가지 장점이 있다. 인접 분야에서 벌어지는 상황을 종종 파악하지 못하는 엘리트들이 만든 존재론과 달리, 폭소노미는 민주적이고 범위도 넓어서 잡음이 끼어들 여지도 있지만 훨씬 포괄적인 방식이다"며 다음과 같이 말한다.

"내가 관심 태그를 북마킹하는 사람들의 네트워크를 검색하면서 전문가들을 찾아내듯이, 가장 적합한 지식, 또는 그 지식을 보유하고 있는 사람들을 찾아냄에 있어서 폭소노미는 발견과 수정 모두를 가능케 한다. 이와 비슷하게, 서로 몰랐던 사람들도 폭소노미를 통해 동일한 관심사를 지닌 네트워크와 커뮤니티를 형성할 수도 있다.……태깅과 폭소노미의 핵심은 '정보에 관한 정보'를 뜻하는 메타데이터metadata 개념이다. 웹에서는 아무리 좋은 정보라도 찾아내는 방법을 모르면 정보로서의 가치가 없다. 태그를 비롯한 메타데이터는 적합한 정보를 쉽게 찾을 수 있게 도와준다."[32]

김정운은 『에디톨로지: 창조는 편집이다』(2014)에서 "기존의 지식은 트리식 계층구조다. '학문-심리학-발달심리학-인지발달-……'과 같이 소수의 상위 범주 지식과 다수의 하위 범주 지식으로 나뉜다. 외국 유학을 가게 되면 대부분 이 하위 분야의 실험 결과만 처리하다가 돌아온다. 그래서 '쓰레기 처리'라는 자조 섞인 표현을 쓰기도 한다. 지식의 상위 구조가 어떻게 구성되는지는 구경도 못한다. 트리식 계층구조의 지식은 권위적이고 권력적이다. 변화도 아주 느리다" 며 다음과 같이 말한다.

"폭소노미의 지식은 전혀 다른 방식으로 구성된다. 이리 튀고 저리 튀는 하이퍼텍스트식의 탈脫중심화된, 상호 텍스트 구조로 편집된다. 한마디로 '네트워크network' 적이다. 발달심리학과 생리학이 연결되기도 하고, 심리학과 지식고고학이 연결되기도 한다.……권력구조는 바뀌고, 지배의 양상 또한 변화하게 되어 있다. 네트워크적 지식의 등장은 계층적 지식을 기반으로 하는 권력구조의 변화를 가속화한다. 계층적 지식이 지금까지처럼 그렇게 완고하게 버틸 수는 없다. 지식권력의 변화는 순식간에, 자주, 그리고 매우 혁명적으로 일어난다."[33]

폭소노미는 권력은 분류에서 시작된다는 말을 실감나게 해주는 개념이라 할 수 있겠다. 하지만 지식권력의 변화라는 잠재적 가능성이 실현될 수 있느냐 하는 건 별개의 문제일 것 같다. 구성원들이 자발적으로 개별 정보에 의미를 부여함으로써 단위 정보를 체계화하는 건 좋은데, 그 과정에서 작동하는 시장 논리가 과연 어떤 정보를 선호하느냐가 문제가 아닐까? 사람들의 말초적 관심에 부응하는 정보 위주로 간다면 어찌하겠느냐는 것이다.

왜 이 세상에 안전한 것이란
아무것도 없다는 걸 알아야 하나?

zero-risk bias

'뿌리'를 뜻했던 그리스어
rizikon은 나중에 라틴어에서 '절벽'을 뜻하게 되었다. 이 단
어에서 나온 말이 바로 risk(위험)다. 프랑스어 risque를 거쳐
영어에 편입되었는데, 1655년경부터 사용되었다.[34] 위험에는
여러 종류가 있다. 몇 가지 예를 들자면 이렇다. downside
risk는 예상보다 훨씬 더 악화될 위험 요인을 말한다.[35]
systemic risk는 금융기관의 실패가 상호 연결된 다른 금융기
관들에도 악영향을 끼치고 결과적으로 경제 전체를 위험에 빠
뜨리게 된다는 뜻이다.[36] prudent risk(분별 있는 위험)는 잠재
적으로 긍정적 결과가 그에 따르는 비용을 감당할 만한 가치
가 있을 때 부정적인 결과에 의도적으로 자신을 노출시키는
것을 말한다.[37]

과유불급過猶不及의 원리는 위험에도 적용된다. 위험에 너
무 둔감한 것도 문제지만, 너무 민감한 것도 문제다. 후자의
경우를 잘 보여주는 것이 바로 'zero-risk bias(제로 리스크 편
향)'다. 이는 위험 가능성을 완전히 제거하기 위해 너무 많은
돈과 에너지를 쓰는 편향을 말한다.

파트리크 베루나우Patrick Bernau는 "사람들은 사소한 잔존위험에 노출되는 것을 견디지 못한다. 작은 리스크의 가치를 이해하지 못하고 지나치게 걱정하는 것이다. 그리고 리스크가 전혀 없는 경우를 훨씬 선호한다"며 다음과 같이 말한다.

"작은 잔존위험을 제거하려고 너무 많은 돈을 쓴다. 예를 들어 투자할 때 단 한 푼도 새나가지 않게 하려고 상당한 수익을 포기한다. 이럴수록 위험은 더 커진다. '리스크가 없다'는 사기꾼의 말을 곧이듣기 때문이다. 실생활에서 리스크가 없는 일은 거의 없다.……완벽한 안전이란 없다는 사실을 분명히 알아야 한다. 이 말을 가슴에 새기면 제로 리스크를 위해 애쓰는 것은 무의미함을 알게 될 것이다. 아무튼 그런 것은 존재하지 않기 때문이다."[38]

폴커 키츠Volker Kitz와 마누엘 투쉬Manuel Tusch는 "제로 리스크 편향은 하나의 위험을 떨쳐버렸다고 안심하고 기뻐하는 사이 다른 위험을 까맣게 잊게 만든다"며 이렇게 말한다. "가장 좋은 방법은 조금 힘들고 시간이 걸려도 모든 위험 요소를 찬찬히 따져보는 것이다. 또 세상에 위험 확률이 제로인 상황은 절대 발생하지 않는다. 그러므로 완벽한 안전을 기대하는 마음을 접어라."[39]

롤프 도벨리Rolf Dobelli도 "우리가 배워야 할 교훈은 안전한 것이란 아무것도 없다는 점이다. 그러니 이제부터라도 제로 리스크에 도달할 수 있을 거라는 환상에서 벗어나라. 저축예금도, 건강도, 결혼생활도, 우정도, 부동산도 안전하다고 확신할 수 없다"며 다음과 같이 말한다.

"세상에서 단 한 가지만 우리의 뜻대로 확고하다 말할 수 있다. 바로 우리 자신의 행복감이다. 심리학자들의 연구에 따르면, 수십억 원짜리 로또에 당첨되는 행운이나 하반신 마비의 불운 모두 장기적으로 삶의 만족감에 영향을 주지 못한다. 다시 말해 불행한 사람은 어떤 일이 일어나도 여전히 불행하고, 행복한 사람은 무슨 일이 일어나더라도 여전히 행복하다."[40]

인간이 만든 로봇이 인간을 지배하는 세상이 오는가?

●
robotics divide

robot(로봇, 인조인간)은 "work, or slave labour"를 뜻하는 체코어 robota에서 나온 말이다. 체코 극작가 카렐 차페크Karel Capek, 1890~1938는 1920년에 쓴 「R.U.R.Rossum's Universal Robots」라는 희곡을 1923년 영국 런던에서 연극으로 공연했다. 이 연극엔 원시적인 형태나마 로봇이 등장했다. 일종의 "black utopia"를 그린 이 작품에선 인간이 만든 로봇이 인간을 지배하는 일이 벌어진다.

러시아계 미국인 과학자이자 작가인 아이작 아시모프 Isaac Asimov, 1920~1992는 1941년 최초로 robotic(로봇식의, 로봇을 이용하는)이라는 형용사를 만들어 사용했다. 아시모프는 1942년 '로봇 3원칙Three Laws of Robotics'을 발표했다. robotics 는 오늘날 '로봇공학'의 의미로 쓰인다. 이 원칙은 매우 유명해 'The Three Laws', 'Three Laws', 또는 '아시모프 원칙 Asimov's Laws' 등으로도 불린다. 그 내용은 다음과 같다.

1) A robot may not injure a human being or, through inaction, allow a human being to come to harm(로봇은 인간에게 해를 끼치거나, 아무런 행동도 하지 않음으로써 인간에게 해

가 가도록 해서는 안 된다).

2) A robot must obey the orders given it by human beings except where such orders would conflict with the First Law(로봇은 인간의 명령에 복종해야 한다. 단 명령이 첫 번째 원칙과 충돌할 때에는 예외로 한다).

3) A robot must protect its own existence as long as such protection does not conflict with the First or Second Laws(로봇은 자신을 보호해야 한다. 단 첫 번째와 두 번째 원리와 충돌할 때에는 예외로 한다).⁴¹

로봇공학자 한스 모라베츠Hans Moravec, 1948~는 1988년에 출간한 『마인드 칠드런Mind Children』에서 이런 주장을 폈다. "It is comparatively easy to make computers exhibit adult level performance on intelligence tests or playing checkers, and difficult or impossible to give them the skills of a one-year-old when it comes to perception and mobility(지능 검사나 서양장기에서 어른 수준의 성능을 발휘하는 컴퓨터를 만들기는 상대적으로 쉬운 반면, 지각이나 이동 능력 면에서 한 살짜리 아기만 한 능력을 갖춘 컴퓨터를 만드는 일은 어렵거나 불가능하다)."

이를 가리켜 '모라베츠의 역설Moravec's paradox'이라고 한다. 인지과학자 스티븐 핑커Steven Pinker는 '모라베츠의 역설'이 갖는 의미에 대해 이렇게 말한다. "35년 동안의 인공지능 연구가 주는 중요한 교훈은 어려운 문제는 쉽고 쉬운 문제는 어렵다는 것이다.……새로운 세대의 지적인 장치가 등장함에 따라, 주식분석가와 석유화학 공학자, 가석방위원회 위원은 기계로 대체될 위험에 처할 것이다. 반면에 정원사, 안내원,

요리사는 앞으로도 수십 년 동안 직장을 지킬 것이다."[42]

로봇연구가 본격화되면서 '협동적인 로봇Collaborative Robot'을 줄인 '코봇Cobot', 로봇을 뜻하는 로보robo와 자산운용 전문가를 의미하는 어드바이저advisor의 합성어인 '로보어드바이저robo-advisor' 등과 같이 각종 신조어도 많이 생겨나고 있다. 로보어드바이저는 모바일 기기나 PC를 이용해 자동화된 컴퓨터 알고리즘(작동 방식)으로 투자 의뢰자의 자산을 관리해주는 온라인 서비스를 말한다. 시장 상황이 변하면 컴퓨터가 자동으로 자산 배분을 조정하며, 관리 수수료는 전문가 서비스의 절반 정도다.[43]

극단적인 속박 상태에서 피해자가 생존을 위해 내적 자율성과 세계관, 도덕 원칙, 혹은 다른 사람과의 연결을 포기하면 느낌, 생각, 주도성, 판단력 등이 폐쇄당한다. 나치 홀로코스트 생존자들과 일하는 정신의학자인 헨리 크리스털Henry Krystal은 이런 상태를 '로보트화robotization'라고 불렀다.[44]

인터넷과 정보기술IT 혁명이 확산될 때 이를 제대로 활용한 계층은 소득이 늘어난 반면, 디지털 문맹文들은 그렇지 못했다는 이른바 '디지털 디바이드digital divide(정보 격차)' 현상처럼, 앞으론 로봇 활용도에 따라 빈부 격차가 나뉜다는 '로보틱스 디바이드robotics divide(로봇공학 격차)'란 신조어도 등장했다. 미국 조지메이슨대학 타일러 코웬Tyler Cowen 교수(경제학)는 "로봇공학의 발달로 미국의 소득 계층은 상위 10%와 하위 90%로 양분될 것"이라며 "로봇의 발전을 주도할 수 있는 상위 10%는 고임금을 누리지만, 하위 90%는 로봇에 일자리를 빼앗겨 저임금 일자리로 내몰릴 것"이라고 말했다.[45]

「2만 명 근무하던 중국 공장, 로봇 투입 뒤 100명만 남아」,[46] 「미 로봇기술 발전할수록…중산층 비명소리는 커진다」[47] 등과 같은 신문 기사 제목들이 잘 말해주듯이, 로봇을 비롯한 무인 자동화가 고용 시장과 소득 불균형에 악영향을 미친다는 주장은 점점 현실화된다. 이런 흐름에 제동을 걸기 위해 세계적인 로봇 권위자인 앨런 윈필드Alan Winfield 영국 브리스틀대학 교수는 '자동화세Automation Tax' 도입을 제안했다.[48] 로봇이 인간에게 해를 끼치면 안 된다는 '아시모프 원칙'을 재확인할 필요가 있겠다.

인간은 어떻게
'신의 영역'에 도전하는가?

●
Big Data

　　　　　　　　　　빅데이터Big Data는 원래 수십에
서 수천 테라바이트에 달하는 거대한 데이터 집합 자체만을
지칭하던 양적 개념이었지만 데이터가 급증하면서 대용량 데
이터를 활용하고 분석해 가치 있는 정보를 추출하고, 생성된
지식을 바탕으로 능동적으로 대응하거나 변화를 예측하기 위
한 정보 기술 용어로 변화했다.[49]

　　미국『와이어드Wired』편집장 크리스 앤더슨Chris Anderson,
1961~은 빅데이터가 '이론의 종언'을 가져올 것이라고 주장하
지만, 빅데이터의 가능성이 과장되었다는 비판도 만만치 않
다. 예컨대, 미국 휴스턴대학 라이언 케네디Ryan Kennedy(정치
학) 교수 연구팀은 2014년 3월 세계 최대 인터넷 기업인 구글
의 대표적인 빅데이터 서비스인 구글독감트렌드Google Flu
Trends·GFT가 최근 2년간 실제와 다른 예측치를 내놨다고 지
적하면서, "'빅데이터 혁명' 대신 빅데이터와 스몰데이터Small
Data(전통적인 연구조사 정보)를 결합한 '올데이터 혁명All Data
Revolution'을 얘기해야 한다"고 제안했다.

　　데이터과학 전문가인 KAIST 정하웅(물리학) 교수는 "빅

데이터를 이용한 예측과 실제 결과는 인과관계가 아니라 상관관계를 갖는다"며 "정확한 예측을 기대하기보다 경향성을 확인하는 데 만족해야 한다"고 말했다. 빅데이터 분석 업체인 다음소프트 송길영 부사장은 "빅데이터 연구는 현재 좀더 빠르고 정확한 예측 방법을 찾아가는 과정 중에 있다. 지속적인 데이터 미세 조정이나 알고리즘 수정이 필요하다"고 말했다.[50]

중국 알리바바그룹 회장인 마윈馬雲은 "2030년 세계는 시장경제market economy와 계획경제planned economy를 놓고 대논쟁을 다시 벌이게 될 것"이라며 "꼬박 100년 전(1930년대)엔 미국이 주장한 시장경제가 이기고 러시아가 졌지만 이젠 상황이 달라졌다"고 단언했다. 그는 데이터를 이유로 들면서 "2030년엔 계획경제가 더 우월한 시스템이 될 것"이라고 말했다. 마윈馬雲은 "1930년대엔 사람들이 '보이지 않는 손'이 시장에 있다고 믿었기 때문에, 그래서 시장경제가 이긴 것"이라며 "하지만 손에 데이터를 쥐고 있는 지금의 우리는 예전엔 보이지 않던 그 손을 볼 수 있게 됐다"고 말했다. 그는 실시간으로 생기는 엄청난 빅데이터를 수집·분석할 수 있는 데이터 기술DT·Data Technology에 주목하며 새로운 개념의 계획경제를 들고 나온 셈이다.[51]

크리스티안 루더Christian Rudder는 '데이터data'와 '카타클리즘cataclysm'의 합성어인 '데이터클리즘Dataclysm'이란 개념을 제시했다. 그는 대홍수를 의미하는 그리스어 '카타클리스모스Kataklysmos'에서 유래한 영어 단어 카타클리즘을 다음 2가지 의미로 사용했다. "하나는 물론 전례 없는 데이터 홍수를 뜻한다. 요즘 내린 데이터가 만든 바다는 너무 깊어서 마치 바닥이 없는 듯하다. 옛날의 데이터가 그저 가랑비였다면 최근의 데이터는 40일 밤낮으로 쏟아지는 폭우다. 두 번째는 어제의 정체된 지식과 오늘의 제한된 시야가 홍수에 휩쓸려 내려간 후 새로운 세상이 올 거라는 희망적 의미다."[52]

'사회물리학social physics'은 빅데이터를 원동력 삼아 새롭게 대두된 학문이다. 미국 MIT 과학자 알렉스 펜틀런드Alex Pentland는 『창조적인 사람들은 어떻게 행동하는가: 빅데이터와 사회물리학』(2014)에서 "사회물리학은 우리가 세상을 통해, 가령 전화 통화나 신용카드 거래 내역, GPS(위성항법장치) 지역 설정을 통해 흘리고 다니는 디지털 빵가루digital bread crumbs 속에 담겨 있는 인간들의 경험과 아이디어 교환 패턴에 대한 분석 작업에 바탕을 두고 있다"며 다음과 같이 말한다.

"이처럼 디지털 빵가루를 가지고 패턴을 분석하는 작업을 우리는 현실 마이닝reality mining이라고 부르는데, 이를 통해 한 개인의 정체성에 관해 엄청나게 다양한 이야기를 들려줄 수 있다. 나는 학생들과 함께 이 기술을 바탕으로 특정 인물이 당뇨에 걸릴 것인지, 혹은 돈을 잘 갚는 유형인지 판단할 수 있다는 사실을 확인했다. 그리고 많은 사람을 대상으로 그 패턴을 분석함으로써, 과거에는 다만 무작위적인 '신의 영역'으로 여겼던 다양한 현상들, 가령 경제 위기나 혁명, 거품과 같은 사건들을 설명해낼 수 있다는 사실을 확인해가고 있다."[53]

전쟁은 인간 사회와
현대 문명의 기초인가?

●
war

　　"War was my university(전쟁은 저의 대학이었습니다)." 속도, 전쟁, 기술이라는 3대 화두에 집착하는 프랑스 철학자 폴 비릴리오Paul Virilio, 1932~가 1997년 인터뷰에서 한 말이다. 그는 이어 "Everything has proceeded from there(모든 것이 거기서 나왔지요)"라고 말했다. 비릴리오는 어린 시절 제2차 세계대전을 겪고 군인으로 알제리 전쟁을 겪으면서 전쟁에 대한 엄청난 충격을 받아 전쟁에 깊은 관심을 갖게 되었다. 그는 경제·사회적 힘이 아니라 전쟁과 속도가 인간 사회와 현대 문명의 기초라고 주장한다.[54] 과연 그런가? war(전쟁)에 관한 명언을 10개만 감상해보자.

　　(1) War is a violent teacher(전쟁은 폭력적인 선생이다). 그리스 역사가 투키디데스Thucydides, B.C.460~B.C.395의 말이다.[55]

　　(2) An unjust peace is better than a just war(정당치 못한 평화가 정당한 전쟁보다 낫다). 고대 로마 철학자 키케로 Cicero, B.C.106~ B.C.43의 말이다.

　　(3) The essence of war is violence. Moderation in

war is imbecility(전쟁의 본질은 폭력이다. 전쟁에서 절제는 우둔한 짓이다). 영국 해군 제독 존 피서John A. Fisher, 1841~1920의 말이다.

(4) When war is declared, Truth is the first casualty(전쟁의 최초 희생자는 진실이다). 영국 정치가이자 작가인 아서 폰슨비Arthur Ponsonby, 1871~1946의 말이다. 한국전쟁의 종군기자로 참여한 필립 나이틀리Phillip Knightley, 1929~의 말로 더 알려져 있다.

(5) War doesn't determine who's right. War determines who's left(전쟁은 누가 옳은지를 결정하는 게 아니다. 누가 남느냐의 결정일 뿐이다). 영국 철학자 버트런드 러셀Bertrand Russell, 1872~1970의 말이다.[56]

(6) The next World War will be fought with stones(다음 세계대전은 돌로 싸우게 될 것이다). 세계적인 물리학자 알베르트 아인슈타인Albert Einstein, 1879~1955의 말이다. 핵전쟁으로 지구가 초토화되어 원시시대로 돌아가게 되리라는 뜻이다.

(7) When people speak to you about a preventive war, you tell them to go and fight it. After my experience, I have come to hate war. War settles nothing(누군가가 예방 전쟁이 필요하다고 말하면, 그 사람에게 직접 나가서 싸우라고 말하라. 전쟁을 겪은 후 나는 전쟁을 증오하게 되었다. 전쟁은 아무것도 해결하지 못하기 때문이다). 미국 제34대 대통령 드와이트 아이젠하워Dwight D. Eisenhower, 1890~1969의 말이다.

(8) You will kill 10 of our men, and we will kill one

of yours, and in the end it will be you who tires of it(미군이 우리 군인 10명을 죽일 때 우리는 미군 1명을 죽일 테지만 결국 지치는 것은 미군일 것이다). 베트남의 독립 영웅인 호찌민**Ho Chi Minh, 1890~1969**의 말이다.[57]

(9) Never think that war, no matter how necessary, nor how justified, is not a crime. Ask the infantry and ask the dead(아무리 필요한 것 같고 정당화될 듯해도 전쟁은 범죄다. 군인에게 물어보라, 죽은 자에게 물어보라). 미국 작가 어니스트 헤밍웨이**Ernest Hemingway, 1899~1961**의 말이다.

(10) War is only an invention, not a biological necessity(전쟁은 발명품에 불과하다. 그것은 생물학적 필연이 아니다). 미국 인류학자 마거릿 미드**Margaret Mead, 1901~1978**의 말이다.

제4장

•

frontlash
democracy
vernacular
election
party
leadership
power
strategy
fundamentalism
kleptocracy

•

정치·권력·리더십

정치적 반동을 일방적으로
당하기만 할 것인가?

frontlash

backlash는 "반동, 반발, 반격", white backlash는 "흑인의 민권운동 등에 대한 백인의 반격", a political backlash는 "정치 반동"을 뜻한다. 1964년 2월 10일에서 6월 19일까지의 83일간 미국 상원이 하원에서 통과된 민권법Civil Rights Act 법안을 놓고 열띤 토론을 벌일 때 정치 용어로서 backlash가 탄생했다.

결국 민권법은 상원도 통과해 1964년 7월 3일 린든 존슨Lyndon Johnson, 1908~1973 대통령의 서명으로 발효됨으로써 법률적으론 그 어떤 인종분리와 차별도 가능하지 않게 되었지만, 여전히 가야 할 길은 멀었다. 특히 백인들의 backlash가 문제였다. 1964년 대선에 뛰어든 앨라배마 주지사 조지 월리스George Wallace, 1919~1998는 존슨의 서명 다음 날 선거 유세에서 "민권운동은 사기hoax"라고 비난했다. 그는 대선 경쟁에서 곧 중도탈락하지만, 민권운동과 민권법에 불만인 백인들의 목소리를 계속 대변했다.[1]

backlash는 꼭 인종 문제에만 쓰일 수 있는 건 아니다. 미국 페미니스트 수전 팔루디Susan Faludi, 1959~는 『Backlash:

Who's putting on a front?

The Undeclared War Against American Women』(1991)이라는 책에서 1980년대에 backlash against feminism이 일어났다고 주장했다.[2]

frontlash는 "(정치적 반동에 대한) 대항 조처countermovement"로, backlash에 대해 미리 대항한다는 의미로 1964년 존슨 대통령이 만든 말이다. 즉, 백인 노동자들의 backlash로 인한 리버럴리즘liberalism에 대한 공격에 대항counteract한다는 것이다. Frontlash는 미국 노동 총연맹 산업별 회의AFL-CIO의 지원을 받아 1968~1997년 활동했던, 소수자와 젊은이의 투표를 독려하는 시민단체 이름이기도 하다.[3]

front-runner는 "선두를 달리는 선수, 선거에서 지지율이 가장 앞선 후보"로, front runner로 표기하기도 한다. 경마에서 나온 말이다. 경마장의 땅이 젖어 있을 땐 말발굽에 채여 말의 뒤로 날아오르는 흙더미 세례로 인해 front runner을 제외하곤 모두 다 흙탕물을 온통 뒤집어쓰기 마련이다. 그러나 정치에서는 정반대다. front runner가 되는 것엔 그 모든 장점에도 위험이 따른다. 출발 단계에서부터 선두를 달리기 때문에 집중적인 검증과 공격 포화를 받아 만신창이가 되기 쉽다는 점이다.[4]

"Oh, stop putting on a front." "Who's putting on a front?" 영화 〈갈채〉에서 술로 신세를 망친 배우 빙 크로즈비Bing Crosby가 아내를 위로하는 체하며 연출자를 탓하자, 아내 그레이스 켈리가 화를 내는 장면에서 나오는 대사다. 어떻게 해석해야 할까? 영화 자막엔 "앞서 생각하지 말아요." "누가 앞서서 생각했다고 그래요?"로 번역되었는데, 안정효는 『오역사전』(2013)에서 틀린 번역이라고 지적한다.

"front(얼굴)는 구어로 '표면상의 간판'이나 '겉치레'를 뜻해서, 조폭들이 운영하는 야간업소 같은 곳의 허수아비 사장을 뜻하는 우리말 '바지 사장'에서 '바지'에 해당된다. 여기에서 put on a front는 '가면을 쓰다'나 '거짓부렁을 하다' 정도가 되겠다. '제발 속에 없는 말은 이제 그만하세요.' '누가 속에 없는 말을 한다고 그래?'"[5]

민주주의는 가난한 자들이
지배할 때 비로소 가능한가?

●
democracy

democracy(민주주의)는 '인민에 의한 지배rule by the people'라는 뜻의 그리스어 dēmokratía에서 나온 말이다. '엘리트에 의한 지배'의 반대 개념으로 나온 말인데, 영어에선 16세기경부터 사용되었다.[6] 그리스 철학자 아리스토텔레스Aristoteles, B.C.384~B.C.322는 『정치학』에서 "민주주의는 재력가가 아닌 가난한 자들이 지배할 때 비로소 가능하다"고 했다.[7] 과연 그런가? 민주주의에 대한 의구심이 갈수록 높아지고 있으니 괜한 말은 아닌 것 같다. 민주주의에 관한 명언을 10개만 감상해보자.

(1) Democracy is being allowed to vote for the candidate you dislike least(민주주의란 좀더 덜 미운 사람을 뽑는 것이다).[8]

(2) A democracy is two wolves and a small lamb voting on what to have for dinner. Freedom under a constitutional republic is a well armed lamb contesting the vote(민주주의는 두 마리의 늑대와 조그만 양이 저녁 식사를 무엇으로 먹을까 투표하는 것과 같다. 헌법상의 자유는 양이 무장이

131

라도 해서 투표하게 하려는 것이다). 미국 정치가이자 발명가인 벤저민 프랭클린Benjamin Franklin, 1706~1790의 말이다.[9]

(3) Man's capacity for justice makes democracy possible, but man's inclination to injustice makes democracy necessary(정의를 추구하는 인간의 능력이 민주주의를 가능케 하지만, 불의로 빠지는 인간의 성향이 민주주의를 필요하게 만든다). 미국 신학자이자 정치학자인 라인홀드 니부어 Reinhold Niebuhr, 1892~1971의 말이다.

(4) The function of democracy has been to provide the public with a second power system, an alternative power system, which can be used to counterbalance the economic power(민주주의는 경제 권력에 대항할 수 있는 또 하나의 권력 시스템, 즉 대안 권력 시스템을 공중에게 제공하는 기능을 수행해왔다). 미국 정치학자 E. E. 샤츠슈나이더E. E. Schattschneider, 1892~1971의 말이다.[10]

(5) Democracy is the recurrent suspicion that more than half of the people are right more than half of the time(민주주의는 과반의 사람들이 과반의 경우에 옳다는 데 대해 반복되는 의혹이다). 미국 작가 E. B. 화이트E. B. White, 1899~1985의 말이다.

(6) Democracy is a way of life and not a formula to be "preserved" like jelly.……There can be no democracy unless it is a dynamic democracy(민주주의는 생활방식이지 젤리처럼 가공해서 보존해야 할 공식이 아니다.……역동적 민주주의가 아니라면 민주주의는 존재하지 않는 것과 다를 바 없다).[11] 미국 급진적 빈민운동가이자 지역사회 조직가community organizer

인 솔 알린스키Saul Alinsky, 1909~1972의 말이다.

(7) Democracy is based on the concept that man is rational and capable of seeing clearly what is in his own interest; but the study of public opinion suggests this is a highly doubtful proposition(민주주의는 인간은 합리적이며 무엇이 자신의 이익인지를 명료하게 볼 수 있는 능력을 갖고 있다는 개념에 근거하고 있지만, 여론조사 연구 결과는 이것이 매우 의심스러운 명제라는 걸 시사해준다). 프랑스 신학자이자 철학자인 자크 앨뤼Jacques Ellul, 1912~1994의 말이다.[12]

(8) Democracy, as Lincoln defined it, is the government of the people, by the people, for the people. And I say that bourgeois capitalist democracy does not entail any of these elements, because I wonder how one can speak of democracy in a country where there is a minority with huge fortunes and others who have nothing(링컨이 말했듯이, 민주주의는 국민의, 국민에 의한, 국민을 위한 정부입니다. 부르주아 자본주의 민주주의는 이런 요소들을 전혀 갖고 있지 않습니다. 엄청난 재산을 가진 소수의 사람들과 아무것도 갖지 못한 다수의 사람들이 공존하는 나라에서 어떻게 민주주의를 말할 수 있습니까). 쿠바의 지도자 피델 카스트로Fidel Castro, 1926~가 1992년 영국 『가디언』과의 인터뷰에서 한 말이다. 그는 이 인터뷰에서 쿠바가 미국과는 비교할 수 없을 정도로 훨씬 더 민주적이라고 주장했다.[13]

(9) One of the greatest enemies to participatory democracy in our country is the influence of huge special-interest money(우리나라 참여민주주의의 가장 큰 적敵

은 특별 이익집단이 퍼부어대는 어마어마한 양의 돈이 미치는 영향력입니다). 미국 하원의장을 지낸 낸시 펠로시Nancy Pelosi, 1940~가 민주당 하원 원내총무 시절이던 2002년 PBS 인터뷰에서 한 말이다.[14]

(10) Democracy is bigger than any one person(민주주의는 어떤 한 사람보다 큰 것입니다). 2008년 10월, 미국 뉴욕 시장 마이클 블룸버그Michael Bloomberg가 3선을 금하고 있는 뉴욕시 법을 고쳐 2009년에 3선 출마를 하려는 것에 대해 뉴욕 시장 출마 예정자인 뉴욕시 감사관 윌리엄 톰슨William C. Thompson Jr.이 한 말이다.[15] 즉, 민주주의는 인물이 아니라 제도라는 이야기다.

왜 민주주의는
장소의 문제인가?

●
vernacular

vernacular는 "(언어가) 그 고장 고유의native, 고장의 언어로 쓰여 있는, 고장의 말을 쓰는, 고장의 말에 관한, 일반 서민의 일상어를 쓰는, (건축 양식 등이) 그 고장 특유의, (동식물명이) 통칭(속칭)의"란 뜻으로, 주로 언어학적으로 많이 쓰이는 단어다. native라는 뜻을 가진 라틴어 vernaculus에서 유래된 말로, 영어에 편입된 것은 1601년이다.

the vernacular tongue은 '그 고장의 언어, 자국어', a vernacular bible은 '고장의 말로 번역된 성서', the rhythm of vernacular speech는 '일상어의 리듬', vernacular name은 '학명이 아닌 한 지방의 동물명·식물명', a vernacular paper는 '자국어 신문', a vernacular disease는 '풍토병'이란 뜻이다.[16]

vernacular는 오스트리아 철학자이자 성직자인 이반 일리히Ivan Illich, 1926~2002가 1981년 『그림자 노동Shadow Work』에서 인간 생활의 자립과 자존을 지향하는 민중의 문화에 전형적으로 나타나는, 그 땅의 삶에 뿌리박은 고유한 것이라는 의

미로 쓰면서 특별한 의미를 갖게 되었다.[17]

이와 관련, 데이비드 볼리어David Bollier는 『공유인으로 사고하라: 새로운 공유의 시대를 살아가는 공유인을 위한 안내서』(2014)에서 공유에 대한 관심을 단순한 정치적 운동이나 이념적 관점을 뛰어넘는 '토착적 흐름vernacular movement'으로 인식하면서 다음과 같이 말한다.

"제도가 갖는 비인간화 경향을 비판한 일리히는 토착 공간을 사람들이 자연스레 그들만의 독자적인 도덕적 판단에 다다르고 각자 고유한 자주적 인간성에 따라 행동하는 비공식적인 문화 영역으로 보았다. 토착은 가계활동과 자급, 가정생활과 육아의 영역에서 자라난다. 토착은 사람들이 공동체 고유의 집단적인 도덕적 가치와 정치적 이해관계를 국가나 기업, 그 밖의 제도적 권력이 정한 도덕관념이나 정치적 이해에 우선하는 것으로 주장하는 공동의 공간에서 존재한다."[18]

일리히의 제자였던 트렌트 슈로이어Trent Schroyer는 토착 영역vernacular domain은 "자급과 공동체를 지향하는 공동체들 중 상당수에서 역사상 대부분, 그리고 심지어 오늘날까지도 지역민이 삶을 영위하는 바탕이 되어온 감성과 뿌리에 대한 인식"을 떠올리며, 토착은 "사람들이 경제 세계화의 힘에 대항해 재생과 사회 재건을 이룩하기 위해 분투하는 장소와 공간들"로 이루어져 있다고 말한다.[19]

vernacular는 그런 심오한 뜻으로도 쓰이지만, 오늘날 일반 대중에겐 디자인의 한 형식으로 널리 알려져 있다. '일상 순응적 디자인', '비의도적 디자인'으로 불리기도 하는 vernacular design(버내큘러 디자인)은 제작 의도나 계획을 갖지 않고 전통적인 노하우나 일상의 지혜를 이용해 문제점을 해결하는 디자인 방식을 말한다. 이 관점에서 보자면, 디자인이란 세련된, 고급스런 취향을 보여주는 것이 아니라 "인간이 환경 조건에 적응하기 위한 예사롭고도 불가결한 행위"라는 것이다.[20]

2015년 6월 17일 서울시는 '세운상가 활성화를 위한 공공 공간 설계 국제현상공모' 당선작으로 '이_스케이프(김택빈, 장용순, 이상구) 건축사사무소'의 'Modern Vernacular(현대적 토속)'을 최종 선정했다고 밝혔다. 이 당선작은 1968년 거대 구조물인 세운상가가 들어서기 전, 실핏줄 같은 골목길을 따라 자연스럽게 생긴 집들과 삶의 방식을 기존 도시 조직인 '토속'으로 정의하면서, 이를 현대에 속하는 세운상가 데크와 내부로 자연스럽게 연결, 확산시켜 과거와 현대가 공존하는 '현대적 토속' 도시 구조로 재현되도록 설계했다고 한다.[21]

vernacular는 사람이 발을 딛고 살아가는 땅, 즉 장소성을 중시한다. 사실 장소성을 무력화하는 경향이 있는 디지털 시대에 vernacular의 그런 정신이 가장 필요한 분야는 정치인지도 모른다. 그런 점에서 미국 철학자 존 듀이John Dewey, 1859~1952가 민주주의의 핵심을 '공동체 삶community life'으로 본 것은 정곡을 찌른 것이다.[22] 이와 관련, 시인 이문재의 다음과 같은 표현이 더 가슴에 와닿는다. "민주주의는 장소의 문제다. 본질적으로 장소에 대한 감수성의 문제다. 장소 없는 민주주의는 사람이 살지 않는 집과 같다."[23]

이른바 '장소의 정신spirit of place'은 주로 예술가들 사이에서만 통용되고 있는데,[24] 정치인들도 그런 감각을 가질 때에 비로소 '풀뿌리 민주주의grassroots democracy'도 가능한 게 아닐까? 아니면 '풀뿌리 민주주의'는 시대착오적이니 거부해야

한다고 주장하든가 말이다. 입으로는 '풀뿌리 민주주의'를 예
찬하면서 행동으로는 풀뿌리를 무시하거나 짓밟는 이중성만
큼은 버려야 한다.

투표해서 바뀐다면
선거는 사라지고 말까?

●
election

If voting changed anything,
they'd make it illegal(투표해서 바뀐다면 선거는 사라질 것이
다). 러시아 태생으로 미국에서 무정부주의자로 활동한 엠마
골드만Emma Goldman, 1869~1940의 말이다.[25] 무정부주의자와는
거리가 먼 사람들도 선거에 대해선 대부분 냉소적이다. 선거
에 관한 명언을 6개만 더 감상해보자.

(1) We always want the best man to win an election.
Unfortunately, he never runs(선거에서 최고의 사람이 선출되
기를 바라지만 불행하게도 그런 사람은 출마를 하지 않는다). 미국
코미디언 윌 로저스Will Rogers, 1879~1935의 말이다.[26]

(2) Every election is a sort of advance auction sale of
stolen goods(모든 선거는 장물을 미리 경매하는 것이다). 독설
가로 유명한 미국 저널리스트 헨리 루이 멩켄Henry Louis
Mencken, 1880~1956의 말이다.[27]

(3) Bad officials are elected by good citizens who do
not vote(투표하지 않는 유권자들 덕에 나쁜 후보자들이 뽑히고 만
다). 미국 비평가 조지 진 네이선George Jean Nathan, 1882~1958의

말이다.[28]

(4) Every thinking person will be voting for you(의식 있는 유권자라면 당신에게 표를 던질 겁니다). 1952년 미국 대통령 선거 때 민주당 후보 아들라이 스티븐슨Adlai E. Stevenson, 1900~1965이 대선 유세 집회를 끝내자 한 지지 여성이 다가와 한 말이다. 그러자 스티븐슨은 이렇게 답했다. Madam, that is not enough. I need a majority(아주머니, 그걸론 충분치 않답니다. 저는 다수가 필요하거든요).[29]

(5) The race for the White House is substantially decided before any votes are actually cast. The dirty little secret of American presidential politics is that the wealthiest interests essentially hold a private referendum the year before the election(백악관을 향한 선거전은 실제로 투표가 이루어지기 전에 결정된다. 미국 대통령 정치의 더러운 비밀은, 최고 부유층이 선거 1년 전에 자기들끼리 비밀리에 투표를 해버린다는 점이다). 미국 정부와 공직자들의 정직성을 감시하는 초당파적 비영리조사기구 CPIThe Center for Public Integrity의 전무이사 찰스 루이스Charles Lewis, 1953~가 『2004년 대통령 매수하기The Buying of the President 2004』라는 책에서 돈에 의해 선거가 좌우되는 '돈 선거'를 비판하면서 한 말이다.[30]

(6) It always comes down to a knife fight in a telephone booth(늘 공중전화 박스 안에서의 칼싸움으로 전락하고 말지요). 미국 민주당 정치 컨설턴트인 크리스 르헤인Chris Lehane, 1967~이 2008년 10월 대통령 선거 캠페인의 막판엔 네거티브 공격이 불가피하다면서 한 말이다.[31]

정녕 파티는
끝난 것인가?

●
party

2012년 11월 미국 대선이 민주당 후보 버락 오바마의 승리로 끝났을 때 일부 공화당원들 사이에선 "The party is over"라는 말이 떠돌았다. 이와 관련, 임귀열은 "파티는 끝났다는 이 말은 이제 새로운 파티를 기다릴 희망조차 사라졌다는 뜻이고 이 말이 일부 언론의 보도처럼 'The Republican Party is over'로 묘사되고 여기서 뒷부분만 인용되어 'The party is over'로 들릴 때 '그 당은 이제 끝났다'는 말로도 들린다"며 다음과 같이 말했다.

"Lincoln 대통령이나 Nixon 대통령으로 이어지는 공화당의 호감이 어쩌다 이 지경이 되었느냐는 자괴감이 밀려드는 순간이다. 바로 이런 때 얼마 전 출간된 'It's pathetic and prophetic: The Republican Party is over'가 연상되는 이유는 '참 안돼 보이고 이미 예상된 것이며 이것은 곧 공화당은 이제 끝났다'는 정서가 한국의 야당 지지자들의 그것과 유사하기 때문일 것이다. 듣는 입장에서는 일종의 힐난이고 약을 올리는 말이며 모욕적인 말이다."[32]

그러나 끝난 건 특정 정당이 아니라, 아예 정당 자체가 끝난 게 아닌가 하는 생각이 들 정도로 정당은 전 세계적으로 불신과 혐오의 대상이 되고 있다. 정당political party을 지칭하는 영어인 party의 어원은 라틴어인 partire로 '분할하다'는 뜻이다. 여기에서 영어의 part(부분)가 유래했으며, 정당이라는 용어는 부분이라는 의미에서 유래했다.[33] 정당이 불신과 혐오의 대상이 되는 가장 큰 이유는 정당 간 싸움질인데, 그건 정치적일 뿐만 아니라 언어적인 정당의 속성이자 운명이 아닌가.

최초의 현대 정당은 미국에서 태어났다. 1820년대에 미국에는 상당히 잘 조직된 정당들이 있었으며, 오늘날의 민주당은 그때부터 시작된 가장 오래된 정당이다.[34] 정당의 기능은 ① 이익의 표출과 집약 ② 정부의 조직과 통제 ③ 정치적 충원과 참여 ④ 정치사회화 ⑤ 사회통합과 민주주의 발전 등이다.[35] 이론적 기능으로만 보자면 정당은 '민주주의의 꽃'이라해도 좋을 정도다. 그러나 현실은 결코 그렇지 않아, '정치혐오'라고 하면 곧 '정당혐오'를 의미할 만큼 비난의 표적이 되고 있다. 미국 외교전문지 『포린 폴리시』는 2005년 창간 35주년 특집으로 내놓은 「오늘은 존재하지만, 내일은 사라질 것」에서 2040년쯤 사라질 것 중의 하나로 정당을 꼽았다.[36] 그러나 아직까지는 대의제 민주주의 제도하에서 핵심적인 조직은 두말할 필요 없이 정당이다.[37]

니콜라이 레닌Nikolai Lenin, 1870~1924은 "대중보다 한 걸음, 단지 한 걸음만 앞서 있는" 전위정당을 역설했지만,[38] 좌우左右를 막론하고 그건 한국에선 사치스러운 이야기다. 몇 걸음을 앞서가건 늦게 가건 그게 중요한 게 아니라, 대통령이나 힘 있는 몇몇 정치인만 움직이면 하루아침에 뚝딱 만들 수 있는 게 바로 정당이라는 게 문제다. 한국 정당은 평당원에 기초한 대중정당mass party이라기보다는 정치 엘리트 위주의 간부정당 cadre party이란 전근대성을 벗어나지 못하기 때문이다.[39]

2013년 7월 8일 반反부패 민간기구인 국제투명성기구TI는 107개국 11만 4,000명을 대상으로 한 설문조사 결과인 '부패지표 2013'을 발표했다. 분야별 부패 점수(1~5점)에서 정당은 3.8점으로 가장 부패한 조직으로 평가되었다. 경찰이 3.7점으로 2위, 공무원·의회·사법부가 각각 3.6점으로 공동 3위였다. 이어 기업·의료(3.3점), 교육(3.2점), 언론(3.1점), 군대(2.9), 시민단체(2.7점), 종교단체(2.6점) 순이었다. 한국은 정당(3.9점)과 의회(3.8점)를 가장 부패한 조직으로 꼽았다. 정당·의회에 대한 평가치는 세계 평균보다 높게 나와 정치권에 대한 심한 불신을 반영했다.[40]

2007년 10월 서울대학교 사회발전연구소가 『동아일보』와 함께 실시한 '한국 사회기관 및 단체에 대한 신뢰도' 조사 결과를 보면, 정당은 2.9퍼센트의 신뢰도를 기록했다(국회 3.2퍼센트, 행정부 8.0퍼센트, 사법부 10.1퍼센트).[41] 2015년 10월 대한불교조계종 불교사회연구소가 만 16세 이상 국민 1,200명을 대상으로 실시한 '2015년 한국의 사회·정치 및 종교에 관한 대국민 여론조사'에 따르면, 정당 신뢰도는 3.1퍼센트였다(의료계 21.9퍼센트, 시민단체 21.5퍼센트, 금융기관 20.5퍼센트).[42]

미국 작가 고어 비달Gore Vidal, 1925~2012은 미국 정치를 "두 개의 우익 정당으로 이뤄진 1당 체제"로 묘사했다.[43] 바로 이 말에 답이 있는 건 아닐까? 어느 나라를 막론하고 정치인들이 겉으로는 싸우지만 대중에게는 모두 다 '출세한 엘리트'라는 점에서 한통속이기 때문에 파티의 수명이 위협받고 있는 건 아니겠느냐는 것이다.

리더십은 다른 사람들의 약점을 착취하는 기술인가?

● leadership

미국 저널리스트 데이브 멀케이 Dave Mulcahey는 "Leadership is usually little more than the systematic exploitation of the weaknesses of others(리더십은 종종 다른 사람들의 약점을 조직적으로 착취하는 기술에 지나지 않는다)"라고 했다.⁴⁴ 리더십이 그런 식으로 빠져선 안 된다는 경고의 의미로 이해하면 되겠다. 리더십에 관한 명언을 10개만 감상해보자.

(1) The first method for estimating the intelligence of a ruler is to look at the men he has around him(지도자의 능력을 평가하는 첫 번째 방법은 주변의 참모들을 보는 것이다). 이탈리아 정치가이자 사상가인 니콜로 마키아벨리Niccoló Machiavelli, 1469~1527의 말이다.

(2) It is to have a lion at the head of an army of sheep, than a sheep at the head of an army of lions(사자들로 이루어진 군대의 지휘를 양에게 맡기는 것보다는 양들로 이루어진 군대의 지휘를 사자에게 맡기는 것이 낫다). 영국 작가 대니얼 디포Daniel Defoe, 1660~1731의 말이다.

Leadership is usually little more than
the systematic exploitation of the
weaknesses of others

(3) Always let your subordinates know that the honor will be all theirs if they succeed and the blame will be yours if they fail(부하들이 성공하면 공적은 부하들의 것이 되고, 부하들이 실패하면 책임은 당신의 것이 된다는 것을 늘 부하들이 알게끔 하라).[45] 미국 작가 도널드 필립스Donald Phillips, 1952~가 『링컨의 리더십론』이란 책에서 미국 제16대 대통령 에이브러햄 링컨Abraham Lincoln, 1809~1865의 리더십 원칙을 해설하면서 한 말이다.

(4) Never tell people how to do things. Tell them what to do and they will surprise you with their ingenuity(사람들에게 일을 어떻게 하라고 말하지 마라. 무엇을 해야 하는지를 말하면 그들은 자신들의 재능으로 당신을 놀라게 만들 것이다). 미국 조지 패튼George S. Patton, 1865~1945 장군의 말이다.

(5) Leadership: the art of getting someone else to do something you want done because he wants to do it(다른 사람으로 하여금 당신이 원하는 일을 하게 하되 그 사람이 하길 원하게끔 만드는 기술, 그것이 바로 리더십이다). 미국 제34대 대통령 드와이트 아이젠하워Dwight D. Eisenhower, 1890~1969의 말이다.

(6) The only definition of a leader is someone who has followers(리더는 추종자들을 거느리는 사람을 말한다. 이게 리더의 유일한 정의다). 미국 경영학자 피터 드러커Peter Drucker, 1909~2005의 말이다.[46] 리더십의 가장 중요한 요소가 인격character임을 강조하기 위해 자주 인용되는 명언이다.

(7) To wish is passive; to will is active. Followers wish, leaders will(바라는 것은 수동적이고 하겠다는 것은 능동

적이다. 추종자들은 바라고 지도자들은 해낸다). 미국 제37대 대
통령 리처드 닉슨Richard Nixon, 1913~1994이 1982년에 출간한
『지도자들Leaders』에서 한 말이다.[47]

(8) Great leaders require great followers(위대한 추종
자가 있어야 위대한 지도자도 가능하다). 미국 정치학자 제임스
번스James M. Burns, 1918~의 말이다.[48]

(9) Consensus is the negation of leadership(의견의 일
치를 요구하는 것은 리더십을 부정하는 것이다). 1979~1990년 영
국 수상을 지낸 '철의 여인' 마거릿 대처Margaret Thatcher,
1925~2013의 말이다.

(10) A corrupt people is not responsive to virtuous
leadership(부패한 사람들은 덕망 있는 리더십을 따르지 않는다).
미국 역사가 게리 윌스Garry Wills, 1934~의 말이다.

왜 권력을 잃는 건
'주먹으로 강타당하는 느낌'인가?

power

2013년 9월 전 호주 총리 줄리
아 길라드Julia Gillard가 3개월 전 실권失權 당시 받은 충격을 영
국 『가디언』의 호주판에 실은 특별 기고문에서 처음으로 털어
놓아 화제가 되었다. 그는 "권력을 잃은 극심한 고통은 육체
적·정서적으로 전해진다. 나 스스로 건재하다고 느끼다가도
타인이 위로를 건넬 때건, 찬장 구석에서 기념품을 발견했을
때건, 농담할 때건, 주먹으로 가격당하는 듯한 갑작스러운 아
픔이 튀어나온다"고 말했다.[49] 도대체 권력이 무엇이길래 그
토록 강한 아픔을 주는 걸까? 권력에 관한 명언을 9개만 감상
해보자.

(1) Nothing is more gratifying to the mind of man
than power of domination(지배 권력만큼 인간 심성을 만족시
켜주는 건 없다). 영국 작가 조지프 애디슨Joseph Addison, 1672~
1719의 말이다.

(2) I hope that our wisdom will grow with our
power, and teach us that the less we use our power the
greater it will be(우리의 힘과 더불어 우리의 지혜도 성장하여, 힘

을 적게 쓸수록 힘은 더욱 위대해진다는 진리를 우리가 깨닫게 되기를 바란다). 미국 제3대 대통령(1801~1809년) 토머스 제퍼슨 Thomas Jefferson, 1743~1826의 말이다.[50]

(3) To know the pains of power, we must go to those who have it; to know its pleasures, we must go to those who are seeking it(권력의 고통을 알려면 권력을 가진 자에게 묻고, 권력의 쾌락을 알려면 권력을 추구하는 자에게 물어보라). 영국 작가 찰스 케일럽 콜턴Charles Caleb Colton, 1780~1832의 말이다.

(4) Even when the individual is prompted to give himself in devotion to a cause or community, the will-to-power remains(개인이 대의大義나 공동체에 헌신하기 위해 자신의 모든 걸 바칠 때조차도 권력 의지는 여전히 갖고 있다). 미국 신학자이자 정치학자인 라인홀드 니부어Reinhold Niebuhr, 1892~1971의 말이다.[51]

(5) Absolute power corrupts even when exercised for humane purposes. The benevolent despot who sees himself as a shepherd of the people still demands from others the submissiveness of sheep(절대권력은 선의의 목적으로 행사될 때에도 부패한다. 백성들의 목자를 자처하는 자비로운 군주는 그럼에도 백성들에게 양과 같은 복종을 요구한다). 미국 작가 에릭 호퍼Eric Hoffer, 1902~1983의 말이다.[52]

(6) Man is born to seek power, yet his actual condition makes him a slave to the power of others(권력 추구는 인간의 본성이지만, 각자 처해 있는 실제적 조건이 다른 사람이 휘두르는 권력의 노예가 되게 만든다). 미국 정치학자 한스 모

건소Hans J. Morgenthau, 1904~1980의 말이다.

(7) Power is not only what you have but what the enemy thinks you have(권력은 당신이 갖고 있는 것일 뿐만 아니라 당신이 갖고 있을 거라고 적이 생각하는 것이다). 미국의 급진적 빈민운동가이자 지역사회 조직가community organizer인 솔 알린스키Saul Alinsky, 1909~1972의 말이다.[53]

(8) Power never takes a back step-only in the face of more power(권력은 결코 뒷걸음치지 않는다. 더 큰 권력 앞에서가 아니면). 미국의 급진적 흑인해방 운동가인 맬컴 엑스Malcolm X, 1925~1965의 말이다.

(9) Power is getting people or groups to do something they don't want to do(권력이란 사람 또는 집단으로 하여금 그들이 원치 않는 걸 하게 만드는 것이다). 미국의 전 국제관계위원회 위원장 레슬리 겔브Leslie H. Gelb, 1937~가 2009년 『권력이 지배한다Power Rules』에서 한 말이다.

왜 전략은 군사·정치·경영의 심장인가?

●
strategy

Strategy is the heart of politics, as it is of war(전쟁에서 그러하듯, 전략은 정치의 심장이다). 미국 정치학자 샤츠슈나이더E. E. Schattschneider, 1892~1971의 말이다. 왜 그렇다는 것인가? "정치 전략은 갈등의 개발, 활용, 억제에 관한 것이다. 갈등은 모든 정권이 어쩔 수 없이 그 관리에 신경을 곤두세워야 하는 통치의 아주 강력한 수단이다.……정치의 가장 상위 전략은 갈등을 어떻게 다룰지 규정하는 공공정책의 설계다."[54]

어찌 정치뿐이랴. "전략은 경영의 심장이다"는 말도 가능할 정도로 전략은 모든 분야에서 절대적으로 중요한 의미를 갖는다. '군대를 이끈다leadership'는 뜻을 가진 그리스어 '스트라테고스strategos'에서 유래한 strategy라는 단어는 이런 어원으로 미루어볼 때 '특정한 목표를 달성하기 위해 계획을 세운다'는 의미와 관련되어 있다.

프로이센의 장군이자 전쟁 이론가인 카를 폰 클라우제비츠Carl Von Clausewitz, 1780~1831는 "전략은 병력의 절약이다"는 말을 남겼는데, 여기엔 그럴 만한 역사적 배경이 있다.[55] 고대 그리스에선 시민 투표로 10명의 장군을 뽑아 국방 대책 위원회를 만들어 전쟁 작전권을 주었는데, 이 10명의 장군을 '무리를 이끄는 사람'이란 의미로 strategos라고 불렀다. 조승연은 "10명의 장군 중 테미스토클레스가 가장 유명한 strategos였다"며 다음과 같이 말한다.

"테미스토클레스는 육군만 있던 그리스에서 해군을 양성해 페르시아 군대가 그리스 땅을 밟지 못하게 차단했고, 산이 험한 그리스의 지형을 이용해 페르시아 군대가 계곡으로 들어가 전력을 제대로 발휘하지 못하도록 교란시켰다. 군대의 규모가 커서 음식 조달이 어려울 것을 알고 교전을 피하거나 성벽을 잠가 두고 안에서 시간을 끌어 상대편의 약점을 교묘하게 이용했다. 그리스는 페르시아에 비해 장비, 보급품, 군인 숫자 등 모든 면에서 열세였지만 그리스 장군들 계략으로 페르시아군을 물리쳤다. 이후로 오늘날까지 상대편의 약점과 자기 조직의 장점을 이용해 이익을 극대화하는 아이디어를 strategy라고 부르게 됐다."[56]

미국 컬럼비아 경영대학원 교수 윌리엄 더건William Duggan은 『제7의 감각: 전략적 직관Strategic Intuition: The Creative Spark in Human Achievement』(2007)에서 "전략의 역사에서 1810년은 두 가지 이유로 중요하다. 첫째, 1810년은 '전략'이란 단어가 영어에 들어온 해다. 다른 평범한 단어들에 비해서는 매우 늦은 것이다. 반대로 '전술'이란 단어는 1626년에 영어에 들어왔다. 거의 200년이나 앞선 때였다"며 다음과 같이 말한다.

"둘째, 1810년은 카를 폰 클라우제비츠가 전략가가 된 해다. 그는 당시 서른 살이었고, 지적이고 야심만만한 프러시아 군대의 장교였다.……클라우제비츠는 서구 세계에서 손꼽히는 전략 이론가가 되었고, 그의 명성은 오늘날까지도 식을 줄을 모른다. 전략이란 단어가 영어에 들어온 해와 클라우제비츠가 전략 이론가가 된 해가 같은 것은 결코 우연이 아니었다. 1810년은 나폴레옹 보나파르트가 이끄는 군대가 성공의 절정에 달한 해였다.……적들은 그를 이기기 위해서 그가 어떻게 승리할 수 있었는지 연구하기 시작했다. 그러면서 전략에 대한 학문적인 연구도 시작되었다."[57]

이런 군사 용어가 현대 경영학에서 쓰이기 시작한 것은 의외로 얼마 되지 않는다. 김경원은 "전략 경영의 선구자로 알려진 H. 이고르 앤소프H. Igor Ansoff가 지난 1965년 그의 저서 『기업전략Corporate Strategy』에서 이 말을 사용한 것이 효시이며 경영학의 일부로 그 이론이 연구되기 시작했다. 이후 지난 수십 년간 여타 경영학 분야처럼 전략 이론은 큰 발전을 이루어온 것이 사실이다"며 다음과 같이 말한다.

"그러나 1990년대 이후 경영학이 받아온 비판이 예외 없이 전략 이론에도 적용되어왔다. 예를 들어 '이론 만능주의'가 지배하는 가운데 이론은 갈수록 정교해지지만 그만큼 실제 현장에는 적용하기가 어려워지면서 최고경영자가 전략의 수립은 물론 실행까지 소위 외부전문가들에게 맡기는 일이 잦았다. 또한 경영학이 실제 세계의 경영기업 향상을 선도한 면도 있지만 반대로 경영현장에서 일어난 현상을 뒤따라가며 이론화하는 소위 '뒷북치는' 양상도 그만큼 많았다는 얘기다. 실제로 혜성처럼 나타나는 어느 혁신적인 경영자가 기존 이론에 반해서 큰 성공을 거두게 되면 기존 이론의 상당수는 다시 쓰이는 일이 반복되어왔다."[58]

근본주의는 교조주의나 정통주의와 어떻게 다른가?

●
fundamentalism

        fundamentalism(근본주의)은 원래는 1920년 미국의 전투적 복음주의자들의 사고와 행태를 지칭하는 용어로 고안되었으나, 1950년대엔 이슬람교에도 적용되었고, 이제는 전투적인 입장을 취하는 보수주의를 가리키는 의미로도 사용되고 있으며, 더 나아가선 보수와 진보를 막론하고 이상적·원칙적 근본을 추구하는 노선까지 적용되는 말로 쓰인다.

    독일 철학자 위르겐 하버마스Jürgen Habermas는 '근본주의자'라는 말은 경멸적인 어감을 갖고 있으며, "자기 자신의 신념이나 근거가 합리적으로 수용되기 어려울 때조차도 그러한 신념이나 근거를 정치적 주장으로 자리매김하려는 특이한 사고방식이나 고집스러운 태도를 가리킬 때" 쓰인다고 지적하면서 근본주의를 교조주의dogmatism나 정통주의orthodoxy와 절대로 혼동해서는 안 된다고 말한다.

    "모든 종교적 교설들은 교조적인 핵심적 신념을 토대로 하고 있습니다. 때로는 교황이나 교황청과 같은 권위가 존재하는데, 이러한 권위는 어떤 해석이 이러한 교조적 신념이나 정통주의로부터 벗어났는지를 판결합니다. 그런데 그러한 정통주의는 다음과 같은 경우에 비로소 근본주의로 전향하게 됩니다. 즉 진실된 신념의 수호자나 대표자가 다원주의 사회의 인식론적 상황을 무시하면서, 심지어 폭력이라고 간주해도 무방할 정도로 아주 심하게 자신들의 교설이 보편적인 구속력을 지니는 특징을 갖고 있다고 주장하면서 이 교설의 정치적 수용을 강요할 경우에 이러한 전향이 이루어집니다."[59]

미국 작가 스티븐 프레스필드Steven Pressfield는 "근본주의는 무기력하고 굴종적인 사람들의 철학이다. 또한 근본주의는 추방당하고 박탈당한 사람들의 신앙이다. 사실, 근본주의는 정치적인 파국이나 패배한 전쟁을 배경으로 발생했다"며 다음과 같이 말한다.

"유대의 근본주의는 유대인들이 바빌로니아에서 포로 생활을 하던 시절에 태어났다. 미국 남부를 중심으로 한 기독교 근본주의는 남북전쟁 이후, 남부가 복구되던 시절에 나타났다. 우월한 민족이 세계를 지배해야 한다는 나치의 이념은 독일이 1차 세계대전에서 패배한 이후에 나타났다. 이러한 절망적인 시대에, 패배한 민족은 살아남기 위해 어떻게 해서든 희망과 자존심을 회복시킬 주장을 만든다. 이슬람 근본주의도 이와 비슷한 절망적인 상황에서 발생했다. 또한 이슬람 근본주의도 다른 근본주의들처럼 강력하게 자신의 우월성을 강조한다."[60]

한국 사회에도 근본주의가 만연해 있다는 비판의 소리가 높다. 인하대학교 교수 김진석은 "폭력과 파시즘을 비판하는 일에는 이상한 맹점이 있다. 이것들을 추방해야 한다는 열성이 지나친 나머지, 알게 모르게 모든 폭력을 파시즘과 동일하게 여기는 이들이 적지 않다. 모든 폭력적 경향이나 제도들이 그 자체로 악이며 따라서 아예 뿌리를 뽑아야 한다는 주장은 거기서 불과 한 걸음 거리에 있다"며 이걸 '도덕적 근본주의'로 명명했다.[61] 근본주의는 그 밖에도 다양한 분야에서 쓰인다.

market fundamentalism(시장 근본주의)은 시장에 대한 절대적 맹신을 가리키는 말이다. 미국 경제학자 조지프 스티글리츠Joseph E. Stiglitz는 "25년간 서구 경제를 지배한 종교는 시장 근본주의였다"며 "시장 근본주의의 결함들 중 하나는 소득의 공정한 분배나 훌륭하고 공정한 사회라는 개념에 아예 관심을 두지 않았다는 점이다"고 말한다.[62]

property fundamentalism(재산 근본주의)은 로런스 레시그Lawrence Lessig가 『자유문화: 인터넷시대의 창작과 저작권 문제』(2004)에서 지적 재산권의 신성화를 비판하기 위해 쓴 말이다. 그는 재산 근본주의가 미국 문화를 지배한다며, 제약회사의 사례를 들어 다음과 같이 말한다.

"이는 기괴한 광경이며, 민주주의 시민으로서 우리가 내릴 그 어떤 정책 결정보다 사상과 문화의 전파에 심각한 결과를 초래할 것이다.…… '지식에 대한 소유권' 개념을 워낙 무비판적으로 수용한 탓에 우리는 지식이 없어 죽어가는 사람들에게 지식을 주기를 거부하는 것이 얼마나 터무니없는 행위인지를 알아차리지도 못한다. 그리고 '문화에 대한 소유권'이라는 개념을 워낙 무비판적으로 수용한 탓에 그 소유권에 대한 통제가 한 나라의 국민으로서 우리가 우리의 문화를 민주적으로 발전시킬 우리 자신의 능력을 제거할 때도 우리는 의문을 제기하지 않는다. 맹목이 우리의 상식이 되고 있다."[63]

시바 바이드히아나탄Siva Vaidhyanathan은 『모든 것의 구글화 『The Googlization of Everything: And Why We Should Worry』(2011)에서 구글 사용자들의 기술 맹신 경향은 위험하다며, 이를 '기술 근본주의techno-fundamentalism'이데올로기라고 불렀다.[64]

살만 루슈디Salman Rushdie는 "근본주의는 종교가 아니라 권력과 관련된 것이다"고 했는데,[65] 이 말을 바꿔 표현하자면 "근본주의가 있는 곳에 권력이 있다"고 말할 수 있겠다. 세계화가 자신들만의 전통과 정체성을 지키고자 하는 사람들에게 엄청난 충격으로 다가왔다는 점을 감안하자면,[66] '방어적 근본주의'라는 개념도 가능하겠다. 하지만 그런 경우라도 '공격이 최상의 방어'라는 원리에 따라 움직인다면 '공격'과 '방어'의 구분은 무의미해진다고 볼 수 있겠다.

한국 정치는
'도둑정치'인가?

●
kleptocracy

kleptocracy(클렙토크라시)는
'도둑'을 뜻하는 그리스어 kleptēs와 '지배, 권력'을 뜻하는
cracy의 합성어로 '도둑정치 또는 도둑체제'란 뜻이다.
cleptocracy 또는 kleptarchy라고도 쓴다. 좁은 의미로는 빈
국에서 통치 계층이나 정부에 의해 이루어지는 부패 체제, 넓
은 의미로는 고질적 부정부패와 정경유착을 일컫는 '도당정
치盜黨政治까지 포함할 수 있다. kleptocracy를 하는 사람은
kleptocrat다.[67]

narcokleptocracy는 마약 범죄자들이 국정 운영을 하는
사회를 말한다. narcostate라고도 한다. 1988년 미 상원 외교
위원회 산하 소위원회가 작성한 보고서에 처음 등장한 말로,
마약 밀매를 주도했거나 적어도 연루된, 파나마의 마누엘 노
리에가Manuel Noriega, 1934~ 정권을 묘사하기 위해 사용되었
다.[68]

"도둑이 도리어 도둑 잡으라고 외치고 있다." 2015년 4월
새정치민주연합 문재인 대표가 박근혜 대통령과 새누리당을
향해 쏘아붙인 독설毒舌이다. 성완종 메모가 대통령 측근들을

가리키고 있는 터에 노무현 정부 때의 성완종 특별사면에 대해 특혜 의혹을 거론하는 것이 적반하장이라는 논리다. 새누리당 김무성 대표는 문 대표가 "정신을 잃은 것 같다"고 맞받아치는 등 한동안 정치적 공방이 이어졌다.

이와 관련, 윤평중 한신대학교 교수(정치철학)는 「'도둑정치'」라는 칼럼에서 "흔히 도둑정치는 아프리카나 라틴아메리카, 필리핀 같은 정치 후진국의 전유물專有物로 여겨진다. 그러나 각각 1조 원대에 이르렀던 전두환·노태우 전 대통령의 천문학적 부정 축재는 한국적 도둑정치의 일단을 보여준다. '87년 체제' 들어 정치 관련 검은돈이 차츰 줄어드는 흐름이라고는 해도 도둑정치의 유산이 완전히 극복된 건 아니다. 전 세계에서 우리 사회에만 존재하는 사법부 전관예우의 폐단도 기실 도둑정치의 한국적 표현이다. 소수 지배층이 국가 기구나 법, 그리고 제도를 악용해 공공 자산과 국민 재산을 결과적으로 훔쳐가는 게 도둑정치이기 때문이다"며 다음과 같이 말했다.

"성완종 게이트는 한국 사회에서 정치의 작동 방식과 정치인의 기능이 거의 마피아와 흡사하거나 마적단馬賊團 비슷한 것 아닌가 라는 의심을 불러일으킨다.……성완종 메모에는 도둑정치의 줄을 타고 하늘 높이 비상하다가 파멸의 나락으로 추락한 자者의 르상티망(원한)과 사회적 고발이 함께 담겨 있다. 그것이 한국적 도둑정치의 뇌관을 건드려 폭발 직전에 이른 지금의 상황은 역사의 우연임과 동시에 필연이다. 민주주의와 법치주의를 파괴하는 도둑정치는 단연코 한국 정치 최대의 암癌 덩어리다. 도둑정치가 횡행하는 곳에 좋은 나라의 꿈은 실현 불가능하기 때문이다."[69]

kleptocracy와 같은 계열의 단어인 kleptomania(도벽

증)와 kleptomaniac(절도광)이 있다. 세계적인 미디어 재벌 루퍼트 머독Rupert Murdoch은 2009년 구글이 정당한 대가를 지불하지 않고 뉴스를 제공한다며 '절도광kleptomaniacs', '기생충' 같은 원색적인 비난을 퍼부은 바 있다.[70]

kleptomania는 남의 물건을 훔치고 싶은 충동을 참지 못해 반복적으로 도둑질을 하는 경우를 말하며, 절도광이라고도 한다. "도벽증을 가진 사람들은 개인적으로 쓸모가 없거나 금전적으로 가치가 없는 물건을 훔치려고 하는 충동을 억누르지 못하고 물건을 훔치는 일이 반복적으로 일어난다. 물건을 훔치기 직전에 긴장감이 높아지며, 물건을 훔치고 나서 기쁨, 만족감, 안도감을 느낀다."[71]

kleptomania는 1816년에 처음 사용되었지만, 1950년대 미국에서 여성들이 충동적으로 물건을 훔치는 사태가 발생하면서 부각된 말인데, 미국정신의학회American Psychiatric Association는 1960년대 초에 이를 하나의 병으로 인정했다. 이와 관련, 더글러스 러시코프Douglas Rushkoff는 다음과 같이 말한다.

"흥미로운 것은 1950년대와 60년대에 이런 증상으로 고통 받았다고 보고된 사람은 전부 여성이라는 사실이다. 하지만 미국의 경우 1970년대에 접어들면서 여자들이 일을 갖기 시작하고, 영업부 직원들이 관심을 아이들에게 돌린 뒤로는 10대들이 병적 도벽으로 가장 많은 고통을 받기 시작했다."[72]

심리 · 마음 · 두뇌

왜 인간은 발뺌의 여지만 있으면 남을 속이는가?

plausible deniability

Denial ain't just a river in Egypt(왜 뻔한 것을 자꾸 부정하고 거짓말하는가). 미국 작가 마크 트웨인Mark Twain, 1835~1910은 언젠가 너무나 뻔한 사실을 상대가 부인하자 이와 같이 말했다. 임귀열에 따르면, "여기서 denial이라는 단어를 눈여겨볼 필요가 있다. 직역하면 '부인 否認은 단순히 이집트의 강 이름이 아니다'라는 뜻이지만 사실은 The Nile의 언어적 유희다. 나일강은 이집트에 있는 강인데 그가 한 말을 'The Nile is not just a river in Egypt'로 해석해보면 메시지가 보인다. 직역하면 '나일강은 이집트의 강만을 의미하는 것이 아니다'가 된다. The Nile을 발음이 비슷한 Denial~로 바꾸면 어떨까. '부인한다고 진실이 바뀌는 것은 아니다', '왜 뻔한 것을 자꾸 부정하고 거짓말하는가'라는 의미가 된다."[1]

인간은 '부정하는 동물'이라고 해도 과언이 아닐 정도로 부정에 능하다. 아지트 바르키Ajit Varki와 대니 브라워Danny Brower는 『부정본능Denial』(2014)에서 "부정이란 의식하게 되면 참을 수 없는 사고, 감정 또는 사실들을 인정하지 않음으로써 불안을 누그러뜨리려는 무의식적인 방어기제다"고 말한다. 예컨대 사람은 반드시 죽게 되리라는 걸 알면서도 그걸 잊고 영원히 살 것처럼 행동하며, 위험하다는 걸 알면서도 자동차 안전띠를 매지 않고 오토바이 헬멧도 착용하지 않으며, 술을 마시고 육식을 하며 음주운전이나 운전 중 문자 보내기를 한다는 것이다.[2]

psychological denial(심리적 부정)은 참을 수 없는 고통을 회피하기 위해 객관적인 지각을 거부하는 현상을 가리킨다. 미국 투자 전문가 찰스 멍거Charles Thomas Munger, 1924~는 투자 관리자의 필요 덕목과 관련, "여러분이 인생을 뜻있게 살아가려면 심리적 부정은 이용하지 말기를 권합니다"고 말한다.[3]

plausible deniability(발뺌의 여지)는 1960년대 초 미국 CIA가 만든 용어로, 조직을 보호하기 위한 기법이다. 어떤 문제가 생겼을 때 최상급자는 몰랐다고 연관성을 부인하면서 실무자에게 책임을 돌림으로써 국가나 조직의 책임을 모면하는, 조직 보호의 철칙이다. 전前 미국 중앙정보국장 리처드 헬름스 Richard Helms는 이를 활용하는 것은 '비밀공작의 절대적인 필수 요건'이라고 했다.[4]

plausible deniability에 깊은 관심을 보인 심리학자들은 이런 실험을 했다. 피험자에게 과제를 수행하게 한 후 쪽지를 한 장 주며 실험 참가비로 얼마를 줄 것임을 구두로 전달했다. 피험자들은 쪽지를 들고 다른 방으로 참가비를 받으러 갔다. 그런데 그곳의 경리가 금액을 한 자리 잘못 읽고 훨씬 더 많은 금액을 피험자에게 건네주었다. 이때 그 사실을 경리에게 밝히고 실수를 정정한 피험자는 전체의 20퍼센트에 불과했다.

그러나 경리가 지불금이 맞는지 묻자 이야기가 달라졌다. 그 때에는 피험자의 60퍼센트가 지불이 잘못되었다고 말하고 나머지 금액을 돌려주었다. 직접적으로 질문을 하자 발뺌의 여지가 제거된 셈인데, 그 상황에서도 돈을 계속 챙기려면 자기 입으로 거짓말을 해야 하기 때문이다.[5]

조너선 하이트Jonathan Haidt는 『바른 마음: 나의 옳음과 그들의 옳음은 왜 다른가』(2012)에서 이 실험의 종합적 의미에 대해 이렇게 말한다. "결국 사람들은 남의 눈에 띄지 않고 또 발뺌의 여지만 있으면 대부분이 남을 속인다는 것이다.…… 그래서 이 실험에 참가한 사람들도 대부분은 남을 속인 후 실험실을 나가면서 애초 실험실에 발을 들일 때와 똑같이 자신이 선한 사람이라 믿고 있었다."[6]

댄 애리얼리Dan Ariely의 결론도 비슷하다. "정직한 사람들도 기회만 주어지면 상당수가 남을 속이려 든다. 우리의 연구 결과를 보면, 나쁜 놈 몇이 보통 사람들에게 피해를 주는 것이 아니었다. 그보다는 사람들 대다수가 남을 속이는 것으로 나타났고, 남을 속이는 것은 소소한 수준이었다."[7]

왜 선택의 자유가
피로와 고통을 안겨주는가?

●
paradox of choice

"People don't have time to
choose everything in their lives(사람들은 일상 속 선택의 순
간에 대해 고민할 시간이 없다)." 스티브 잡스Steve Jobs가 1997년
9월 애플에 복귀 후 제품 종류의 70퍼센트를 없애버리고 집중
에 의한 애플 브랜드의 재건을 강조하면서 한 말이다. 즉, 브
랜드는 그 선택의 순간을 도와주기 때문에 정보가 넘쳐나는
시대에는 브랜드가 더욱 중요하다는 논리였다.[8]

잡스의 그런 논리는 이제 상식이 되었다. 2004년 미국 스
워스모대학Swathmore College의 심리학자 배리 슈워츠Barry
Schwartz, 1946~는 『선택의 역설The Paradox of Choice』에서 선택사
항이 너무 많으면 오히려 선택을 하지 못하는 '선택의 역설'을
제시했다. 이 책이 베스트셀러가 되면서 '선택 피로choice
fatigue'라는 신조어까지 생겨났다.[9] 선택의 역설은 'choice-
demotivation(선택에서의 의욕상실)'을 의미하는데,[10] 이쯤 되
면 '선택의 고통'이라고 해도 무방하겠다.

미국 철학자이자 심리학자인 윌리엄 제임스Willian James
는 "현명하다는 것은 무엇을 무시해야 하는지 아는 것이다"고

The Paradox of Choice

했는데,[11] 이는 오늘날 기업 경영 분야에서 '선택과 집중'의 논리로 활용된다. 유정식은 『착각하는 CEO: 직관의 오류를 깨뜨리는 심리의 모든 것』(2013)에서 "선택을 뜻하는 영어 단어인 select는 라틴어인 selectus에서 유래했는데, 이는 '어딘가로부터from 무언가를 분리해서apart 취한다'란 뜻을 가진다. 즉, 선택이란 무언가를 취함과 동시에 다른 무언가를 버려야 한다는 뜻이기도 한 것이다"며 다음과 같이 말한다.

"'무엇을 얻을까?'란 질문보다 '무엇을 버릴까?'란 진지한 고민에서 돌파구가 열리는 법이다. 전략은 버림의 예술이다. 변화가 필요할 때 편하고 익숙한 과거의 전략과 과감히 결별하는 결단이야말로 버림의 예술이 도달할 수 있는 극치를 보여준다."[12]

그럼에도 그게 결코 쉽지 않다는 데에 문제가 있다. 어떤 선택을 하건 문제는 포기한 것들에 대한 미련이다. 선택의 폭이 넓을수록 그로 인한 미련과 아쉬움은 커질 수밖에 없다. 따라서 행복해지려면 행복에 대한 별 기대감이 없을 때 가능해진다는 역설도 생겨난다.[13]

선택할 자유는 실패할 자유로 쉽게 변질된다는 점도 유념할 필요가 있겠다. 댄 애리얼리Dan Ariely는 학생들에게 3가지 과제를 주고 그 답을 학기 중에 어느 때든 하나씩 제출하거나 마지막 날에 한꺼번에 낼 수 있도록 선택권을 주었다. 어떤 일이 벌어졌을까? 대다수 학생은 과제를 뒤로 미루다가 학기말에 급하게 쓴 부실한 내용으로 답을 제출한 반면, 학기 중에 일정한 간격으로 답을 차례로 제출한 학생들은 훨씬 충실한 답을 제출했다.[14]

왜 신념은 때로
우리의 적이 되는가?

●
belief bias

　　　　　　　　　러시아 작가 안톤 체호프Anton
Chekhov, 1860~1904는 "Man is what he believes(사람은 스스로
믿는 대로 된다)"라고 했다. 이런 취지의 명언은 무수히 많다.
"You are what you believe(스스로 믿으면 현실이 된다)"라거
나 "Belief is reality(믿음이 현실이다. 즉, 삶은 생각하기 나름이
다)"라는 격언도 있다.

　다 좋은 말이지만, 믿음이 일상적 삶의 버릇까지 지배하
면 이른바 'belief bias(신념편향)'에 빠지기 쉽다. 신념편향은
삼단논법 추리와 같은 일정한 형식의 추론에서도 논리적 분석
이나 규칙을 적용하기보다는 자신의 일반 지식이나 신념에 기
초하여 명제를 평가하는 현상을 말한다. 여러 연구 결과, 사람
들은 논리적 추론 과정보다는 결론의 '그럴듯함plausibility'에
더 큰 영향을 받는 것으로 나타났다. 이남석은 생활 속에서도
신념편향은 많은 영향을 미친다며 다음과 같이 말한다.

　"논리적 검토를 거친 보고서를 본 팀장은 '내 생각은 이
와 다른데' 하면서 보고서의 결론이 사실이 아니라고 주장한
다. 논리적 근거를 대서 비판하기보다 자기 생각과 신념이 다

름에서부터 이야기를 시작한다. 이때 직원들 역시 팀장이 하는 이야기 속에서 결론에 이르는 논리적 추론의 타당성은 따지지 않고, 결국 자신의 결론과 다르다는 이유로 거부한다면 마찬가지로 신념편향에 빠져 있는 것이다."[15]

이렇듯, 신념은 때로 우리의 적이 되지만, 예외적인 경우도 있다. 로저 코너스Roger Connors와 톰 스미스Tom Smith는 『조직문화가 경쟁력이다: 문화를 바꾸면 시장판도가 바뀐다』(2011)에서 안전 관리를 자신의 일이라고 생각해본 적이 없었던 관리팀의 한 기술자가 안전 관리자로 승진해서 한 일을 소개한다.

"승진과 동시에 그의 태도와 행동이 180도로 완전히 달라졌다는 사실을 아마 믿기 힘들 것이다. 그가 매일 업무의 최우선 순위를 안전으로 전환시킨 것은 너무나 급속히 일어났기 때문에 공장의 화젯거리가 되었으며, 현재의 동료 관리자들로부터는 칭찬을 받는 반면, 예전의 팀원들에게서는 비난을 받았다. 안전 관리에 대한 그의 열정은 상당히 진정성이 있어 보였다. 물론 대부분의 경우, 조직 내에서 직위를 바꾼다고 해서 생각하는 방식까지 바꾸지는 못한다."[16]

인간은 어떻게
몸으로 생각도 하는가?

●

embodied cognition

인간은 몸으로 기억할 뿐만 아니라 몸으로 생각도 한다. 이런 몸에 의한 생각을 가리켜 '신체화된 인지embodied cognition'라고 한다. 이 가설의 핵심 주장은 삶의 의미는 몸을 지닌 생명체가 그 몸을 사용하여 다양한 역동적 환경과 상호작용하는 그 행위 자체에서 나온다는 것, 즉 사람의 몸을 어떻게 사용하느냐에 따라 감정과 생각이 달라지고 그 역도 성립한다는 것이다.[17]

embody는 "(사상·특질을) 상징하다, 구체화하다, (사물이) ~을 (어떤 형태로) 나타내다, ~을 육체화하다", embody in은 "~으로 구현하다", embody goodwill은 "호의를 구체화하다", embody democratic ideas in the speech는 "민주주의 사상을 연설에서 구체적으로 나타내다", embody one's idea in a speech는 "그 생각을 말로 나타내다", embody an idea in one's music은 "자기 음악에 어떤 생각을 표현하다", a poem embodying the legends of King Arthur는 "아서왕의 전설을 구체화해 다룬 시"라는 뜻이다.[18]

신체화된 인지와 관련, 리처드 레스택Richard M. Restack은

『인간적인, 너무나 인간적인 뇌』(2012)에서 "고대인들은 이러한 마음과 몸의 의존 관계를 짐작하고 있었다. 그들은 물과 불, 공기, 흙, 네 가지 물리적인 구성 요소의 지배적인 영향력과 건, 온, 냉, 습의 성질에 따라 성격 유형이 달라진다고 추측했다"며 다음과 같이 말한다.

"나중에 물, 불, 공기, 흙은 점액, 황담즙, 피, 흑담즙과 연결되었다. 질병은 이 네 가지 체액 중 하나 이상에서 불균형이 발생해 나타난다고 여겼다. 체액 이론은 초창기 성격 평가personality assessment 방법 중 하나에 영감을 주었다. 우리는 여전히 사람의 성격을 묘사할 때 체액 용어를 사용한다. 성마른 사람은 '다혈질sanguine'이고 비관적인 사람은 '울울질bilious'이며 자신감이 넘치는 사람은 '담즙질choleric', 냉정한 사람은 '점액질phlegmatic'이다."[19]

신체화된 인지는 1970년대에 미국 캘리포니아대학 심리학자 폴 에크먼Paul Ekman과 윌리스 프리즌Wallace Friesen이 얼굴 표정을 분류하기 위한 기법을 개발하던 중 우연히 증명되었다. 이들은 안면 근육이 표정을 어떻게 통제하는지 알아보기 위해 수만 가지 근활동 조합을 이용하여 얼굴을 직접 일그러뜨리면서 그 모습을 비디오테이프에 담았다. 나중에 에크먼은 그때의 기분을 다음과 같이 설명했다.

"나는 어떤 표정을 지으면 강렬한 정서 감각에 사로잡히는 것을 발견했다. 그냥 아무 표정이나 지은 것이 아니라 내가 이미 모든 인간에게 보편적으로 나타나는 것으로 확인된 표정을 지어 보였다. 프리즌에게 같은 현상을 경험했는지 묻자 그는 자기도 어떤 표정을 지으면 감정이 느껴지고, 대개는 썩 기분 좋은 감정이 아니라고 말했다."[20]

'신체화된 인지' 개념은 급박한 상황에서 행동을 취해야 하는 안전 관련 활동이 '마음의 문제'라기보다는 '몸의 문제'라는 걸 시사해준다. 평소 끊임없는 반복 훈련이 필요한 이유라 하겠다.

왜 맥도날드는 같은 텔레비전 광고를 1주일 이상 보여주지 않나?

●
involvement

involvement는 '관련, 관여, 개입, 연루, 몰두, 열중, (배우자가 아닌 사람과의) 연애', ego involvement는 '자아 관여', affective involvement는 '정서적 몰입', government involvement는 '정부 개입, 국가 개입'이란 뜻이다. 학술 분야에서 involvement(관여)는 특정한 상황이나 대상에 대해 개인이 지각하는 중요한 정도, 혹은 흥미 정도를 의미하는 것으로 사회심리학, 광고학, 행정학, 경영학, 커뮤니케이션학 등 다양한 분야에서 광범위하게 쓰이고 있지만 각 분야마다 정의가 다른 논쟁적 개념이다.[21]

행정학에서 involvement는 어떤 행위자가 특정의 이념·사상·권위·권력 또는 이해득실 등에 대해 제 나름으로 평가하고서 그것에 이끌려 관심을 갖거나 참여하려는 태도나 그 지향성志向性을 말한다. 미국 사회학자 아미타이 에치오니 Amitai Etzioni, 1929~는 그런 지향성의 강도에 따라 가장 강한 것, 보통의 것, 가장 약한 것, 이렇게 3가지로 나누고 그 각각을 도덕적 관여·타산적 관여·소외적 관여라 부른다.

도덕적 관여moral involvement란 가장 강력하고 적극적인 지향성을 띤 관여로 신도信徒가 교회에 관여하기, 정당원이 자기 정당에 관여하기 등과 같은 것들이 이에 해당된다. 타산적 관여calculative involvement란 이해득실을 따져 적극적일 수도 있고 소극적일 수도 있는 관여로 계속적인 상거래 관계를 갖고 있는 상인商人들 간이나 단골고객에 대한 상인의 태도가 이에 해당된다. 끝으로 소외적 관여alienative involvement란 가장 소극적이고 부정적인 지향성을 나타내는 관여로 주로 강제적 지배·복종 관계에 있는 자들 간의 태도에서 볼 수 있다. 예컨대 교도소의 수용자가 교도관에게 갖는 태도, 술집 접대부가 일시적 고객을 대하는 태도 등이 이에 해당된다.[22]

광고학에선 '저관여low involvement'나 '고관여high involvement'라는 용어를 자주 쓴다. 이명천·김요한은 "화장지나 비누 같은 일용품이나 간단한 식료품 같은 저관여low involvement 제품은 구매의 중요성이 그리 크지 않고, 잘못 구매해도 리스크가 적은 편이다. 따라서 구매 전에 소비자가 특정 브랜드의 특징을 경쟁 브랜드와 꼼꼼히 비교한 후 구매의사를 결정하는 경우가 많지 않다. 그냥 제품의 구매 시점에서 평소에 자주 보고 익숙한 브랜드이기 때문에 별 생각 없이 구매한다"며 다음과 같이 말한다.

"예를 들어 치통 때문에 약국에 간 소비자는 어떤 약을 원하느냐는 약사의 물음에 모든 브랜드의 특징을 생각해본 뒤에 한 브랜드를 택하지 않는다. 평소에 TV에서 자주 보던 '두통, 치통, 생리통엔 ××'라는 광고 메시지 때문에 익숙한 브랜드를 말한다. 다시 말해 가격이 상대적으로 저렴하고 구매결정이 자신과 관련이 적고 중요하지 않은 저관여 제품은 자세한 제품 특징을 광고에서 알리는 것은 그리 효과적인 전략이 아니다. 오히려 자주 반복을 통해 친근함을 형성하게 하는 것이 더 효과적이다.……TV 광고나 라디오 광고에서 익숙한 음악을 배경음악으로 사용하는 것도 단순노출 효과를 이용하는 사례라 할 수 있다."[23]

화장지나 비누 같은 일용품이나 간단한 식료품 같은 저관여low involvement 제품이 아니라 사람들의 몰입 대상이 되는 '고관여 상황high involvement situation'이 될수록 내용이 반복되면 이른바 '마모 효과wear-out effect'가 생겨 오히려 부작용을 유발한다. 그래서 광고에선 기본적인 메시지는 동일하게 유지하면서 광고의 형식만 바꾸는 '장식 변형cosmetic variation'을 쓰는데, 맥도날드 햄버거 광고가 같은 텔레비전 광고를 1주일 이상 보여주지 않는 것도 바로 그런 이유다.[24]

고귀한 자와 비천한 자의
거리는 없앨 수 없는가?

●

the pathos of distance

미국 인류학자 에드워드 홀
Edward T. Hall, 1914~2009은 "인간의 역사는 주로 타인으로부터
공간을 탈취하고 외부인으로부터 그것을 방어하려는 노력의
기록이다"는 전제하에 프로세믹스**proxemics**와 키니식스**kinesics**
라는 새로운 분야를 개척했다.[25] 프로세믹스는 사람들이 공간
을 이용하는 방식과 인간의 공간적 행동에 관한 연구, 키니식
스는 커뮤니케이션 수단으로서 몸짓과 표정에 관한 연구인데,
각각 '근접공간학'과 '동작학'으로 번역되어 쓰인다.

홀의 대표적인 연구는 미국의 중류층을 대상으로 한 개인
간의 거리 의식 조사다. 사람들이 만나서 대화를 나눌 때 어느
정도의 거리에서 편안함을 느낄까? 그는 4가지 유형을 제시했
다. 첫째, 친근 거리**intimate distance**는 아주 친한 사람과의 거리
로 15~46센티미터 정도다. 둘째, 개인 거리**personal distance**는
사람을 만나 대화를 나누는 거리로 46~120센티미터 정도다.
셋째, 사회적 거리**social distance**는 공식적인 회의석상의 거리로
1.2~3.7미터 정도다. 넷째, 공공적 거리**public distance**는 강의나
연설을 들을 때의 거리로 4미터 이상이다.[26]

직장이나 조직 혹은 상하 관계에서 거리vertical distance도 있다. 서양에서는 상사와 부하 직원의 대화 거리가 가까운 경우가 많지만, 동양에서는 어느 정도 거리를 두는 관행이 있다. 직장 회의실의 배치도를 보면 일본은 상석 중앙에 사장이 있고 두 줄의 책상이 붙어 있는 경우가 많은 반면 유럽 등지에서는 가운데 공간을 비워 놓고 'ㄷ'자 형태로 자리 배치를 한다.[27]

네덜란드 심리학자 기어트 홉스테드Geert Hofstede는 세계 53개국을 대상으로 이른바 '권력 거리power distance'를 조사했다. '권력 거리'는 어느 조직에서 "부하들을 그들의 상사들로부터 격리시키는 감정적 거리"를 말한다. 권력 거리가 작은 나라에서는 부하 직원이 상사에게 의존하는 정도가 약하며, 상사와 부하 직원 간의 상호의존을 선호한다. 권력 거리가 큰 나라에서는 의존과 반의존 간의 극화 현상이 나타난다. 이런 경우에는 부하 직원과 상사 간의 심리적 거리는 크다. 그래서 부하 직원이 직접 상사에게 다가가서 반대 의견을 내놓는 일은 좀처럼 드물다.[28]

'의도적 거리 두기 화법verbal distancing'은 거짓말을 하거나 책임을 피하려는 의도에서 쓰는 화법을 말한다. '뇌물을 받았습니까?'라는 질문에 '예', '아니오'가 아니라 '제가 뭐가 아쉬워서 그런 돈을 받았겠습니까?' 식으로 응답하는 것인데 이것을 Distancing Language(DL)라고 한다. Distancing Language는 그 출발점이 책임 회피와 거짓말이기 때문에 때로 Deceptive Language(속임수 언어)라 불린다.[29]

the pathos of distance(거리의 파토스)는 고귀한 자와 비천한 자의 거리는 없앨 수 없고, 그러한 거리두기에서 선과 악이라는 구분과 명칭이 생겼다는 생각으로, 프리드리히 니체 Friedrich Nietzsche, 1844~1900가 한 말이다. 로버트 스키델스키 Robert Skidelsky와 에드워드 스키델스키Edward Skidelsky는 『얼마나 있어야 충분한가』(2012)에서 "'최고'와 '최선'이라는 호칭이 한 사회의 구성원 모두에게 주어질 수 없듯이 좋은 삶이 그들 모두에게 우연적으로는 물론이고 원칙적으로도 주어질 수 없다면 어떻게 해야 하는가? 혹시라도 그것이 좋지 않은 삶의 방식을 전제로 하는 원천적으로 속물적이거나 대립적인 개념이라면 어떻게 해야 하는가?"라고 물으면서 다음과 같이 말한다.

"이러한 의혹은 언짢은 기분이 들 정도로 그럴싸하게 들린다. 수많은 고전적 윤리가 미천하게 타고난 낮은 자들에 대한 경멸감을 내뿜고 있다. 심지어 기독교의 자선이라는 덕성조차 (예수가 그랬듯이) 빈자는 늘 있을 수밖에 없다는 가정을 숨기고 있는 것처럼 보인다. 좋은 삶이라는 발상이 니체가 말한 '거리의 파토스'에 따른다면 우리 모두가 소중히 여기는 민주주의와는 화해 불가능한 것으로 보인다."[30]

우리에게 마음이 있나,
우리가 마음에 속해 있나?

●
mind

The mind is given to us, we are not given to the mind(우리에게 마음이 있는 것이지 우리가 마음에 속해 있는 것은 아니다). 미국 정신분석과 의사 제임스 보그James Borg가 『마음의 힘Mind Power』(2010)에서 한 말이다.[31] 이 말이 시사하듯, mind는 인류 역사 이래로 여러 분야의 학자들이 심혈을 기울인 주요 연구 주제였다. mind와 관련된 몇 가지 주요 이론을 살펴보기로 하자.

theory of mind(마음 이론)는 신념, 의도, 바람, 이해 등과 같은 정신적 상태가 자신 또는 상대방의 행동에 영향을 미친다는 것을 이해하는 능력으로, 인간의 지성은 짐승들의 지성과 다르다는 것을 말하기 위해 심리학자들이 세운 가설이다. 사람이 자신이나 타인의 마음에 관한 이론을 세운다는 의미에서 '마음 이론'이라고 부른 것이다. 널리 쓰이는 말이라 줄여서 'ToM'이라고도 한다. 데이비드 프리맥David Premack과 가이 우드러프Guy Woodruff가 1978년에 붙인 이름이다.[32]

mindfulness(마음챙김)는 불교 수행 전통에서 기원한 심리학적 구성 개념으로 현재 순간을 있는 그대로 수용적인 태

도로 자각하는 것을 말한다.[33] 존 카밧진Jon Kabat-Zinn은 『마음
챙김 명상과 자기치유』(1990)에서 "오늘날 마음챙김 명상은
불교에서 시작되어 가르치고 수련하고 있지만 이 명상의 요체
는 보편적인 것이다"며 다음과 같이 말한다.

"마음챙김mindfulness이란 기본적으로 특정한 방식의 주
의attention로 자기 마음의 내부를 깊게 들여다보고 자기를 탐
구하여 스스로를 이해하기 위한 정신수련 방법의 하나이다.
그러므로 우리의 스트레스 클리닉에서 그러하듯이, 특별히 동
양 문화나 불교의 권위를 내세울 필요는 없다고 생각한다. 마
음챙김 명상법이 자기 이해와 질병 치유에 있어서 좋은 수단
이 된다는 사실은 확실해졌다. 이 명상법의 주요한 장점은 어
떤 신념 체계나 이데올로기를 따르는 것이 아니기 때문에 스
스로 검증해보고자 하는 누구나 그 효과를 얻을 수 있다는 것
이다. 물론 마음챙김이 고통을 제거하고 망상을 떨쳐버리는
것을 특히 강조하는 불교 수행에서 나온 것은 결코 우연한 일
이 아니다."[34]

mindlessness(무심함)는 미국 하버드대학 심리학자 엘런
랭어Ellen Langer의 정의에 따르면 "아무런 의식적인 노력 없이
자동적으로 흘러가는 심리적인 상태"다. 랭어가 말하는 무심
함은 오랜 학습의 산물로, 특정한 자극-반응의 메커니즘이 장
기간 지속되다 보면 더는 아무런 집중을 하지 않고도 행동할
수 있는 무심함의 경지에 오르게 된다고 한다. 미국 하버드대
학 경영대학원 교수 문영미는 무심함을 "넘치는 음과 부족한
양의 조합이 빚어내는 무감각한 상태"로 재정의하면서 다음
과 같이 말한다.

"지나친 친숙함은 무감각을 초래한다. 그러므로 친숙함

이 본연의 가치를 발휘하려면, 적절한 수준을 유지해야 한다. 그래서 나는 가끔 학생들에게 평소 때와 다른 자리에 앉아서 수업을 들으라고 한다. 이는 수업 환경에 조금이나마 변화를 주기 위한 것이다. 이와 마찬가지로 때때로 집안의 가구 위치를 바꾸어서 가족들에게 활력을 주고자 한다."[35]

mindblindness(심맹)은 영국 케임브리지대학 심리학자 사이먼 배런 코헨Simon Baron Cohen이 자폐증을 앓는 사람들은 다른 사람의 감정과 정신 상태를 이해하는 데 큰 어려움을 겪는 걸 묘사하기 위해 만든 말이다. 자폐증과 혼동되는 사이코패스는 자폐증이 있는 사람들과 달리 다른 사람이 분노하거나 고통을 느끼는 상황을 쉽게 이해할 수 있지만, 그런 상황에서 아무 감정을 느끼지 못한다.[36]

mind share(마인드 셰어)는 어떤 기업 또는 상표에 대한 태도를 경쟁 기업 또는 경쟁 상표 전체에 대한 비율로 표시한 수치로, 시장 점유율에 대해 선행 지표가 된다. 마인드 셰어·마켓 셰어의 수치가 1보다 클 때 그 기업 또는 상표는 신장할 가능성을 갖는 것으로 간주된다. 미디어 시장에서 특정 기업이 독과점을 행사하는 미디어 집중 상태를 가리키는 말로도 쓰인다.[37]

mind-body medicine(심신의학)은 인도 뉴델리에서 태어나 하버드대학 의대를 졸업한 디팩 초프라Deepak Chopra, 1947~가 의학과 영성을 접목해 창안한 대체의학이다. 캘리포니아주 라졸라에 초프라 행복센터를 세우고 세계를 돌며 강연 활동을 펼치는 초프라가 심신의학을 창안한 이유는 바로 자신 때문이었다. "겉보기엔 화려하게 성공했지만 내 삶에 행복감은 없었어요. 스트레스를 풀기 위해 하루에 시가 한 갑, 폭음을 일삼다 보니 건강은 악화됐지요." 그가 생각하는 '힐링(치유)'의 핵심은 '절제'와 '자비'다. "무엇이든지 지나치게 하니까 스트레스가 생기고 병이 듭니다. 일중독이란 말을 자랑스럽게 하는 사람이 있는데 결코 좋은 일이 아니죠. 타인을 자기 삶의 일부분으로 보는 '자비'도 중요합니다. 다른 사람들의 문제를 관찰하다 보면 내 문제가 저절로 해결되는 경우 없었나요?"[38]

왜 인간의 뇌는 자꾸 경제학과 마케팅의 대상이 되는가?

●
neuroeconomics

neuroeconomics(신경경제학)

는 신경을 뜻하는 '뉴로neuro'와 'economics'를 합친 말로 인간이 게임 속에서 선택하고 행동함에 따라 일어나는 두뇌의 신경생리적 변화를 연구하는 학문이다. 게임이론과 뇌 투영 기술이 합쳐져서 생겨난 새로운 학문이다. 1999년 미국 뉴욕대학 신경과학연구소는 원숭이들에게 특정한 의사결정을 하도록 시킨 다음 그들의 뇌세포 활동을 관찰했는데, 이 연구는 세상의 주목을 받았다.

이 분야의 선구자인 신경과학자 리드 몬태규Read Montague 는 자신의 연구를 '신경망경제학neural economics'이라고 불렀는데, 2002년부터 '신경경제학'이라는 용어가 쓰이기 시작했다. 몬태규는 "우리는 인간의 행동을 수치화하고 있습니다. 마치 공기역학이 보잉 777 비행기 날개를 따라 흘러가는 공기 흐름을 수치화하듯이 말이죠"라고 말한다.[39]

미국 프린스턴대학의 뇌·정신·행동연구센터의 책임자인 조너선 코헨Jonathan Cohen은 '최후통첩 게임ultimatum game'을 하는 피실험자들의 뇌를 촬영함으로써 '신경경제학' 분야를 개척했다. 그의 실험 결과, 인간은 불공정한 상황에 직면하면, 대뇌 안쪽에 있는 뇌섬insula이 강한 분노 반응을 만들어내고 그 순간 경제적 이익을 기꺼이 포기하면서까지 불공정에 맞선 행동을 하는 것으로 밝혀졌다.[40]

neuroinvesting(뉴로인베스팅)은 각종 뉴로 연구를 이용한 투자를 가리키는 말이다. 비슷한 개념으로 뉴로파이낸스 neurofinance, 뉴로트레이딩neurotrading 등이 있다. 이들은 모두 그럴듯해 보이지만, 그 효능이 과대평가되었다는 비판도 있다. 예컨대, 뉴로인베스팅 분야의 전문가인 미국 행동경제학자 리처드 세일러Richard Thaler, 1945~는 1990년대 중반 '풀러앤 세일러 자산운용'이라는 회사를 세워 큰 수익을 내기도 했지만, 2000년대 초 닷컴 버블이 꺼질 땐 큰 손해를 입고 말았다. 심리를 분석해 투자자의 행동을 예측할 순 있었지만, 시장 흐름이나 주식을 사고 팔 시점 등에 대해선 알 수 없었기 때문이다.[41]

neuromarketing(뉴로마케팅)은 소비자의 뇌에서 일어나는 무의식 세계를 분석해 활용하는 마케팅을 뜻한다. 1990년 미국 하버드대학의 심리학자들에 의해 개발된 뉴로마케팅은 광고 타깃을 마음이 아닌 뇌로 옮긴 셈인데, 이에 대해 이남석은 "뇌의 구매 버튼을 직접 누르게 한다"고 표현했다.[42]

뉴로마케팅이 부상한 것은 기능성자기공명영상fMRI: functional magnetic resonance imaging이란 뇌腦 영상장치 덕분이다. fMRI 영상은 뇌의 특정 부위가 활동하면서 혈액이 모이는 현상을 불이 켜지는 것처럼 보여주기 때문이다. 그래서 제품이나 광고 사진을 모니터로 보여주면서 동시에 fMRI로 뇌를 촬영하면 소비자의 무의식적 반응을 금방 파악할 수 있게 되었다.

2005년 『포천』은 뉴로마케팅을 10대 기술 트렌드로 선정했다. 이 덕분에 다임러크라이슬러는 소비자들이 스포츠카를 볼 때 사회적 지위와 보상을 연상한다는 사실을 알아냈으며, 켈로그는 여성들이 식품 광고를 보면서 배고픔을 해소하면서도 날씬해지고 싶어 하는 상반된 감정을 파악했다. 스포츠카 광고가 힘·섹스·생존과 같은 원초적 욕망을 자극하는 것도, 켈로그의 도넛 광고가 저低지방을 직설적으로 강조하지 않고 날씬한 다리를 보여주는 것도 바로 소비자의 뇌를 읽었기 때문이다.[43]

소비자보호단체들은 뉴로마케팅에 대해 매우 비판적이다. 인간의 행동을 예측하거나 변화시키기 위한 모든 뉴로테크놀로지neurotechnology와 뉴로사이언스neuroscience에 대한 논란이 끊이지 않는 것과 같은 맥락에서다. 인간의 자유의지, 도덕적 책임감, 자기기만, 개인 정체성 등의 문제와 직결되어 있기 때문이다. 그래서 이런 문제들을 다루는 '뉴로윤리학neuroethics'까지 대두되었지만,[44] 인간 행동의 예측과 변화에 사활을 거는 자본의 전투성이 약화될 것 같진 않으니 그게 문제다.

현재에 집착하면
어떤 일이 벌어지는가?

●
presentism

Yesterday is history. Tomorrow is a mystery. And Today? Today is a gift. That's why we call it the present(어제는 역사고 내일은 미지수며 오늘은 선물이다. 선물을 present라고 하는 것도 그 때문이다). 나이지리아의 음악가 바바툰드 올라툰지Babatunde Olatunji, 1927~2003의 말이다.[45]

멋진 말이지만, 너무 현재를 중시하는 것도 문제다. 미국 역사가 대니얼 J. 부어스틴Daniel J. Boorstin은 미국의 특성으로 'disease of Presentism(현재 집착병)'을 지적한다. "이 병은 역사 대신 사회학을, 고전 대신 베스트셀러를, 영웅 대신 유명인사를 선호하게 만든다. 메이플라워 선조들이 동료들에게 보였던 관심, 즉 지역사회에 대한 관심은 변하는 여론의 추세에 집착하는 강박 관념이 될 위험이 있다. 그 증세는 정치에 있어서는 민중 선동, 개인 생활에 있어서는 소심한 순응주의, 그리고 기업가, 운동선수, 작가, 예술인 등의 경우에는 모방성으로 나타난다."[46]

마이클 베일리Michael Bailey와 데스 프리드먼Des Freedman은 『대학에 저항하라The Assault on Universities: A Manifesto for

Resistance』(2011)에서 "자크 데리다Jaques Derrida는 대학이란 사고하고, 질문을 던지고, 권위에 대항하고 권위를 책임 있는 것으로 만드는 데 필요한 자치권을 행사하는 공간이라고 말했다"며 다음과 같이 말한다.

"하지만 무자비한 경제 다원주의와 1980년대 이후 시작된 맹공격 덕분에, '지극히 중요한 공익'으로서 대학의 역사적 유산은 '새로운 진보 담론(사회 전체가 더 나아지는 것이 목표가 아니라 개인의 생존이 궁극적인 목표인)'과 어울리지 않게 되었다. 실제로, '사회적 발전'이라는 개념은 시장이 주도하는 노골적인 이데올로기적 담화, 즉 즉각적인 소비와 만족, 즉각적 금전적 성취 성향을 가진 '현재주의Presentism' 속에서 거의 사라져버렸다."[47]

현재주의는 경영학 분야에선 의사결정 시 현재의 상태를 기준으로 미래를 상상하거나 판단하는 경향을 말한다. 유정식은 『착각하는 CEO: 직관의 오류를 깨뜨리는 심리의 모든 것』(2013)에서 이렇게 말한다. "사업 계획을 수립할 때는 과거부터 현재까지의 매출이나 시장 점유율이 좋으면 앞으로도 계속 그럴 것이라 예상하고, 그 반대의 상황이라면 비관적인 전망들이 사업계획서를 가득 채운다. 오늘 배가 고프면 뭐든지 먹어버리겠다는 만용을 부리고, 오늘 배가 부르면 내일 배가 고프리라 생각하지 못하는 것과 다르지 않은 모습이다."[48]

presentism은 역사학에선 오늘의 기준으로 과거를 평가하는 걸 말한다. 이런 의미론 1870년대부터 사용된 개념이지만, 『옥스퍼드영어사전』에 오른 건 1916년이다. 미국 역사가 데이비드 해킷 피셔David Hackett Fischer는 presentism을 "fallacy of nunc pro tunc"라고 부른다. 라틴어인 'nunc

pro tunc'은 영어로 'now for then'이란 뜻이다. '과거현재
화의 오류'라고 번역할 수 있겠다.[49] 미국 하버드대학의 행복
심리학자 대니얼 길버트Daniel Gilbert는 다음과 같이 말한다.

"Historians use the word 'presentism' to describe
the tendency to judge historical figures by contemporary
standards. As much as we all despise racism and sexism,
these isms have only recently been considered moral
turpitudes, and thus condemning Thomas Jefferson for
keeping slaves or Sigmund Freud for patronizing
women is a bit like arresting someone today for having
driven without a seat belt in 1923. And yet, the
temptation to view the past through the lens of the
present is nothing short of overwhelming."

"역사가들은 역사적 인물을 현재의 기준으로 평가하려는
경향을 가리켜 '현재주의'라고 한다. 우리는 모두 인종차별주
의와 성차별주의를 경멸하지만, 이런 '주의'는 최근에서야 도
덕적 비열로 여겨진 것이다. 그래서 토머스 제퍼슨의 노예 소
유나 지그문트 프로이트의 엽색행각을 비난하는 것은 1923년
에 운전 중 안전벨트를 매지 않은 사람을 단속하는 것과 비슷
한 게 아닐까. 그럼에도 오늘의 렌즈를 통해 과거를 보려는 유
혹이 압도적인 게 현실이다."[50]

하워드 가드너Howard Gardner는 『인간은 어떻게 배우는
가?: 인지과학이 발견한 배움의 심리학』(2000)에서 "전통적인
교육기관을 너무 좁은 의미에서 단순하게 파악하여, 심지어
도구에 불과하다고 생각하는 것은 잘못된 것이다. 이는 초기
의 교육기관들을 현재의 신념과 관점에서 읽어내는 '현재주

의의 죄sin of presentism'를 범하는 것이다"고 말한다.[51]

그런 '현재주의' 오류는 역사를 대할 때에만 발생하는 게 아니다. 개인의 삶에서도 미래를 생각하는 건 매우 중요한 일이 아닌가. 그런데 그 미래를 오늘의 기준과 오늘의 눈으로만 보려고 할 때에 무슨 일이 일어날까? 행복의 선택의 폭을 좁히는 결과를 낳지 않을까? 오늘과는 다른 내일의 기준으로 내일을 생각하는 건 쉽지 않기에 상상력이 필요하다. 좀 다른 맥락에서 한 말이긴 하지만, 알베르트 아인슈타인Albert Einstein, 1879~1955은 "상상력이 지식보다 중요하다Imagination is more important than knowledge"고 했다. 행복은 상상력의 게임이기도 하다.

왜 한국인에겐 '비교하지 않는 용기'가 필요할까?

● perfectionism

　　　　　　　　　perfectibility of man(인간의 완전성)은 19세기 프랑스 사상가 알렉시 드 토크빌**Alexis de Tocqueville, 1805~1859**이 만든 표현으로, 미국인이 전통적으로 갖고 있던 믿음이다. "당시 유럽인은 인간이 가진 숙명적인 불완전성 때문에 이미 도달할 수 있는 한계치에 가까워졌다고 믿고 있었다. 그러나 미국인의 생각은 달랐다. 계속적으로 진보를 향해 투쟁했고 항상 삶을 보다 편리하게 살기 위해 노력했다. 그들은 인간이 좀더 나은 곳을 향해 계속 나아갈 수 있다고 믿었다."[52]

　　그런 이유일까? 미국인들은 perfect라는 단어를 즐겨 쓴다. 지나치다 싶을 정도로 말이다. 이에 대해 임귀열은 다음과 같이 말한다.

　　" 'It's a perfect weather.' 날씨가 그리 좋지도 않은데 미국인 친구가 던진 말이다. 한국인이라면 'The weather is good' 정도로 표현했을 상황을 perfect로 말하는 것은 분명 과장이다. 어디 그뿐인가. 작고한 Steve Jobs는 자사 신상품을 들고 나와 연기를 하듯 말끝마다 'awesome, great, wonderful' 등으로 포장했는데, 그의 장사꾼 기질적 과장과 미국인 특유의 과장된 언어 습관expressive이기도 하다. 미국 사람이 'Your English is too good to be true(당신의 영어는 너무나 훌륭해서 믿기 어려울 정도다)'라고 말해도 믿어서는 안 되는 이유는 인사치레나 과장해서 말하는 습관이기 때문이다." [53]

미국과 프랑스의 문화 탓일까? 프랑스 사상가 볼테르Voltaire, 1694~1778는 "Perfect is the enemy of the good(완벽은 좋은 것의 적)"이라고 했다. 이탈리아 속담을 인용한 격언인데, 완벽이나 최고보다는 보통 수준의 'good'이 낫다는 의미다. 이와 관련, 임귀열은 "공자의 '중용the golden mean, happy medium'이나 아리스토텔레스의 'Virtue is the golden mean between two vices, the one of excess and the other of deficiency(지나침도 부족함도 없어야 미덕)'란 말도 이와 비슷한 뜻이다"며 다음과 같이 말한다.

"더 많은 노력이 항상 더 많은 결과와 성공을 보장하지는 않으며 오히려 비효율적인 경우도 있다. Shakespeare도 'King Lear'을 통해 'Striving to better, oft we mar what's well'이라는 말을 했는데 이는 더 잘하려다 좋은 상태마저 망친다는 뜻이다. Watson-Watt의 말 'Give them the third best to go on with; the second best comes too late, the best never comes(차차선을 지금 주고 차선은 나중에 주라. 왜냐하면 최선은 결코 오지 않기 때문이다)'라는 말도 참고할 만하다." [54]

그러나 자기계발 열풍은 사람들에게 완벽주의perfectionism를 삶의 지침으로 삼으라고 권한다. 영국 저널리스트 올리버 버크먼Oliver Burkeman은 『행복 중독자: 사람들은 왜 돈, 성공, 관계에 목숨을 거는가』(2011)에서 '우리를 숨 막히게 하는 완벽주의'를 낱낱이 고발한다. "단기간에 변화할 수 있다고 주장하는 책들은 한결같이 완벽주의(약간의 개선 정도가 아닌 완벽한 변화를 요구하는)를 내세우고 있다." [55]

미국 작가 앤 라모트Anne Lamott, 1954~는 "완벽주의는 우리를 숨 막히게 하고, 그 탓에 결국 우리의 인생 전체가 망가지게 될 것이다"고 단언한다. "완벽주의는 땅을 보며 극도로 조심해서 걸으면, 장애물에 걸려 사고로 죽는 일은 절대 없을 것이라는 사고에 기초하고 있다. 아무리 그래도 인간은 죽는다. 그리고 보통은 땅만 바라보고 걷는 강박증 환자보다 땅을 바라보지 않고 걷는 사람들이 훨씬 더 나은 인생을 살아간다. 또한 앞에 펼쳐진 다양한 경치를 바라보며 더욱 즐겁게 살아간다." [56]

완벽주의가 생기는 주요 원인 중 하나는 늘 자신을 남과 비교하면서 주변 사람들이나 사회에서 항상 높은 목표와 완벽, 최선을 당연하게 강요받기 때문인데, 이렇게 생긴 완벽주의를 '사회적으로 처방된 완벽주의socially prescribed perfectionism'라고 한다. [57]

일본 철학자 기시미 이치로岸見一郎와 작가 고가 후미타케古賀史健가 오스트리아 심리학자 알프레트 아들러Alfred Adler, 1870~1937의 심리학을 대화 형식으로 풀어낸 『미움받을 용기』가 최근 한국에서 베스트셀러가 되었지만, 남과의 비교에 능한 한국인에게 가장 필요한 건 '미움받을 용기'라기보다는 '비교하지 않는 용기'가 아닐까?

●

mediality
hard body
OTT(Over The Top)
Netflix
binge-watching
creep
context
Gonzo journalism
immersion journalism
deus ex machina

●

대중문화 · 미디어 · 언론

인생은 미디어를 위해
설정된 무대 위의 쇼인가?
●
mediality

The FCC**Federal Communications Commission** is the EPA**Environmental Protection Agency** of the 21st century. Americans spend more time of their lives in the media landscape than in the natural one, putting the FCC in charge of the environment most of us really inhabit(FCC[연방커뮤니케이션위원회]는 21세기의 환경청[EPA]입니다. 미국인들은 평생에 걸쳐 자연환경보다는 미디어환경에서 더 많은 시간을 보내고 있기 때문에, FCC는 우리 대부분이 실제로 살고 있는 환경을 책임지고 있는 셈입니다).

미국 뉴욕대학 신문방송학과 교수 클레이 셔키**Clay Shirky, 1964~**가 2001년 영국 『가디언』과의 인터뷰에서 신임 FCC 위원장 마이클 파월**Michael K. Powell**의 막중한 책임을 거론하면서 한 말이다. FCC는 한국의 방송통신위원회와 비슷한 기구다.[1]

셔키의 주장에 동의한다면, 미디어가 우리의 환경이 된 현실을 지적하는 신조어들이 나타나고 있는 것은 당연한 일이라 하겠다.

mediality(미디어에 의해 창조된 현실)는 media와 reality

의 합성어로, 미국 정치학자 마이클 로빈슨Michael J. Robinson이 1981년 「The Media in 1980: Was the Message the Message?」라는 논문에서 만든 말이다.[2] 로빈슨은 1980년 7월 공화당 대통령 후보 로널드 레이건Ronald Reagan, 1911~2004이 전 대통령 제럴드 포드Gerald Ford, 1913~2006를 러닝메이트로 택했다는 언론의 대대적인 오보誤報를 미디얼리티의 대표적인 경우로 지적했다.

부통령 후보의 한 사람이었던 뉴욕주 하원의원 잭 캠프 Jack Kemp는 텔레비전과 언론의 광란적 보도가 레이건의 결정 번복에 영향을 미쳤다고 주장했다. 김칫국만 마시고 만 포드 역시 텔레비전과 언론이 그토록 요란만 떨지 않았더라면 자신이 부통령 후보로 지명될 수 있었을 것이라고 아쉬워했다. CBS-TV의 앵커맨인 월터 크롱카이트Walter Cronkite조차도 자신이 정당의 지명대회를 개최하는 책임자라면 텔레비전의 입장을 금지시키겠다고 논평했다.[3]

mediatization(미디어화)은 미디어가 커뮤니케이션이 일어나는 사회뿐만 아니라 정치 커뮤니케이션의 과정과 담론을 형성하고, 사회 내 지배적인 제도들과 사회 전체가 미디어에 의존하고 미디어에 의해 구성되는 것을 말한다.[4]

mediacracy는 미디어가 지배하는 체제로, 미국 정치 평론가 케빈 필립스Kevin Phillips, 1940~가 1974년에 출간한 『미디어크라시 Mediacracy: American Parties and Politics in the Communications Age』에서 처음 소개한 말이다.[5] 『미디어크라시』는 미디어가 미국 정치를 사실상 지배하는 현실을 비판한 책이다.[5] 그러나 지그문트 바우만Zygmunt Bauman은 mediacracy는 프랑스 지식인 레지스 드브레Regis Debray, 1940~가 만든 말로, 'mediocrity(평범한 사람)'와 'rule of media(미디어의 지배)'를 융합시킨, 아주 절묘하고 독창적인 개념이라고 말한다.[6]

과연 누가 mediacracy 개념의 원조인지는 더 따져볼 문제겠지만, 드브레가 mediology라는 개념을 처음 만들었다는 건 확실하다. 그는 1979년 "기술은 문화가 아니다technology is not culture"고 보는 전통적인 생각에 도전하면서 사회의 안팎에 걸쳐 일어나는 문화적 전파cultural transmission를 분석하고, 일반적인 미디어뿐만 아니라 글의 발명 이후 이 세상에 존재해온 모든 유형의, 광의의 미디어를 탐구하기 위한 방법이나 학문으로 mediology를 제시했다. 독창적인 시도라는 평가와 함께 이미 영국에서 오래전부터 해온 '문화연구Cultural Studies'의 아류일 뿐이라는 비판이 병존한다.[7]

mediacracy에 빗댄 videocracy란 말도 나왔다. 세계 8위, 유럽 3위의 경제대국 이탈리아 총리를 3번 지낸 실비오 베를루스코니Silvio Berlusconi의 활동에서 비롯된 '베를루스코니 현상'은 미디어 재벌에 의한 정치 지배를 가리킨다. 아예 '베를루스코니즘Berlusconism'이란 말까지 나왔다. 이탈리아 사회학자 주세페 데 리타Giuseppe De Rita는 베를루스코니즘을 한 인물의 인간적 매력, 미디어 영향력을 강조한 인물 중심의 언론 정치로 정의했다. 또 일부 사람들은 정치 시스템이 미디어 시스템에 의해 찬탈된 가운데 베를루스코니가 '빅 브라더'가 된 비디오크라시videocracy가 도래했다고 평했다.[8]

토머스 드 젠고티타Thomas de Zengotita는 『미디에이티드: 미디어가 만드는 세계와 우리의 삶』(2005)에서 "우리는 미디어에 의해 매개된 인간mediated person이 된 것이다"고 말한다.

그는 "'미디어 매개mediation'는 다른 무엇인가를 통해 현실
reality을 대하는 것을 뜻한다"며 "우리가 자신의 감정과 맞닥
뜨린다는 것은, 직접적인 것immediate을 매개된 것mediated으로
바꿔내는 성찰적 과정이다"고 했다.[9]

　닐 게이블러Neal Gabler는 "인생은 미디어를 위해 설정된
무대 위의 쇼가 되었다"고 했는데,[10] 이는 특히 모바일 미디어
의 시대에 더욱 실감나는 말이 되고 있다.

왜 실베스터 스탤론과
아널드 슈워제네거가
1980년대의 영웅이 되었나?

●
hard body

이른바 '아도니스 콤플렉스Adonis complex'는 미국 하버드 의대 교수 해리슨 G. 포프Harrison G. Pope, 1947~가 심각한 신체 변형 공포증dysmorphophobia을 겪는 미국 내 300만 명 이상의 남성들을 설명하며 만들어낸 용어다. 그는 2001년 미국에서 베스트셀러가 된 『아도니스 콤플렉스The Adonis Complex: How to Identify, Treat and Prevent Body Obsession in Men and Boys』에서 이러한 현상을 사회적 신드롬으로 규정했다. 이 콤플렉스를 가진 사람은 보디빌딩에 집착하게 된다. 아도니스 콤플렉스에 빠진 사람을 '아도니스 맨'이라고 한다. 트레이닝과 보디빌딩에 비정상적으로 집착하는 모습을 보이는 남자를 일컫는 말이다.[11]

아도니스 콤플렉스에 그 어떤 정치적 의미는 없는 걸까? 미국 워싱턴주립대학 영문과 교수 수전 제퍼드Susan Jeffords는 『하드 바디: 레이건 시대 할리우드 영화에 나타난 남성성Hard Bodies: Hollywood Masculinity in the Reagan Era』(1993)에서 "레이건 시대는 몸의 시대였다"고 주장한다.

1981년에서 1989년까지 미국 대통령을 지낸 로널드 레

201

이건Ronald W. Reagan, 1911~2004의 연로함과 그의 코에 암 성질을 띤 점이 생긴 것에 대한 걱정에서부터, 에어로빅과 운동에 대한 열광, 아널드 슈워제네거Arnold Schwarzenegger라고 하는 미스터 유니버스 출신이 실베스터 스탤론Sylvester Stallone과 더불어 1980년대 최고 흥행몰이 배우가 된 사실, 낙태를 불법화하려는 보수 진영의 의제, 마약 복용, 섹슈얼리티, 출산을 통해 '가치관'을 식별하려는 시도, 에이즈에 걸린 사람에 대한 공격 등에 이르기까지 몸에 대한 담론이 흘러넘쳤다는 것이다.

제퍼드는 병들거나 오염되어 잘못된 몸을 '소프트 바디', 힘, 노동, 결단력, 충성심, 용기를 감싸고 있는 몸을 '하드 바디'로 구분하면서, 인종과 젠더 위주의 사고 체계에서 소프트 바디는 여성과 유색인, 하드 바디는 남성과 백인의 것이었다고 말한다. 제퍼드는 많은 미국인이 1980년 대선에서 레이건의 경쟁자로 재선을 노리던 대통령 지미 카터Jimmy Carter, 1924~에게 환멸을 느낀 이유는 그가 국가적으로건 개인적으로건 미국인들이 왜소하고 불안한 느낌을 갖게 만든 것이었다며 '하드 바디'가 레이건 철학·정치·경제의 상징이 되었다고 주장한다.

제퍼드는 하드 바디를 구현한 영화로 〈록키〉와 〈람보〉 시리즈 외에 〈슈퍼맨〉(1978), 〈레이더스〉(1981), 〈터미네이터〉(1984), 〈탑건〉(1986), 〈리셀 웨펀〉(1987), 〈다이하드〉(1988) 등을 지적한다. 〈로보캅〉, 〈배트맨〉 등도 이 계열에 속하는 영화로 포함시킨다. 제퍼드는 "관객은 개인주의, 자유, 군국주의, 그리고 신화적 영웅주의를 대표하는 캐릭터를 다룬 멋진 영화를 보고 싶어 했던 것"이라며, 이와 같은 "블록버스터 영화의 성공을 통하여 할리우드는 1970년대 후반의 '파편화'와

'고통'을 극복하고 '관객이 보고 싶어 하는' 수백만 달러짜리 액션 영화의 시대로 성공적으로 진입하였음을 보여주었다"고 말한다.[12]

왜 '코드 커팅'을 하는 사람이 늘고 있는가?

●
OTT

OTTOver The Top는 기존 통신과 방송사가 아닌 새로운 사업자가 인터넷으로 드라마나 영화 등 다양한 미디어 콘텐츠를 제공하는 서비스를 말한다. 정해진 방송 전용망으로 콘텐츠를 전송하던 기존의 방송 서비스와 달리 OTT는 불특정 다수의 접근이 용이한 범용 인터넷으로 콘텐츠를 전송하기에 이용 시간이 자유롭고 스마트폰과 태블릿 PC 등 다양한 기기에서 원하는 프로그램을 볼 수 있다. OTT 서비스는 기존 방송의 일회성 · 단방향성에서 벗어나 소비자가 원하는 영화나 TV 프로그램 등 동영상 콘텐츠를 온디맨드 On-Demand 방식으로 제공하기 때문에 소비자 중심 서비스라 할 수 있다. 현재 전 세계 OTT 서비스 시장은 미국이 주도하고 있는데, 넷플릭스와 아마존, 유튜브 등이 대표적인 OTT 다.[13]

그런데 왜 하필 그런 서비스를 OTT라고 부르게 된 걸까? 서기만은 "여기서 Top이란 바로 TV에 연결되는 셋톱박스Set topbox를 말한다. 즉 OTT란 셋톱박스를 통해 TV로 동영상을 볼 수 있게 해주는 일종의 방송 서비스다"며 다음과 같이 말한다.

cord cutting

"그러나 단지 그것만이라면 셋톱박스를 이용하는 다른 방송 서비스, 예를 들어 케이블 TV나 위성 방송도 다 OTT라고 불리어야 할 것이다. OTT와 기존의 다른 방송 서비스가 다른 것은 셋톱박스의 유무가 아니라 방송 네트워크를 통하지 않고 그 대신 인터넷을 이용한다는 부분, 그리고 서비스 제공업자가 기존의 방송사가 아니라 제3의 사업자, 제도권 바깥에서 등장한 방송 사업자라는 부분이다. 원래의 뜻은 그랬지만, 현재 OTT라는 단어는 좀더 넓은 의미로 이용된다. 군이 셋톱박스를 이용하지 않아도, TV 대신 PC나 핸드폰을 단말로 이용해도, 심지어 기존의 통신사나 방송사가 추가적으로 서비스를 제공할 목적으로 이용할 경우에도 그것이 인터넷 기반의 동영상 서비스라면 모두 OTT의 한 형태라는 식으로 쓰이고 있다."[14]

2013년 애플TV, 구글의 크롬캐스트가 선보인 데 이어 2014년에는 아마존의 파이어TV가 등장하고 넷플릭스 멤버들이 만든 로쿠도 가세하는 등 넷플릭스의 TV 진출을 위한 교두보로 평가받는 서비스가 늘고 있다. 이와 관련, 양성희는 "지금까지는 PC·모바일 기반이던 인터넷업체들이 이제는 거실 TV 안으로 들어와 TV를 새로운 서비스 플랫폼으로 만들면서 기존 방송사들에 맞서 시장 공략에 나서는 모양새다. 당장은 OTT 기기 역할이지만 장기적으로는 구글TV·아마존 TV 등으로 가는 첫 단계라는 지적도 나온다"며 다음과 같이 말한다.

"일단은 낮은 가격 경쟁력이 강점이다. 미국 내 크롬캐스트의 가격은 35달러(약 3만 5,900원), 로쿠 스트리밍 스틱은 49달러(약 5만 3,100원)다. 지난 5월 국내에 출시된 크롬캐스트도 대당 4만 9,900원. 웬만하면 유료 방송 요금이 100달러를 넘기는 미국에서는 이참에 케이블방송을 끊고 이들 OTT로 갈아타는 일명 '코드 커팅cord cutting' 현상도 나타나고 있다. 2011~2013년 미국에서 유료 방송 가입자는 760만 명 감소했다. 반면 같은 기간 넷플릭스 가입자는 1,390만 명 늘었다. 유료 방송이 일대 위기감을 느끼는 이유다."[15]

그렇다면 국내 OTT 시장은 어떤가? 최성진 서울과학기술대학교 교수는 "유료 방송 요금이 저렴한 한국에서는 당장 미국 같은 코드 커팅은 없을 것"이라면서도 "다양한 OTT 제품이 출시되고 콘텐츠 종류와 분량이 늘면 젊은 층을 시작으로 코드 커팅이 일어날 수도 있다"고 내다보았다. 음악 산업에 애플 아이팟이 등장하고 음원이 MP3 형태로 바뀌면서 CD 위주의 음반사들이 위기에 처한 것처럼 기존 TV 사업자들도 이들 인터넷기업에 자리를 빼앗길 수 있다는 것이다.[16] 오늘날 광고주가 선호하는 20~49세 시청층은 고정형 TV시청 시간이 감소하는 반면 스마트폰을 이용한 'pooq'이나 'tving' 같은 OTT 서비스로 콘텐츠를 소비하고 있는바,[17] 우리는 지금 방송계에 일고 있는 큰 지각변동을 목격하는 셈이다.

왜 '데이터테인먼트'가
가능해졌는가?

●
Netflix

세계 최대의 동영상 스트리밍 서비스 넷플릭스Netflix는 2016년 한국 진출을 선언한 데 이어 봉준호 감독이 만드는 새 영화 〈옥자〉에 한국 영화 사상 최대 제작비인 5,000만 달러(약 579억 원)를 투자하기로 해 화제를 모았다. 넷플릭스는 어떤 회사인가?

넷플릭스Netflix는 미국 캘리포니아에서 1997년 DVD 배달업체로 시작해, 지금은 영상 콘텐츠를 온라인으로 스트리밍 서비스하는 인터넷 기반 미디어 업체다. 넷플릭스는 인터넷net과 영화flicks의 합성어다. 가입자가 한 달에 7.99달러의 요금을 내면 넷플릭스가 전송권을 확보한 디즈니, 타임워너 그룹 같은 할리우드 메이저 스튜디오와 HBO 같은 네트워크 방송망의 영화와 드라마, 다큐멘터리를 무제한 시청할 수 있다. 2015년 10월 현재 전 세계적으로 6,900만 명의 유료 가입자를 확보했다(미국 4,300만 명).[18]

넷플릭스의 창업자이자 CEO인 리드 헤이스팅스Reed Hastings, 1960~는 창업 배경에 대해 이렇게 말한다. "〈아폴로 13〉을 빌렸다가 연체료를 한 40달러쯤 물었지요. 얼마나 황당

했던지 지금도 기억합니다. 그땐 비디오테이프 시절이었는데 어딘가에는 우리가 모르는 커다란 시장이 있겠다는 생각이 번뜩 들었지요."[19]

2013년 초 넷플릭스는 가입자 수 3,000만 명을 자랑했지만, 콘텐츠 제작사들이 공급가를 턱없이 높게 올리는 바람에 영화나 드라마 보유량이 줄어들자 고객들이 빠져나가기 시작했다. 그러자 넷플릭스는 자체 프로그램 제작에 나섰다.[20] 바로 그해 넷플릭스가 1억 달러를 투자해 만든 〈카드로 만든 집 House of Cards〉은 전대미문의 시도였는데, 많은 사람을 놀라게 한 것은 넷플릭스의 과감한 판단이었다. 넷플릭스 경영진은 두 시즌, 총 26개 에피소드로 이루어진 드라마를 단 한 장면도 보지 않고 제작하기로 결정했다. 왜 그랬을까? 루크 도멜Luke Dormehl은 다음과 같이 말한다.

"그 이유는 2,500만 이용자에게서 데이터를 수집하고 알고리즘을 적용하여 사람들이 어떤 동영상을 보는지에 대한 추세와 상관관계를 밝혀냈기 때문이다. 넷플릭스는 많은 가입자가 BBC의 드라마 〈카드로 만든 집〉 시리즈를 재미있게 시청했다는 사실을 알아냈다. 근거는 에피소드를 여러 번, 연달아 시청했다는 것이다. 또한 이들은 케빈 스페이시가 출연한 영화를 좋아했으며, 〈소셜 네트워크The Social Network〉의 데이비드 핀처가 감독한 영화도 즐겨 보았다. 넷플릭스는 세 가지 요소를 두루 갖춘 시리즈라면 성공 확률이 높으리라고 예상했고, 예상은 적중했다.……미국의 텔레비전 평론가이자 칼럼니스트 데이비드 비안쿨리는 『뉴욕타임스』에 이렇게 썼다. 'HBO가 에미상에 처음으로 노미네이트 되는 데는 25년이 걸렸다. 넷플릭스는 6개월 만에 해냈다."[21]

이렇게 데이터에 근거해 엔터테인먼트를 제작하는 방식을 가리켜 '데이터테인먼트datatainment'라고 한다. 패트릭 터커Patrick Tucker는 "현재 넷플릭스는 50억 건이 넘는 고객 평점 데이터를 보유하고 있고 매일 400만 건에 달하는 새로운 평가를 접수한다"며 다음과 같이 말한다.

"넷플릭스가 석 달 동안 내보내는 영화는 수십억 시간에 달한다. 넷플릭스 같은 영화 스트리밍 서비스를 사용하는 고객은 수백만 명에 달한다. 이런 서비스를 사용하는 동안 고객들은 평점을 비롯하여 특정 영화를 보기 시작하는 시점과 멈추는 시점을 알려주는 독특한 텔레메트리 데이터를 창출한다. 이런 데이터를 활용하면 넷플릭스 사용자들이 다양한 대본에 평균적으로 어떻게 반응하는지는 물론 개인 취향이 시청자에 따라, 영화에 따라 어떻게 변화하는지도 밝힐 수 있다."[22]

남은주는 넷플릭스의 한국 진출이 성공적이라면 한국인의 드라마 관람 습관이 바뀔 것이라고 예상한다. 우리는 IPTV를 통해 보고 싶은 영화를 한 편씩 사서 보는 '단건 시청'이 대부분인 반면 넷플릭스 같은 무한제공 서비스에선 사용자들이 드라마를 1회부터 마지막까지 몰아서 보는 경향이 있기 때문이다.[23] 넷플릭스가 실패할지 아니면 한국인의 시청 습관이 바뀔지 두고 볼 일이다.

왜 넷플릭스는 드라마 13편을 단 하루에 볼 수 있게 했을까?

●
binge-watching

binge는 '(특히 음식을 먹거나 술을 마시며) 한동안 흥청망청하기, 폭음(폭식)하기, 폭음(폭식)하다'는 뜻이다. 폭식binge eating은 폭식을 하고 토해내기를 반복하는 증세, 즉 식욕 이상 항진증bulimia과는 다르다. 폭음binge drinking은 heavy episodic drinking, extreme drinking, industrial-strength bingering이라고도 한다(industrial-strength는 '아주 강한', industrial-strength soap는 '강력한 효과의 비누', industrial-strength coffee는 '아주 진한 커피'란 뜻이다).[24]

역사가 W. J. 로라보W. J. Rorabaugh는 독립전쟁 시기를 미국의 '위대한 폭음great alcoholic binge'의 초창기라고 했다. 독립전쟁 중에 15세 이상의 미국인들은 매년 6.6갤런(25리터)의 순수 알코올을 소비한 걸로 추정되는데, 이는 매일 80도짜리 독주를 5.8잔씩 마셨다는 이야기가 된다.[25]

주말에 한꺼번에 몰아서 드라마나 예능 프로그램 여러 편을 시청하는 사람이 많은데, 이런 행위를 영어로는 '빈지 워치binge watch'라고 한다. 폭음 또는 폭식을 뜻하는 '빈지'와 보다란 의미의 '워치'를 합한 조어다. 2013년 『옥스퍼드영어사전』 이 정한 신조어인데, 2015년 영어사전으로 유명한 콜린스는 이를 올해의 단어로 선정했다.

이 단어의 사용이 2014년 전년에 비해 200퍼센트 증가했다고 밝힌 콜린스는 "빈지 워치의 사용이 크게 는 건 40년 전 비디오 녹화기가 도래한 이래 우리의 시청 습관이 급변한 것과 관련이 있다"며 "최근엔 미국 드라마 〈하우스 오브 카드〉나 〈브레이킹 배드〉의 한 시즌을 며칠 저녁에 다 보는 일이 흔하다. 과거라면 몇 달 걸렸을 일들"이라고 말했다.[26]

binge watch는 binge-watching, binge-viewing, marathon-viewing이라고도 하는데, 우리말로는 '몰아보기'라고 하는 게 적합하겠다. 이는 미국의 넷플릭스Netflix처럼 기존 방송·통신사가 아닌 제3의 온라인 스트리밍 서비스를 일컫는 OTTOver The Top 사업자들이 늘면서 급증했다.[27] 2013년 2월 1일 넷플릭스는 자체 제작한 정치드라마 시리즈 〈하우스 오브 카드House of Cards〉(케빈 스페이시 주연) 13편을 단 하루에 볼 수 있게 하는 파격적인 편성을 시도해 하루 만에 넷플릭스 가입자가 200만 명이 늘어날 정도로 성공을 거두었다.

이에 대해 손현철 KBS PD는 "어떻게 이런 예측이 가능했을까? 넷플릭스는 수년간 가입자들의 스트리밍 시청 행태를 면밀히 분석했다. 요일·지역·성별·연령별 로그인 시간대, 시청 시간, 시청 프로그램 장르 등을 기록한 방대한 빅데이터에서 시청 패턴을 읽어낸 것. 가입자들이 시리즈물을 주말에 여러 편 몰아서 보는 유형이 확연하게 잡혔다"며 다음과 같이 말했다.

"넷플릭스는 올 2월의 성공 후 자사의 비전을 정리한 문건을 발표했다. 문서에서 넷플릭스는 자사를 '앱App'이라 칭하고, 기존의 다른 케이블, 네트워크 방송사들을 '채널Channel'이라 구별했다. 채널이란 단어는 선형적linear이고 시청자와의 상호작용이 가능하지 않은 구시대적이라는 뜻을 내포하고 있다. '채널'에선 TV 같이 고정된 기기를 통해서 일방적으로 송출되는 구식 방송의 냄새가 난다. 반면 앱에선 시청자가 어느 기기에든지 깔고 실행해서 원하는 콘텐츠를 본다는 인터넷과 모바일의 능동성과 상호작용의 느낌이 난다."[28]

강형철 숙명여자대학교 미디어학부 교수는 "텔레비전에 방송했던 것을 나중에 내려보는 것이 아니라 '다시보기' 서비스에서 '처음 보는' 프로그램이 방송 편성의 새로운 장을 연 것이다"며 그 의미에 대해 이렇게 말한다. "지금까지 생방송이든 재방송이든 텔레비전 프로그램은 실시간으로 시청하는 것이 일반적이었다. 하지만 다시보기, 즉 주문형 비디오VOD가 시청 방식의 주도권을 쥐게 될 날이 멀지 않은 것 같다. 원하는 시간에 '한번에 몰아보기', '싫은 장면 넘겨보기', '빨리 감아 보기' 등을 통해 시청자는 돈을 더 내고라도 시간 통제력을 갖고 싶어 한다."[29]

왜 프라이버시에 대한
최악의 정의는 '오싹하다'인가?

creep

creep은 "사람이나 동물이 살금
살금 움직이다, 아주 천천히 움직이다, 식물이 (땅이나 벽 등을)
타고 오르다, 굽실거리다, 아첨하다, 너무 싫은 사람",
creeping은 "좋지 않은 일이 서서히(몰래) 진행되는(다가오
는)", creepy는 "오싹하게 하는, 으스스한, (섬뜩할 정도로) 기
이한", creepy insects는 "징그러운 벌레", creeping
inflation은 "서서히 진행되는 인플레이션"이란 뜻이다.

I crept up the stairs, trying not to wake my parents
(나는 부모님이 깨지 않게 계단을 살금살금 올라갔다). Her arms
crept around his neck(그녀가 두 팔로 아주 천천히 그의 목을 감
았다). A slight feeling of suspicion crept over me(나는 서
서히 약간 의심스럽다는 기분이 들기 시작했다). He's a nasty
little creep(걔는 정말 소름끼치는 애새끼야)![30]

미국 뉴욕대학 저널리즘 교수 제프 자비스Jeff Jarvis는 『공
개하고 공유하라Public Parts: How Sharing in the Digital Age Improves
the Way We Work and Live』(2011)에서 "프라이버시에 대한 최악
의 정의는 '오싹하다creepy'라는 한 단어로 집약된다. 이는 프

라이버시 학회나 대화에서 종종 들을 수 있는 말이다. 인터넷 응용프로그램, 광고 추적, 또는 RFID 반도체 칩들에 대해 얘기할 때 사람들은 오싹하다고들 한다"며 다음과 같이 말한다.

"구글은 차로 갈 수 없는 곳을 촬영하기 위해 스트리트뷰 카메라를 자전거에 설치했는데, 이 일을 두고도 오싹하다고 한다. 또 얼굴 인식 소프트웨어에 대한 거의 모든 토론은 오싹하다는 말로 끝난다. 에릭 슈밋은 '구글의 정책은 그 오싹한 선까지만 진행하고 더이상 넘지 않는 것이다'라고 말했다. 그런데 사람들은 슈밋의 이 말이 더 오싹하다고 한다. 나는 대화 도중 오싹하다는 말을 들으면, 대화를 중단시키고 상대방에게 그 단어와 문맥, 그리고 피해를 정의해보라고 한다. 그러면 사람들은 어깨를 으쓱한다. '잘 모르겠어요. 하지만 그건 말이죠……그건 오싹해요.' 이는 알려지지 않은 것, 그렇지만 일어날 수 있는 일에 대한 감정적 반응이다."[31]

출산이 늦어진다는 것은 여자들에게 남은 시간이 얼마 없다는 의미가 되는데, 미국 하버드대학 경제학자 실비아 앤 휼렛Sylvia Ann Hewlet은 이것을 'creeping non-choice(섬뜩한 무선택)'의 상태라고 표현한다.[32] 경제학자 밀턴 프리드먼Milton Friedman은 구소련 공산 체제의 붕괴가 쇠잔해지던 사회주의 creeping socialism를 끝장난 사회주의crumbling socialism로 만들어버렸다고 말했다.[33]

기술 분야에서는 원래 계획에 없던 것이 불필요하게 추가되는 것을 '피처 크립feature creep'이라고 부른다. 이는 이상에 가까운 제품을 만들겠다고 겉만 번드르르한 기능이나 디자인을 하나씩 추가하느라 출시가 늦어지는 것을 의미한다.[34] feature creep은 creeping featurism 또는 featuritis라고도 하는데, 주로 위원회 형식의 조직에서 자주 일어나는 내부 타협의 결과로 생겨난다. 서로 생각이 다른 위원들끼리 한마디씩 하는 걸 다 담으려고 하다 보니까, 이런저런 기능이 추가되는 것이다. 물론 이는 전체 효율성을 크게 떨어뜨려 제품의 실패를 유발하는 주요 이유가 된다.[35]

mission creep은 한 기구나 조직의 임무가 초기 성공 이후 무제한 확장되는 현상을 말한다. 아프리카 소말리아 내전에 개입한 유엔의 평화 활동과 관련, 『워싱턴포스트』가 1993년 4월 15일자에서 처음 쓴 말이다. 미국 내에선 한국전쟁과 베트남전쟁도 mission creep으로 보는 시각도 있다. 처음엔 군사작전에 국한해 사용된 말이었으나 오늘날엔 다른 분야에도 널리 쓰인다.[36]

scope creep은 어떤 프로젝트의 범위가 계속 넓어지는 현상으로, requirement creep, function creep이라고도 한다. 대형 사업이 자주 빠지는 함정으로, 비용 초과를 유발한다.[37] instruction creep은 주로 복잡한 조직에서 지시사항이 많아져 나중엔 통제할 수 없는 지경에 이르는 현상을 말한다.[38] bracket creep은 인플레이션으로 인해 누진세progressive tax의 높은 세제 등급tax bracket에 속해 세금을 많이 내게 되는 현상이나 과정을 말한다.[39]

왜 우리는 '텍스트'는 물론
'콘텍스트'까지 알아야 하는가?

●
context

context는 '(어떤 일의) 맥락, 전후 사정, (글의) 맥락, 문맥'이란 뜻으로는 '함께 엮어 짜거나 꼬다'라는 뜻의 라틴어 contexere에서 유래했다. 즉, 하나의 경험에서 맥락을 이해하기 위해선 어떤 요소들이 뒤섞여 있는지 큰 그림을 보아야 한다는 걸 시사한다.[40]

"공부해라." 부모가 아이에게 하는 이 말은 텍스트text다. 이 말을 어떤 상황에서 했느냐 하는 건 이 말을 평가하는 데에 중요한 의미를 갖는다. 낮에 했다면 당연한 말이 되겠지만 밤 12시에 했다면 의미가 달라진다. '지독한 부모'라는 평가가 나올 수 있다. 밤 12시라고 하는 상황이 바로 콘텍스트context다. 물론 콘텍스트는 그런 시간적 상황만을 말하는 게 아니라 커뮤니케이션이 이루어진 모든 상황과 환경을 말한다.

2003년 3월 구글은 애드센스ADSense라는 새로운 광고기법을 선보인 뒤 그해 6월 18일 일반에 공개했다. 블로거나 홈페이지를 운영하는 네티즌이 자신의 사이트에 구글 애드센스 광고를 붙일 경우, 해당 웹사이트를 찾은 방문자가 그 광고를 클릭하면 구글이 광고주에게서 돈을 받아 그 일부를 웹사이트 소유

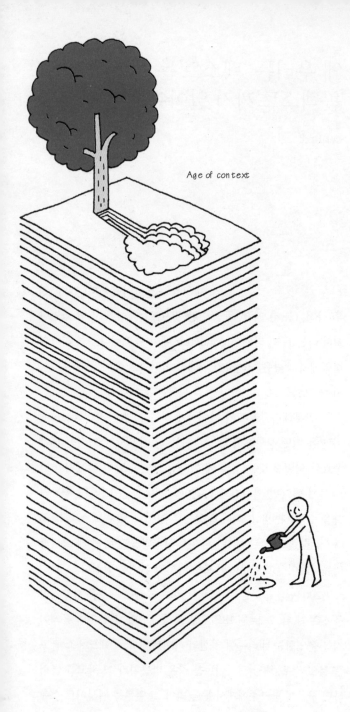

Age of context

자에게 나눠주는 방식이다. 애드센스는 어느 사이트의 내용에 흥미를 느낀 사용자는 같은 주제를 가진 광고도 동시에 보려 한다는 가정에 근거해 만든 것으로, 블로그 운영자가 애드센스에 접속하면 구글은 그 사이트의 내용을 분석해 그에 알맞은 광고를 내보낸다. 이 원리를 콘텍스트 광고context advertisement라고 한다. 스스로 적당한 환경을 찾아가 그 속에 등장하는 광고라는 뜻이다.[41]

로버트 스코블Robert Scoble과 셸 이스라엘Shel Israel이 쓴 『콘텍스트의 시대Age of Context: Mobile, Sensors, Data and the Future of Privacy』(2013)가 잘 보여주듯이, 오늘날의 검색은 텍스트는 말할 것도 없고 콘텍스트까지 포착해 보여주는 경지에 이르렀다.[42]

'context collapse(맥락의 붕괴)'는 미국 마이크로소프트 연구원 대나 보이드Danah Boyd가 만든 말로, 온라인에 올린 것은 무엇이든 복제되어 유통되기 때문에 일어나는 현상을 설명하기 위해 만든 말이다. 예컨대, 잘못 관리하다 보면 애인에게 보낸 은밀한 수작을 엄마가 보는 경우도 있다.[43]

보편주의 지향적인 미국 MIT의 언어학자들은 한때 "맥락은 별로다Context Sucks"란 문구가 적힌 연필을 나누어준 적이 있지만,[44] '문화 간 커뮤니케이션intercultural communication'에서 가장 중요한 것은 문화권별로 각기 다른 맥락을 이해하는 것이다.

미국 인류학자 에드워드 홀Edward T. Hall, 1914~2009은 문화권별 의사소통 방식의 차이와 관련해 '고맥락/저맥락high context/low context' 개념을 제시했다. 저맥락 문화에서는 의사소통이 주로 표현된 내용(대화, 글)에 의해 이루어지고 이러한 표현은 직설적인 편인 반면, 고맥락 문화에서 의사소통은 표현된 내용에서 상대방의 진의를 유추하는 단계를 중요하게 여긴다. 쉽게 말하자면 저맥락 문화에서는 생각을 말로 그대로 표현하기 때문에 맥락 또는 상황이 덜 중요한 반면, 고맥락 문화에서는 말보다는 말을 하는 맥락 또는 상황을 중요하게 여겨 상대방의 뜻을 미루어 짐작해야 할 필요성이 크다고 볼 수 있다.

저맥락 의사소통은 개인주의 문화의 전형적인 의사소통 방법이다. 집단주의 문화에서 자명하다고 여겨지는 많은 것을 개인주의 문화에서는 명시적으로 이야기해야 한다. 저맥락 문화권인 미국의 사업계약서가 고맥락 문화권인 일본의 사업계약서보다 훨씬 더 긴 이유도 바로 여기에 있다.[45] 에드워드 홀 Edward T. Hall은 "오늘날 문서화된 협정서나 계약서 없이 비즈니스를 수행할 수 있는 미국인들은 거의 없을 것이다. 미국인들은 계약서에 사인하고 나면 그 협상은 끝난 거라고 생각한다"며 다음과 같이 말한다.

"이와 달리 그리스인들은 계약서를 협상하는 도중에 있는 '간이역' 정도로 여긴다. 모든 작업이 완료되고 나서야 협상은 끝이 나는 것이다. 계약서는 진지한 협상을 위한 '선언문'일 뿐 아무것도 아니다. 아랍권은 어떨까? 여기서는 일단 누군가가 특정한 방식으로 말로 하면 그걸로 계약은 다 끝난다. 그 효과는 미국의 계약서보다 나으면 나았지 뒤떨어지지는 않는다. 그러므로 회교권 사람들에게 계약서를 요구하는 것은 그들의 감수성을 건드리는 것이고 체면을 손상시키는 행동이다."[46]

왜 헌터 톰슨은 닉슨 대통령을
'정신 나간 돼지새끼'라고 했나?

●
Gonzo journalism

　　　　　　　　"기자의 주관적이며 참여적인 보
도를 강조하는 '곤조gonzo 저널리즘'으로 유명한 헌터 S. 톰슨
(67)이 지난 2월 미국 콜로라도주 애스펀 근처 자택에서 권총
자살로 생을 마감했다. 반체제 문화의 영웅으로 군림하던 톰
슨은 특유의 진실 추구 방법으로 미국 사회의 모순을 그려 그
를 흠모하는 작가와 팬, 그리고 언론계에 많은 영향을 끼쳐왔
다. 헤밍웨이의 소설을 직접 타자하면서 그의 문체를 이해하
려 했던 그는 동료작가 게이 탤리즈, 톰 울프와 더불어 1960년
대에 주관적 기사 보도 양식을 개척한 문학계의 3인방으로 꼽
혀왔다. 그의 초창기 작품은 여러 면에서 오늘날의 블로거
Blogger(뉴스와 개인적 견해 및 경험을 바탕으로 인터넷에 글을 올리
는 자칭 시사해설자)를 반영한다. 블로거처럼 톰슨은 기자 출신
작가로서 자신의 생각을 바탕으로 관습에 얽매이지 않고 자유
롭게 미국 사회를 그려나갔다.……그동안 톰슨은 등 수술과
다리 골절로 많이 쇠약해졌다. 유족들도 그가 스스로 목숨을
끊은 동기를 '순간적인 격한 감정이나 우울증'이 아니라 건강
악화로 보고 있다."[47]

"지난 2월 권총 자살한 미국의 괴짜 작가 헌터 톰슨의 유해를 그의 유언대로 47m 높이의 탑에서 쏘아 올려 하늘에 흩뿌리는, 기이한 추도회가 20일(현지시간) 거행됐다고 미국 언론들이 보도했다. 사망 6개월째를 맞아 이날 밤 콜로라도주 우디 크릭의 한 농장 주변에서 거행된 추도회 비용은 1998년 그의 원작을 영화화한 '라스베이거스의 혐오와 공포'에 출연한 인연으로 가깝게 지냈던 영화배우 조니 뎁과 빌 머레이가 댔다. 그의 유해는 할리우드 스타와 친구, 팬, 친지 등 350여 명이 지켜보며 환호성을 지르는 가운데 네 가지 색깔의 불꽃 화약에 섞여 탑에서 발사돼 하늘에 흩뿌려졌다. 47m 높이의 탑은 맨 위에 그가 주창한 '곤조gonzo 저널리즘'을 상징하는 주먹 쥔 손을 형상화했다."[48]

2005년에 나온 이 두 기사가 말해주듯, Gonzo journalism(곤조 저널리즘)은 기자가 1인칭 관점을 통해 기사의 일부로 등장하는 저널리즘 형태로 1970년 헌터 톰슨Hunter S. Thompson, 1937~2005이 창안했다. 객관성에 바탕을 둔 전통적인 언론관에 반기를 들고 기자의 직접적인 참여에 의한 생생하고 선정적인 서술 방식을 취하며 다듬거나 편집하지 않고 당시 취재수첩에 적혀 있는 그대로 싣는 것이 특징이다. 이 용어에서 비롯된 gonzo research는 '주관적 관찰 연구'라는 뜻으로 쓰인다.[49]

톰슨은 권총 자살할 때까지 술과 마약·담배에 찌들어 살았지만, 리처드 닉슨Richard Nixon, 1913~1994 대통령을 '정신 나간 돼지새끼'라고 몰아치는 등 공격적으로 쓴 정치 칼럼은 팬덤을 형성했다. "허구는 자주 최고의 사실이다Fiction is often the best fact"는 윌리엄 포크너William Faulkner, 1897~1962의 지침에 충실했던 톰슨은 1997년 『애틀랜틱』 잡지와의 인터뷰에서 이렇게 말했다. "Objective journalism is one of the main reasons American politics has been allowed to be so corrupt for so long. You can't be objective about Nixon(객관적 저널리즘은 미국 정치를 오랫동안 부패하게 만든 주요 이유 중 하나다. 닉슨에 대해 어떻게 객관적일 수 있단 말인가)."

그런데 왜 그런 저널리즘에 '곤조gonzo'란 용어를 썼을까? 이 말은 『보스턴글로브Boston Globe』의 기자인 빌 카르도소Bill Cardoso, 1937~2006가 1970년에 처음 썼는데, 그는 gonzo는 술자리에서 끝까지 버티는 시합all-night drinking marathon에서 최후까지 남은 사람을 뜻하는 미국 보스턴의 아이리시계 속어라고 했다. 그는 또 gonzo가 '빛나는 길gonzeaux'이라는 뜻의 프랑스어가 전와轉訛, corruption된 말이라고도 했다. 영 마땅치 않은 설명이라고 생각했는지 이후에도 '황당하다gonzagas'는 뜻의 스페인어에서 유래했다거나 근성根性이라는 일본 말 곤조에서 나왔다는 설 등이 제시되었다.[50]

소설가 박민규는 "그저 졌습니다 형님, 하고 어깨를 떨구며 인사하고픈 작가가 있다면 다른 누구도 아닌 헌터 톰슨일 것"이라고 밝혔다. 한국에서도 곤조 저널리즘 실험이 가능할까? 이에 대해 경북대학교 신문방송학과 교수 남재일은 2012년 다음과 같이 말했다.

"현재 내러티브 저널리즘이 여러 곳에서 실험되고 있다. 사안에 따라 이런 접근이 효율적일 때가 있다. 스트레이트 기사의 한계를 보완하는 역할을 할 수 있다. 사건 스트레이트를 유일한 사실적 기사 유형을 생각하는 오랜 통념은 극복될 필요가 있다. 지금은 사건 스트레이트로 언론이 생존가능한 시대가 아니다."[51]

왜 백인 남성이 39일간
흑인으로 변장해 살았는가?

immersion journalism

곤조 저널리즘Gonzo journalism과
비슷한 저널리즘으로 'immersion journalism(몰입 저널리
즘)'이 있다. 그냥 immersionism이라고도 한다. 기자가 취재
현장의 상황에 자신을 몰입시키는 저널리즘인데, 곤조 저널리
즘과 다른 점은 기자 개인을 가급적 배제하고 기자가 겪은 경
험에만 집중한다는 점이다. 비판자들은 몰입 저널리즘이 지나
치게 주관적이며 선정적인 '스턴트 저널리즘stunt journalism'이
라고 비판하기도 한다.⁵²

그렇지만 몰입 저널리즘의 대표작으로 꼽히는 존 하워드
그리핀John Howard Griffin, 1920~1980의 『블랙 라이크 미Black Like
Me』(1961)라는 책을 보면 몰입 저널리즘이 필요할 수도 있겠다
는 생각이 든다. 백인 남성인 그리핀은 39세이던 1959년 11월
7일부터 12월 15일까지 흑인으로 변장한 채 '딥 사우스deep
south(미국 최남부로 사우스캐롤라이나, 미시시피, 앨라배마, 조지
아, 루이지애나)' 지역을 홀로 여행했다. 어느 흑인이 자신에게
"백인이 인종차별 현실에 관해 어떤 것 하나라도 이해하려면
어느 날 아침 흑인 피부색을 하고 깨어나는 수밖에 없다"고 말

한 걸 듣고서 시도한 모험이었다.

그는 피부를 검게 하기 위해 색소 변화를 일으키는 약을 먹고 며칠 동안 강한 자외선으로 온몸을 쬐었으며 삭발을 했다. 그는 남부의 흑인들 사이로 걸어 들어가 이야기를 하고 음식과 잠자리를 나눴다. 백인을 만나면 머리를 조아렸으며 눈앞에 보이는 깨끗한 화장실 대신 흑인이 사용하도록 허용된 화장실을 찾아 거리를 헤맸다. 여정을 마친 그는 색깔을 빼고 백인 가정의 남편이자 아버지로 돌아가 일기 형식의 책을 썼다. 그게 바로 『블랙 라이크 미』였다.

그리핀은 이 책에서 "내가 가진 개인의 자질을 보고 나를 판단하는 사람은 아무도 없으며 모든 사람이 내 피부색을 보고 판단했다"고 말했다. 그리핀이 남부에서 만난 백인들은 흑인인 그에게 상냥한 태도를 보이는 경우도 많았지만 그것은 표면에 불과했다. 겉으론 상냥하지만 흑인은 원래 열등하고 지저분하고 성도착이 심한 집단이라고 생각하는 그들의 편견과 위선이 너무나 쉽게 드러났다.

특히 백인 여자를 가장 조심해야 했다. 그리핀이 여행 중 흑인들에게서 들은 충고에 따르면, "백인 여자는 쳐다보고 싶지도 않다고 생각해야 해요. 사실 땅바닥을 보거나 다른 데를 봐야죠.……백인들은 이 문제에서는 정말 까다로워요. 당신은 백인 여자가 있는 방향으로 쳐다보고 있는 줄 모를 수도 있지만, 백인들은 거기에서 다른 뭔가를 끄집어내려고 해요".[53]

이런 문제들을 까발린 『블랙 라이크 미』에 대한 미국 사회의 반향은 대단했다. 이 책은 1961년의 베스트셀러가 되었고, 1964년엔 제임스 휘트모어James A. Whitmore, 1921~2009가 주연을 맡은 영화로 만들어졌다. 소재 자체가 선정적이라 관심을 끌기에 충분했고 백인들의 치부가 백일하에 드러난 데 대한 분노도 일었다. 텍사스주 맨스필드Mansfield에 살던 그리핀 가족은 위협적인 분위기 때문에 9개월간 멕시코로 거처를 옮겨야 했을 정도였다. 그가 60세에 사망하자 피부를 검게 만들기 위해 먹은 메톡살렌methoxsalen이라는 약의 부작용 때문이라는 설이 떠돌기도 했다.[54]

왜 북한은 우리 언론의
'데우스 엑스 마키나'가 되었나?

●
deus ex machina

         " '데우스 엑스 마키나deus ex machina'라는 라틴어가 화제가 된 적이 있다. 진중권 동양대 교수가 2007년 TV토론에 출연해 심형래 감독의 〈용가리〉를 비판하면서 이 용어를 사용한 게 계기였다. B급 영화를 공격하기 위해 현학적 용어를 동원한 것은 좀 코믹하게 느껴졌지만, 아무튼 덕분에 기자의 인문적 소양이 조금은 늘어났다. 7년 전 일이니 기억이 희미해진 독자를 위해 다시 설명하자면 '기계에서 튀어나온 신'이라는 뜻으로, 연극이나 문학작품에서 결말을 맺기 위해 뜬금없는 사건이나 인물이 출연하는 상황을 말한다. TV 드라마 끝 무렵에 단골로 등장하는 불치병, 교통사고, 재벌 친척 등이 바로 데우스 엑스 마키나다."

    이 에피소드를 소개한 정영오는 한국수력원자력 원전자료 유출 사건 관련 보도들을 보면서 새삼 이 인문학 용어를 떠올리게 된다고 했다. 그는 유력 언론들은 논리적 추론은 외면한 채 북한의 소행으로 특정 짓는 등 '자극적 시나리오'로 사건을 몰고 갔다며 다음과 같이 말한다.

    "작가에게 데우스 엑스 마키나는 거부하기 힘든 유혹이

다. 특히 수용자들이 이를 원할 때는 더더욱 그렇다. 작가는 타당하고 독창적인 결말을 만들어야 하는 부담감에서 벗어날 수 있고, 수용자는 원하는 결말을 얻어 행복하기 때문이다. 하지만 결코 오래 반복될 수는 없다. 북한이라는 데우스 엑스 마키나는 우리 언론이 하루빨리 벗어나야 하는 중독증이다. 글을 쓰는 기자 역시 이 중독증에서 자유롭지 못하다는 점을 고백한다."[55]

데우스 엑스 마키나를 스크린 밖의 세계에 적용한 멋진 글이라 할 수 있겠다. 영어로는 'god from the machine'이라는 뜻을 가진 데우스 엑스 마키나의 기원은 고대 그리스 연극으로 거슬러 올라간다. 연극에선 올림포스 신들이 위기에 빠진 주인공을 단숨에 구했다. 이때 신 역할을 맡은 배우는 거대한 크레인에 매달려 무대에 등장했는데, 이런 우스꽝스러운 상황을 로마인들이 비웃으며 '데우스 엑스 마키나(기계로부터 등장하는 신)'라고 불렀다고 한다. 고대 그리스 시인 안티파네스Antiphanes, B.C.388~B.C.311와 그리스 철학자 아리스토텔레스Aristoteles, B.C.384~B.C.322도 데우스 엑스 마키나를 작가의 역량과 상상력 부족을 때우기 위한 비예술적 장치로 비판했다.[56]

이와 관련, 대니얼 데닛Daniel C. Dennett은 "인류 극작가는 자신의 플롯에서 주인공이 헤어나올 수 없는 어려움에 봉착했을 때 신을 슈퍼맨처럼 무대로 내려 초자연적으로 사태를 해결하려는 유혹을 곧잘 느낀다"고 말한다.[57]

셰리 터클Sherry Turkle은 『외로워지는 사람들: 테크놀로지가 인간관계를 조정한다』(2010)에서 로봇은 21세기의 데우스 엑스 마키나가 되어버렸다고 말한다. "역사적으로 통제불능의 테크놀로지에 대한 우려를 자아내긴 했지만, 오늘날 로봇은 과학이 해결책을 제시해줄 거라는 믿음을 대변하는 경향이 강하다.……로봇에 희망을 건다는 건 기술 낙관주의가 지속됨을 의미한다. 다른 것들은 잘못되어도 과학은 올바른 길로 나아갈 것이라는 믿음 말이다. 복잡다단한 세상에서 로봇은 손쉬운 구원책인 듯 보인다. 마치 기병대를 불러들이는 것과 같다."[58]

제7장

love
faith
speed date
muscle memory
bat flip
shift
time shifting
second shift
middleman minority
trophy

남녀관계 · 노동 · 스포츠

사랑은
달콤한 고문인가?

●
love

　　"Love is a sweet torment(사랑
은 달콤한 고문이다)"라거나 "Where there is love, there is
pain(사랑이 있는 곳에 고통이 있다)" 등과 같이 사랑의 고통을
지적하는 말이 많다. 그런데 왜 사람들은 스스로 그 고통 속에
빠져들려고 애쓰는 걸까? 사랑에 관한 명언을 10개만 감상해
보자.

　　(1) To love is to place our happiness in the
happiness of another(사랑은 나의 행복을 다른 이의 행복에 두
는 것이다). 독일 철학자 라이프니츠Gottfried Wilhelm von Leibnitz,
1646~1716의 말이다.

　　(2) It is better to have loved and lost, than not to
have loved at all(사랑을 아예 하지 않는 것보다는 사랑하고 고통
받는 게 낫다). 영국 시인 앨프리드 테니슨 경Alfred Tennyson
Lord, 1809~1892의 말이다.

　　(3) To be in love is to surpass oneself(사랑을 한다는 것
은 자신을 초월하는 일이다). 영국 작가 오스카 와일드Oscar Wilde,
1854~1900의 말이다.

(4) A coward is incapable of exhibiting love; it is the prerogative of the brave(겁쟁이는 사랑을 보여줄 수 없다. 사랑은 용감한 자의 특권이다). 인도 지도자 마하트마 간디Mahatma Gandhi, 1869~1948의 말이다.

(5) The way to love anything is to realize that it might be lost(사랑하기 전에 사랑의 대상을 잃을 수 있다는 걸 인식하라). 영국 작가 길버트 체스터턴Gilbert K. Chesterton, 1874~1936의 말이다.

(6) Love and nothing else very soon is nothing else. The emotion of love, in spite of the romantics, is not self-sustaining; it endures only when the lovers love many things together, and not merely each other(사랑 말곤 아무것도 필요 없다는 식의 사랑은 곧 아무것도 아닌 게 된다. 사랑의 감정은 낭만적이지만 자립해 존재할 수 있는 게 아니다. 그것은 연인들이 서로 사랑하는 것뿐만 아니라 많은 것을 같이 사랑할 때에만 지속되는 법이다). 미국 칼럼니스트 월터 리프먼Walter Lippmann, 1889~1974의 말이다.[1]

(7) Love does not consist in gazing at each other but in looking outward together in the same direction(사랑은 서로 마주보는 게 아니라 함께 같은 방향을 바라보는 것이다). 프랑스 작가 생텍쥐페리Antoine de Saint-Exupéry, 1900~1944의 말이다.

(8) To be loved, and to love, need courage, the courage to judge certain values as of ultimate concern—and to take the jump and stake everything on these values(사랑받고 사랑하는 건 용기가 필요하다. 이 용기는 어떤 가치를 궁극적인 관심사로 판단하는 용기며, 이러한 가치를 위해 달려

가며 모든 걸 거는 용기다).[2] 유대인으로 독일계 미국인 학자인 에리히 프롬Erich Fromm, 1900~1980의 말이다.

(9) It is easier to love humanity than to love one's neighbor(이웃을 사랑하는 것보다는 인류를 사랑하는 게 쉬운 일이다). 미국 작가 에릭 호퍼Eric Hoffer, 1902~1983의 말이다.

(10) Love is the word used to label the sexual excitement of the young, the habituation of the middle-aged, and the mutual dependence of the old(사랑은 젊은이의 성적 흥분, 중년의 일상적 습관, 노년의 상호의존에 딱지를 붙이기 위해 사용된 단어다). 미국 작가 존 치아디John Ciardi, 1916~1986의 말이다.

믿음은 열망의 형식을 취한 사랑인가?

●
faith

faith(믿음, 신뢰, 신앙)의 힘은 막강하다. "Faith will move mountains(믿음은 산도 움직인다)"라는 말은 과장일망정, 그 은유적 의미를 생각하노라면 허튼 말은 아니다. 미국 신학자 윌리엄 엘러리 채닝**William Ellery Channing, 1780~1842**은 "Faith is love taking the form of aspiration(믿음은 열망의 형식을 취한 사랑이다)"이라고 했는데, 아닌 게 아니라 믿음과 사랑 사이엔 비슷한 점이 많다. 믿음에 관한 명언을 6개만 더 감상해보자.

(1) Man can believe the impossible, but can never believe the improbable(인간은 불가능한 것은 믿을 수 있어도 그럴듯하지 않은 것은 믿을 수 없다). 영국 작가 오스카 와일드 **Oscar Wilde, 1854~1900**의 말이다.

(2) When faith is lost, when honor dies, the man is dead(믿음을 잃고 명예가 죽으면 죽은 사람이다). 미국 시인 존 그린리프 휘티어**John Greenleaf Whittier, 1807~1892**의 말이다.

(3) Where there is evidence, no one speaks of 'faith'. We do not speak of faith that two and two are

four or that the earth is round. We only speak of faith when we wish to substitute emotion for evidence(증거가 있으면 그 누구도 신앙을 말하지 않는다. 우리는 2 더하기 2는 4라거나 지구는 둥글다는 걸 신앙이라고 말하지 않는다. 우리는 증거를 감정으로 대체하고 싶을 때에만 신앙을 말할 뿐이다). 영국 철학자 버트런드 러셀Bertrand Russell, 1872~1970이 「Will Religious Faith Cure Our Troubles(종교적 신앙이 우리의 문제들을 해결할 수 있을까)?」라는 글에서 한 말이다.[3]

(4) Only the person who has faith in himself is able to be faithful to others(자신을 신뢰하는 사람만이 다른 사람들에게 성실할 수 있다). 유대인으로 독일계 미국인 학자인 에리히 프롬Erich Fromm, 1900~1980의 말이다.

(5) To have faith requires courage, the ability to take a risk, the readiness even to accept pain and disappointment(신념을 갖기 위해선 용기가 필요하다. 이 용기는 위험을 감수할 수 있는 능력인 동시에 심지어 고통과 실망을 받아들일 수 있는 준비를 말한다). 유대인으로 독일계 미국인 학자인 에리히 프롬Erich Fromm, 1900~1980의 말이다.[4]

(6) The democratic way of life is predicated upon faith in the masses of mankind, yet few of the leaders of democracy really possess faith in the people. If anything, our democratic way of life is permeated by man's fear of man. The powerful few fear the many, and the many distrust one another(민주적 생활방식은 인간 대중에 대한 신뢰에 근거하지만, 인민에 대한 신뢰를 갖는 민주주의 지도자는 매우 드물다. 오히려 우리의 민주적 생활방식은 인간에 대한 인

간의 두려움으로 가득 차 있다. 권력을 가진 소수는 다수를 두려워하고, 다수는 상호 불신한다).[5] 미국의 급진적 빈민운동가이자 지역사회 조직가community organizer인 솔 알린스키Saul Alinsky, 1909~1972의 말이다.

데이트는 인기 증명을 위해 벌이는 '경쟁 게임'인가?

●
speed date

        미국 템플대학 역사학과 교수 베스 베일리Beth L. Bailey의 『데이트의 탄생: 자본주의적 연애제도』(1989)에 따르면, 데이트는 자본주의가 발달하면서 도시화·산업화가 진행된 19세기 말에서 20세기 초 생겨난 신생 문화다. 원래 남녀 간의 연애는 남자가 여자의 집에 찾아가는 중산층 사교계 문화에서 시작되었지만, 도시 빈민가 열악한 주택에 살던 가난한 청춘 남녀 노동자들은 초대와 방문이 용이하지 않자 집 바깥의 댄스홀, 극장, 레스토랑, 영화관 같은 오락장에서 만남을 시작했다.

    1890년부터 1925년에 이르는 30여 년 동안 데이트는 명실상부한 미국의 보편적 관습으로 정착했으며, 1930년대에 이르면 그 유래에 상관없이 미국 어디서나 행해지는 보편적 관습이 되었다. 제2차 세계대전 직후 데이트는 인기 증명을 위해 벌이는 '경쟁 게임'으로 변모하면서 점점 '소유'와 '전시'를 특징으로 하는 상품으로 자리 잡아갔다. 베일리는 다음과 같이 말한다.

    "미국의 연애는 언제나 돈 또는 사회적 배경을 중심으로 이루어져왔다고 해도 과언이 아니다. 가난한 점원 또는 부두 노동자가 부유한 여성의 집을 방문하기는 어려웠을 것이고, 남자라면 당연히 결혼하기 전에 경제적 안정을 이뤄야 한다는 점에서 돈은 중요했다. 그러나 데이트 제도에서는 돈이 단지 가벼운 만남이라도 하나의 상징적 교환 양식으로서 남녀관계에 직접 개입한다는 점에서 그 의미가 남다르다. 매춘과 마찬가지로, 데이트는 돈을 매개로 여성과의 교제를 추구한다."[6]

오늘날 데이트 제도는 '스피드 데이트speed date'의 시대로 발전했다. 데이트의 역사적 정체성이라 할 '경쟁 게임'의 정신에 부합하는 발전이라고 할 수 있겠다. 스피드 데이트는 늘어가는 독신자 문제를 해결하기 위해 등장한 새로운 맞선 방식으로, 미국·캐나다·영국·중국 등 일부 국가에서 유행한다. hurrydate라고도 한다. 2000년 미국의 유대인 커뮤니티에서 시작되었다.

미국에서는 참가자가 일정 비용을 지불한 다음 하룻저녁에 여러 명의 이성을 만나볼 수 있다. 미팅 커플은 주어진 3분의 시간 동안 대화를 해보고 첫 만남 이상을 원하는지 탐색해보는데, 하룻저녁에 보통 30명의 이성을 만날 수 있다. 미국엔 100여 개의 전문업체가 있으며, 50개 넘는 도시에서 영업을 하는 '빅3'는 Hurrydate, 8MinuteDating, Pre-Dating이다. 온라인 스피드 데이트도 성업 중이다.[7]

마이클 J. 실버스타인Michael J. Silverstein과 닐 피스크Neil Fiske는 "좀더 쉽게 파트너를 찾기 위한 한 가지 방법은 잠재적인 이상 파트너에게 내가 어떤 사람이고 어떤 이성을 찾고 있는지 전달하는 데 일조하는 상품을 효과적으로 사용하는 것이다"고 주장한다.[8]

한국에서도 스피드 데이트는 다양한 방식으로 이루어진다. 2015년 2월에 나온 다음과 같은 기사는 스피드 데이트의 발전상을 잘 보여준다고 하겠다. 기사는 "합리적인 가격과 고품격의 두 가지 스타일을 모두 경험할 수 있는 뉴욕 빈티지 레스토랑 '하버스게이트'는 지난 23일 '소울메이팅'과 업무협약 MOU을 체결하고, 매력적인 싱글 남녀들을 위한 캐주얼&파인 미팅파티를 개최한다고 밝혔다. 소울메이팅은 미국이나 유럽에서 널리 진행되는 싱글파티인 '스피드 데이트' 전문업체로, 불멸의 미드 〈섹스 앤 더 시티〉에 '미란다'가 뉴욕 스피드 데이트에 참가하는 에피소드가 있을 정도로 대중적인 서비스이며, 이웃 나라 중국에서도 널리 유행하고 있다"며 다음과 같이 말한다.

"금번 MOU 체결로 강남의 새로운 핫플레이스인 하버스게이트에서 싱글 남녀 12쌍을 위한 미팅파티가 매주 연령대별로 마련된다. 스피드 데이트 참가자들은 다양한 스타일의 10~12명 이성들과 1:1 로테이션 대화를 나눠본 후 마음에 드는 '짝'을 찾아볼 수 있도록 진행되며, 참가를 희망하는 싱글 남녀는 소울메이팅 홈페이지(www.soulmating.co.kr)에서 신청할 수 있다. 송재준 소울메이팅 홍보 팀장은 '바쁜 현대 사회에서 이성을 만나기 힘든 직장인 미혼남녀들에게 특별한 만남의 자리를 마련하고자 했다'며, '한 번의 소개팅 비용으로 다양한 스타일의 이성을 만나볼 수 있는 합리적인 서비스를 지속적으로 제공할 것'이라고 전했다."⁹

인간의 근육에도
기억이 있는가?

●
muscle memory

"정확한 임팩트를 위해 올바른
폴로스루 자세를 근육에 기억시켜라."[10] 전 LPGA 프로 골프
선수 최혜영의 말이다. 비단 골프뿐만 아니라 모든 종류의 스
포츠에서 지도자나 코치는 지도를 받는 사람에게 근육에 기억
을 시키라는 말을 자주 한다. 이런 기억을 가리켜 'muscle
memory(근육기억)'라고 하며, 비슷한 개념으로 'motor
learning(운동 학습)'이라는 말도 쓰인다. 근육기억론의 원조
는 프랑스 철학자 르네 데카르트Rene Descartes, 1596~1650다. 그
는 인간의 기억이 '육체적' 기억과 '정신적' 기억으로 나뉜다
고 주장했다.[11]

근육기억은 피아노부터 골프에 이르기까지 다양한 신체
활동에서 지속적인 효율성을 얻으려면 근육이 언제 어디서나
저절로 움직일 때까지 엄청난 연습을 해야 한다는 의미다. 이
런 원리는 기업 교육이나 자기계발에서도 자주 활용된다. 조
너선 번즈Jonathan L. S. Byrnes는 『레드오션 전략: 잃어버린 '흑
자의 섬'을 찾아서』(2010)에서 다음과 같이 말한다.

"전통적인 기업 교육에서 발생하는 가장 흔한 문제점은

기술만 가르칠 뿐, 지속적인 성공을 위해 꼭 필요한 근육기억을 만들어주지 못한다는 점이다. 실천교육은 효과적인 변화를 위한 심도 깊은 이해, 팀워크, 근육기억을 길러준다. 이를 통해 당장의 계획을 효과적으로 추진할 수 있을 뿐만 아니라 앞으로도 꾸준히 수익성을 관리할 수 있는 항구적인 역량을 키울 수 있다."[12]

마티 파커Marty Parker는 『위대한 기업을 만드는 힘, 컬처커넥션: 성공하는 기업 오래가는 기업, 조직문화로 승부한다』(2012)에서 이렇게 말한다. "우리가 업무를 반복하면, 그 업무들이 뇌의 중심에서 서로 연관성을 띠게 되고 행동이 강화된다. 반복과 연습이 끝나면 새로운 업무를 훈련받았던 주변의 신경세포들은 다시 예전의 상태로 돌아간다. 하지만 우리가 몸을 움직여 반복했던 활동을 실제로 행할 때, 뇌의 운동피질이 그 행동을 가능하게 하는 움직임을 기억하고 있다가 실제로 몸이 움직이도록 한다."[13]

intellectual muscle은 '지적 근육'이란 뜻이지만, 세계적인 '암묵지tacit knowledge' 전문가인 노나카 이쿠지로野中郁次郎와 가쓰미 아키라勝見明는 『생각을 뛰게 하라: 뜻밖의 아이디어를 뜻대로 실현시키는 힘』(2010)에서 '지적 운동가'라는 의미로 사용했다. "우리는 직접 경험을 쌓아 암묵지를 축적해나가는 능력과 경험을 개념으로 전환해 가설을 세워나가는 능력을 두루 갖춘 사람을 '지적 운동가intellectual muscle'라고 한다. 행동하며 생각할 수 있는 사람은 활력과 지혜가 넘치는 지적 운동가라 할 수 있다."[14]

미국 야구에서 타자가 타격 후
배트를 던지면 어떤 일이 벌어질까?

bat flip

flip은 "홱 뒤집(히)다, 휙 젖히다, (기계의 버튼 등을) 탁 누르다, (손가락으로) 튀기다"는 뜻이다. flip the ash off a cigar는 '여송연의 재를 톡 털다', flip a person's ear는 '남의 따귀를 찰싹 때리다', flip at a horse with a whip은 '말을 채찍으로 찰싹 치다', flip through an article은 '기사를 대충 훑어보다', give a hamburger a flip은 '햄버거를 한 번 뒤집다'는 뜻이다.[15]

flipping은 경제 분야에선 새로 발행한 증권을 발행시장에서 발행한 후 수 시간 만에 유통시장을 통해 판매하는 기법을 가리킨다. flipping은 속어로는 "이놈의, 이따위의, 지독한"이란 뜻으로도 쓰인다. It's flipping cold today(오늘은 지독히 춥군)! I hate this flipping hotel(나는 이따위 호텔이 싫어)! Flipping kids(이놈의 자식들)![16]

flip a coin은 '동전을 던지다'는 뜻인데, 동전을 던져 앞면이 나오느냐 뒷면이 나오느냐에 따라 내리는 결정을 coin flipping, coin tossing, 또는 heads or tails라고 한다. sortition(추첨, 제비뽑기, 추첨 분배)의 일종으로 축구나 미식축구 등 스포츠 경기 시 공격의 방향을 결정하는 데에 이용되고 있다. 학자들이 공동으로 논문을 썼을 때 제1저자가 누가 될지를 결정할 때에, 개인들 간의 내기에도 자주 이용된다.[17]

동전 던지기를 통해 결정을 내리는 걸 flipism이라고 한다. flippism으로 쓰기도 한다. 플리피즘을 '책임의 거부 disavowal of responsibility'로 비판하는 목소리도 있지만, 정보의 비대칭이 있는 갈등 상황에선 매우 효율적인 방법이라는 옹호론도 있다. 흥미성이 높아 대중문화의 소재로 자주 등장한다.[18]

bat flip(배트 플립)은 야구에서 타자가 타격 후 성공을 자축하는 세리머니의 일종으로 배트를 던지는 행위를 말하는데, '빠따(방망이) 던지기'의 줄임말로 속칭 '빠던'이라고 한다. 한국을 비롯한 아시아와 중남미 지역에서 이루어지는 관행이지만 비교적 한국이 심한 편이다. 그래서 한미 야구 문화의 차이로 자주 거론된다. 『뉴욕타임스』는 2015년 9월 3일 「배트 플립은 한국에서는 있을 수 있는 일지만 미국에서는 상대를 멸시하는 행위Bat flipping draws shrugs in South Korea but scorn in America」라는 제목의 기사에서 한국 프로야구 선수들의 배트 플립, 즉 '빠던ppa-dun'에 대해 다루었다.

최준석은 인터뷰에서 "중심에 맞히면 그런 동작이 자연스럽게 나온다. 의식적으로 하는 것이 아니다"며 "만약 내가 미국에서 이런 행동을 하더라도 사람들이 이해할 수 있을 것이다. 왜냐면 자연스럽게 나오는 동작이기 때문이다"고 설명하기도 했다.

기사는 한국 선수들의 배트 플립 팬이기도 한 미네소타 트윈스 토리 헌터Torii Hunter의 이야기도 실었다. 그는 "미국 선수로서는 상상도 할 수 없는 일이어서 배트 플립을 보고 웃었다. 미국에서는 그런 배트 플립은 상대를 멸시하는 것으로 여겨지기 때문에 다음 타석에 들어선다면 바로 목으로 볼이 날아들 것이다. 보장한다"고 말했다.[19]

'플립 러닝Flipped Learning(거꾸로 학습)'은 온·오프라인 강의를 결합한 것으로, 미국 교육자 에런 샘Aaron Sams이 2000년대 후반에 시도해 유행시켰다. 비슷한 용어로 "blended learning", "hybrid learning", "technology-mediated instruction", "web-enhanced instruction", "mixed-mode instruction" 등도 쓰인다. 언뜻 보면 강의를 동영상으로 제공하는 학원가의 '인강'(인터넷 강의)과 유사하지만, 지식만을 전달하는 인강과 달리 플립 러닝 등은 오프라인 토론을 강조한다. KAIST 권길헌(수리과학과 교수) 교육원장은 "교수의 일방적인 강의는 동영상으로 해결하고 진짜 수업은 학생 중심의 토론으로 진행하는 게 핵심"이라고 설명했다.[20]

왜 프로야구 KIA-kt전에서
이범호는 포수 뒤쪽으로 갔나?

●
shift

　　　　　　　텔레비전의 야구중계를 듣다보
면 shift(시프트)라는 말이 자주 등장한다. 무슨 뜻일까? shift
는 '(장소를) 옮기다, 이동하다, 자세를 바꾸다, 잽싸게 움직이
다, 서두르다, 바뀌다, 달라지다'는 뜻인데, 명사로 쓰이면 노
동자의 근무시간을 나타내는 근무조를 말한다. (차량의) 수동
변속기라는 뜻도 있다. 근무조 개념을 야구에 적용하면 답은
쉽게 풀린다.

　야구에서 시프트는 수비 선수가 타자의 타격 성향을 분석
해 타구가 가장 많이 가는 방향으로 이동해 그 위치에서 집중
수비하는 것을 말한다. 어떤 감독이 특정 시프트를 사용해 성
공을 거두면, 그 감독의 이름을 붙여 무슨 시프트라고 부른다.
예컨대, 부드로 시프트Boudreau shift는 1940년대 클리블랜드
인디언스의 루 부드로Lou Boudreau, 1917~2001가 보스턴 레드삭
스 좌타자인 테드 윌리엄스Ted Williams가 타석에 들어서면 모
든 야수를 우측으로 이동시켰다는 데서 유래한 것으로 특정한
타자의 타격 성향을 분석해 타구가 집중되는 방면으로 야수의
수비 위치를 이동시키는 수비 전법이다.

한국에선 결정적인 순간에 실점을 막기 위해 외야수까지 내야로 불러들여 '5인 내야진'을 만드는 촘촘한 그물망식 내야 수비를 가리켜 '유승안 감독 시프트'라고 하는데, 이는 유승안이 2004년 한화 감독 시절에 이 시프트를 사용했기 때문에 붙은 이름이다. 유승안의 5인 내야 시프트는 2013년 SK 이만수 감독이 두 차례나 시도해 다시 화제가 되었다. 그러나 실패로 돌아가 이후 5인 시프트는 볼 수 없었다.[21]

한국에서 화제가 된 시프트는 '김기태 시프트'다. 2015년 5월 13일 광주-기아 챔피언스필드에서 열린 프로야구 KIA와 kt전에서 5대 5로 팽팽한 균형을 이룬 9회초 kt 공격 시 2사 2·3루 위기를 맞은 KIA는 아무도 예상치 못한 시프트를 들고 나왔다. 김기태 KIA 감독은 kt 김상현이 타석에 들어서자 3루수 이범호를 포수 뒤쪽으로 보내는 시프트를 지시했다. 김상현을 고의4구로 내보내고 싶은데, 투수 심동섭의 제구가 불안해 폭투를 대비하기 위해 3루수를 포수 뒤에 세우는 시프트를 지시한 것이다.

하지만 이내 강광회 구심이 이범호에게 3루로 돌아갈 것을 지시했다. 야구 규칙 4.03에는 '경기 시작 때 또는 경기 중 인플레이 상황에서 포수를 제외한 모든 야수는 페어 지역 안에 위치해야 한다'고 명시되어 있기 때문이었다. 이 장면은 '김기태 시프트'로 불리며 야구팬들 사이에서 회자되었고 해당 영상도 온라인을 통해 급속히 퍼졌다. 경기 후 김기태는 수비 시프트와 관련 "혹시라도 모를 폭투를 대비하려 했다. 한 점이 중요하기 때문에 수비를 하려고 세웠던 것"이라며 룰을 숙지하지 못했음을 인정했다. 이날 KIA는 kt에 연장 10회말 김민우의 끝내기 홈런으로 9대 8로 승리했다.[22]

왜 유니버설과 디즈니는
소니에 패소했는가?

●
time shifting

야구에서 시프트가 널리 알려져 있긴 하지만, shift는 응용 범위가 넓어 다양한 분야에서 다양한 방식으로 쓰인다. 몇 가지 살펴보기로 하자.

shift huddle은 일이 있을 때마다 자주 그러나 짧게 이루어지는 직원 회의를 말한다. 주로 '떼 지어 모이다'는 뜻으로 쓰이는 huddle엔 "(비격식) 상담, 협의, (특히 중대한 문제를 의논하는) 비밀회의"란 뜻이 있다. go(get) into a huddle은 '은밀히 의논하다', call a huddle은 '비밀회의를 열다'는 뜻이다.[23]

shiftless generation은 "무기력 세대, 호기심이 없는 세대"를 뜻한다. shift엔 "변화, 근무교대"란 뜻이 있는바, shiftless(속수무책의, 무능한, 게으른)는 변화가 없거나 근무교대, 즉 일자리가 없는 상태를 가리키는 말로 이해하면 이와 같은 뜻에 근접하는 걸로 볼 수 있겠다. 반면 shifty는 shift가 너무 많은 상태를 가리키는 말로 "책략이 풍부한, 잘 둘러대는, 잘 속이는, 부정직한"이란 뜻이다.[24]

time shifting(타임 시프팅)은 실시간으로 방송되는 방송 프로그램을 녹화했다가 다른 시각에 시청할 수 있는 기능이

go into a huddle

다. 즉, 시간 변경 기능을 의미하며, 홈 비디오의 대량 보급으로 이러한 비동시성이 가능해졌다. 초기엔 VCRvideo cassette recorder, 오늘날엔 DVRdigital video recorder이 이런 타임 시프트 기능을 수행한다. '모¤채널parent channel의 프로그램을 나중에 다시 내보내는 채널을 가리켜 timeshift channel이라고 한다. 국토가 넓어 6개의 시간대time zone를 갖고 있는 미국 등과 같은 나라에서 많이 활용되는 채널이다.[25]

1979년 유니버설과 디즈니는 VCR 베타맥스Betamax 제조업체인 소니에 소송을 제기했다. 자기들의 프로그램을 복사하는 것은 저작권 위반이므로 제조할 수 없다는 것이 영화사들의 주장이었지만, 미 연방 대법원은 1984년 소니에 승소 판결을 내렸다. 승소 판결의 근거는 미국 저작권법 제107조, 즉 저작권 보호의 예외로 둔 '공정 이용의 원칙the doctrine of fair use'이었다.

공정 이용의 원칙은 저작권자의 권리와 공익 사이의 균형을 꾀하고 비판, 논평, 뉴스, 교육, 연구 등과 같은 활동을 자유롭게 할 수 있도록 보장하기 위한 것이다. 법원은 '공정 이용' 여부를 결정하기 위해 ① 이용의 목적과 성격, ② 저작물의 성격, ③ 저작물 전체와 비교해 이용된 것의 양과 질, ④ 이용된 것이 저작물의 잠재적 시장 또는 가치에 미치는 효과 등 4가지 사항을 고려한다. 미 연방 대법원은 타임 시프팅을 네 번째에 해당되는 '공정 이용'으로 본 것이다.[26]

타임 시프팅은 직장에서 일하는 방식에 원용하기도 한다. 최근엔 정해진 시간 없이 직장에 자유롭게 드나들고 어떤 경우에는 아예 출근하지 않아도 되는 기업들이 늘고 있는데, 그런 근무제를 '타임 시프팅'이라고 한다.[27]

왜 일부 여성은 직장과 가정에 동시에 출근하는 이중노동을 하는가?

● **second shift**

Patrick empties the garbage occasionally and sweeps. That's all. He dones no cooking, no washing, no anything else. How do I feel? Furious. If our marriage ends, it will be on this issue. And it just might(남편[Patrick]은 가끔씩 쓰레기통을 비우고 청소를 합니다. 그게 전부예요. 남편은 요리도 안 하고 세탁도 안 하고 아무것도 안 해요. 제 기분이 어떻겠어요? 부글부글 끓지요. 우리가 이혼하게 된다면 그 문제 때문일 거예요. 진짜 이혼할지도 모르고요).

I take care of Kevin. I do the house cleaning. I pay the bills. I shop for birthdays. I write the Christmas cards. I'm a single mother already(아이[Kevin]는 제가 봐요. 청소도 제가 하고요. 청구서도 제가 처리해요. 쇼핑도 제가 하고, 크리스마스카드도 제가 써요. 혼자 애를 키우는 이혼녀나 다를 바 없지요).[28]

첫 번째는 26세 주부, 두 번째는 31세 주부의 말이다. 두 사람 모두 직장을 갖고 있다. 이렇듯 가사노동의 민주화가 이루어지지 않은 가정에선 직장을 다니는 여성일지라도 퇴근 후에 다시 가정으로 출근하는 것과 다를 바 없는데, 미국 사회학자 앨리 러셀 혹실드Arlie Russell Hochschild, 1940~는 이런 현상에 'the second shift(두 번째 근무)'라는 이름을 붙였다. 미국 내 한 조사에 따르면, 이혼 소송을 제기한 중산층 여성들은 거의 절반가량이 가정이나 자녀에 대한 남편의 태만을 이혼 사유로 꼽았다고 하니, 그런 작명이 무리는 아니다.[29]

It was a woman who first proposed to me the mataphor, borrowed from industrial life, of the "second shift." She strongly resisted the idea that homemaking was a "shift." Her family was her life and she didn't want it reduced to a job. But as she put it, "You're on duty at work. You come home, and you're on duty. Then you go back to work and you're on duty."

(집안일을 '근무'라고 표현한 내 말에 강하게 저항했던 한 여성을 보면서 나는 '곱배기 근무'라는 개념을 맨 처음 떠올렸다. 가족이 곧 자신의 삶이라고 생각한 그녀는 집안일을 단순한 노동으로 깎아내리고 싶어 하지 않았다. 그러면서도 그녀는 이렇게 말했다. "전 직장에 출근하면 근무를 해야 돼요. 그런데 집에 와서도 근무를 해요. 다음 날 직장에 출근해서 또 근무를 해야 하고요.")[30]

The workforce has changed. Women have changed. But most workplace have remained inflexible in the face of the family demands of their workers and at home, most men have yet to really adapt to the changes in women. This strain between the change in women and the absence of change in much else leads me to speak of a "stalled revolution."

(노동인구가 변하고, 여성들도 변했지만 아직까지 대부분의 직

장은 원만한 가정생활을 보장해달라는 노동자들의 요구에 융통성을 발휘하지 못하고 있다. 또 대부분의 남자들이 여성의 변화에 적응하지 못하고 있다. 변화한 여성과 변하지 않은 직장·사회 간의 이러한 긴장을 나는 '지연된 혁명'이라 부른다.)[31]

혹실드의 말이다. 혹실드는 "지연된 혁명을 끝낼 수 있는 한 가지 방법은 남성들이 가사를 분담하는 것이다"고 말한다. 여성들의 입에서 더는 'MCPmale chauvinist pig(남성우월주의자 돼지)'라는 육두문자가 나오지 않게끔 남자들이 달라져야 한다는 것이다.[32] 남자들이 달라지지 않는다면, 여성에게 남은 선택은 단 하나다. 박혜경은 다음과 같이 말한다.

"오늘날 여성에게 결혼을 한다는 것은 직장 일과 가사일, 일과 일 사이에서 치이는 삶을 선택하는 일이 되어버렸다. 결혼은 제도적으로 개인의 선택에 맡겨진 일이 되었지만, '여성=가사노동자'라는 등식이 해소되지 않았기 때문에, 결혼을 선택하지 않을 것을 선택하는 역설적 선택을 하는 여성들이 늘어나는 상황이다."[33]

그런 상황에서 우울한 뉴스 하나가 전해진다. 2015년 10월 이철희 서울대학교 경제학부 교수 등이 발표한 「부모의 남아선호, 성역할 태도와 가사분담」이라는 논문을 보면, 남아선호가 강한 지역에서 태어난 남성과 결혼한 여성이 가사노동을 더 많이 하며, 남편이 경북 출생자일 경우엔 아내의 하루 평균 노동시간이 최대 65분까지 많은 것으로 나타났다.[34]

왜 재미교포를
'중개인 소수민족'이라고 하는가?
middleman minority

미들맨middle man은 원래는 등산
용어로, 험난한 코스를 등반할 때 대장을 돕는 역할을 하는 사
람을 이르는 말이다. 야구에서는 선발과 마무리를 이어주는
계투 요원을 일컫는다. 득점 차가 크게 벌어지지 않았을 때 주
로 5~7회 사이에 등판해 짧은 이닝(2~4이닝)을 던진다. A와 B
를 이어주는 '중개인'이란 의미로도 쓰이는데, 벤처 창업가들
에게 필요한 투자자나 전문 경영인, 법률·세무 전문가를 연
결해주는 역할을 하는 게 바로 미들맨이다.

2012년 9월 미국 샌프란시스코에서 열린 글로벌 벤처기
업 박람회 테크크런치 디스럽트에 참가한 국내 IT 전문가들은
"실리콘밸리의 미들맨이 가장 부러웠다"고 입을 모았다. 음악
게임 전문 개발사 모모의 정순권 이사는 "창업가·투자가나
기자 출신 등 다양한 배경을 가진 미들맨들이 자신의 노하우
와 인맥을 기반으로 창업가를 발굴한 뒤 투자자 등과 연결해
키운다"고 말했다. 표철민 위자드 웍스 대표는 "미들맨이야말
로 실리콘밸리의 핵심"이라며 "처음에 대학생이 장난삼아 차
린 것 같았던 페이스북이 글로벌 회사가 된 것도 가능성을 알

아채고 페이스북을 키운 미들맨들 덕분"이라고 말했다.[35]

미들맨 개념을 넓게 해석하는 미국 뉴욕대학 스턴비즈니스스쿨 경제학과 교수 대니얼 올트먼Daniel Altman은 "미들맨은 단순한 중개인이 아니다"며 "국가 간, 기업 간, 개인 간 거래를 촉진해 새로운 시장을 만들고, 이를 통해 돈을 버는 기업이 바로 미들맨"이라고 설명했다. 그는 IT 산업이 빠르게 발전하면서 더 많은 미들맨이 성공을 거두고 있다며, "거래를 원하는 서로 다른 집단을 연결하는 데 드는 노력과 비용이 크게 줄었기 때문"이라고 설명했다. 인터넷이라는 가상공간을 통해 물건을 사고팔 수 있게 되었고, 정보가 실시간으로 오가면서 영화나 패션 등 세분된 관심사에 따라 거래하기도 과거보다 훨씬 쉬워졌다는 것이다.[36]

middleman minority(중개인 소수민족)는 미국 사회학자 하워드 폴 베커Howard Paul Becker가 1940년에 처음 소개한 개념으로, 처음엔 서유럽에서 유대인의 역할과 지위를 중심으로 논의되었으나 1960년대부터 세계 여러 지역에 퍼져서 상업에 종사하는 다양한 소수민족들에 관한 논의로 확산되었다. 남아시아의 중국인, 동아프리카의 아시아인, 터키의 아르메니아인, 서아프리카의 시리아인, 미국의 아시아인 등이 대표적인 중개인 소수민족으로 거론된다. 민경희는 『미국 이민의 역사』(2008)에서 중개인 소수민족의 특성으로 3가지를 든다.

첫째, 중개인 소수민족들은 내적 응집력이 강하며, 현 거주지에서 이방인 · 체류인 · 유랑민pariah 등의 신분을 갖고 있다. 현재의 거주 지역에 체류자sojourner로 거주하기 시작했으며, 언젠가는 고국으로 돌아갈 의도를 갖고 있거나, 고국에 대한 강한 애착을 갖고 있다. 그래서 거주 지역의 토박이 주민들과 인연을 맺기보다는 동족 구성원들과 결속을 다지며 공동체를 유지한다.

둘째, 이들은 특정 직업 분야, 특히 매매업과 소기업에 집중적으로 종사한다. 또한 그 분야에서 전문성을 갖고 있으며 때로는 그 분야에서 지배적인 위치를 차지한다. 이들이 체류자라는 특징은 이들의 직업 선택에 영향을 미쳐서 거주 지역에 자신이 오래 묶이는 직업을 피하고, 언제라도 재산을 정리해서 외부로 이동할 수 있는 직업을 택한다.

셋째, 이들은 거주 지역의 토박이 주민들에게 적대감의 대상이 된다. 이들에 대한 적대적 고정관념의 내용을 보면, "경제적으로 야심적이고, 열심히 일하며, 목적 달성을 위해서는 잔인하고 약삭빠르며, 비윤리적이다", "지역의 자원을 뽑아가고 지역사회에 공헌하지 않는 기생충이다", "사회적으로 동화를 거부하며 자기 민족끼리만 뭉친다", "현지국에 불충하거나 현지국과 본국에 대한 이중적 충성심을 갖고 있다" 등이다.[37]

중개인 소수민족의 특성을 하나 더 추가한다면 그건 바로 높은 교육열이며, 실제로 이들은 명문대 진학과 이어지는 전문 직종 종사에서 가장 성공적인 면모를 보이는 그룹에 속한다.[38] 물론 모두가 다 그렇게 성공하는 건 아니지만, 한국계 미국인과 중국계 미국인이 그 대표적 사례로 자주 거론된다.

김종영은 『지배받는 지배자: 미국 유학과 한국 엘리트의 탄생』(2015)에서 중개인 소수민족 이론을 원용해 '트랜스내셔널 미들맨 지식인' 이론을 제시한다. '나는 미국 유학파 한국 지식인을 '트랜스내셔널 미들맨 지식인'으로 규정하는데, 왜냐하면 이들은 지식인의 글로벌 계층화에서 미국 대학의 지식인들보다 열등한 위치를 점하지만 한국의 국내 학위자들보다는 우월한 위치를 점하기 때문이다.……미국과 한국 사이의 '중간에 끼인 존재'로서 이들은 글로벌(미국 또는 서구) 지식 집단과 로컬(한국) 지식 집단의 '지식 간극knowledge gap'의 중간에 위치하며, 지식 매개자의 역할을 담당한다."[39]

자신의 성공을 과시하려는 욕망은
인간의 본성인가?
●
trophy

각종 대회에서 입상을 한 사람이
나 단체에 수여하는 컵, 기旗, 방패, 상像 등의 기념품을 가리키
는 trophy(트로피)엔 '전리품, 노획물'이란 뜻도 있는데, 그 기
원은 고대 그리스로 거슬러 올라간다. '참패'라는 뜻의 그리스
어 tropē에서 파생한 tropaion에서 유래된 trophy는 전쟁에
서 승리해 획득한 포로에서부터 각종 군사 관련 물품, 즉 전리
품이나 노획물을 가리키는 말로 쓰였다. 승리를 거둔 곳에 그
런 전리품이나 노획물 등으로 만든 승전 기념비도 trophy라
고 했다. 이는 인간의 모습을 닮은 나무나 막대기에 노획한 무
기와 기를 걸고 전투의 상세한 내막과 신에 대한 봉헌문을 새
기는 식으로 만들어졌다.[40]

오늘날엔 트로피가 그 역사적 배경을 근거로 신조어를 양
산해내는 접두어 기능을 톡톡히 해내고 있다. 가장 널리 알려
진 건 trophy wife다. 사회ㆍ경제적으로 성공한 나이 많은 남
자가 수차례의 결혼 끝에 얻은 젊고 매력적인 아내를 가리키
는 말인데, 이 남자에겐 아내가 곧 트로피라는 의미인 셈이다.
trophy wife는 1990년대 초 경제전문지 『포천』이 커버스토

리로 중점 보도해 화제를 모았다. 반면 여성의 활발한 사회 진출과 함께 사회적으로 성공한 바쁜 아내를 위해 가사와 육아를 책임지는 남편을 미국에서는 '트로피 남편trophy husband'이라고 부른다. 『포천』이 2002년 선정한 가장 영향력 있는 미국 여성 사업가 50인 중 30퍼센트가 트로피 남편의 지원을 받으며 사회활동을 하는 것으로 나타났다.[41]

SNS 시대에 trophy friend라는 단어도 나타났다. 매슈 프레이저Matthew Fraser와 수미트라 두타Soumitra Dutta는 『소셜 네트워크 e 혁명』(2008)에서 이렇게 말한다. "예전에 지위를 갈망하던 남자들이 이른바 '트로피 걸프렌드trophy girlfriends'를 찾았다면, 요즘 소셜 네트워킹 사이트에서는 '트로피 프렌드trophy friend'가 인기다. 많은 사람이 가짜 '친구들'을 만들어내고 그것을 자신의 개인 홈페이지에 추가함으로써 자기가 인기인인 양 꾸미는데, 이런 걸 '페이크 부킹Fakebooking'이라고 부른다. 온라인 세계에서는 진짜 친구를 찾을 수 없으면 언제든 만들어낼 수가 있다."[42]

미국 작가 론 앨솝Ron Alsop은 2008년 자신을 과대평가하는 경향이 있는 Millennial Generation(밀레니얼 세대)을 가리켜 'Trophy Kids'라고 불렀다. 어느 경기건 단지 참가만 하면 트로피를 주는 풍조를 빗대 만든 말이다.[43] 2013년 10월 미국 연방정부의 셧다운(부분 업무정지)을 불러오는 데에 강력한 영향력을 행사한 공화당의 보수 강경 그룹 '티파티'의 존재가 화제가 되자, 영국 『파이낸셜타임스』의 미국 뉴스 담당 에디터인 게리 실버먼Gary Silverman은 「과도한 자부심과 티파티」라는 칼럼에서 티파티를 자신들이 패배한 상황에서도 이겼다고 생각하며 성공을 과시하기 위해 바쁜 '트로피 키드trophy kid'에

비유하며 이들은 결과에 구애받지 않은 채 지나치게 자신들의 세상에 빠져 있다고 꼬집었다.[44]

trophy home(트로피 주택)은 경제적 성공을 과시하려는 의도에 맞춰 건설된 최고급 주택인데, 최근 미국에선 빈부격차가 심해지면서 이런 주택의 건설이 급증했다. 이 분야의 선두 주자는 단연 마이크로소프트사 회장 빌 게이츠Bill Gates다. 시애틀의 동쪽에 있는 워싱턴 호숫가에 4,140제곱미터의 집을 짓는 데 들어간 총 비용은 1억 달러였다.[45]

최근엔 trophy hunting(트로피 사냥)이 국제적인 문제로 떠오르고 있다. 트로피 사냥은 오직 인간의 재미와 만족감만을 위해 사자 · 코뿔소 · 버펄로 등 대형 동물을 총과 석궁 등으로 사냥하는 것을 가리킨다. 주로 남아프리카공화국 · 나미비아 · 보츠와나 등 아프리카 사바나(초원)에서 활발하다. 이렇게 사냥한 동물의 머리 · 가죽을 떼어 만든 과시용 박제품을 '헌팅 트로피'라고 부른다. 트로피 사냥에 종사하는 사람은 남아프리카공화국에서만 7만 명. 매년 9,000명이 트로피 사냥을 즐기기 위해 남아프리카공화국을 찾는데 이들 중 90퍼센트가 미국인이다. 멸종 위기의 검은 코뿔소는 5,000마리가 채 안 되지만 트로피 사냥의 '인기 상품'이다. 2014년 한 업체가 35만 달러(4억 9,000만 원)에 내놓은 검은 코뿔소 사냥 상품은 순식간에 매진되었다. 남아프리카공화국이 한 해 트로피 사냥으로 벌어들이는 돈은 약 1억 1,200만 달러(1,308억 원), 탄자니아는 3,200만 달러(373억 원)다.[46]

이런 식으로 트로피에 미쳐 돌아가다간 어떤 일이 벌어질지 모르겠다. 미국 아이다호주에 사는 어느 여성은 도륙한 기린, 영양, 아프리카 흑멧돼지 사진을 페이스북에 올리면서 "이보다 더 행복할 순 없다"는 소감을 밝혔다는데,[47] 꼭 행복을 그런 식으로만 느껴야만 하는 걸까? 자신의 성공을 과시하고자 하는 인간의 성향이 고대 그리스 시대나 지금이나 다를 바 없다는 게 흥미롭고도 놀랍다. 그건 바뀔 수 없는 인간의 본성인가?

신체 · 건강 · 보건

예감과 꼽추의 혹은 무슨 관계인가?

●
hunch

hunch는 "혹hump, 덩어리lump, 등을 활 모양으로 구부리다, 예감, 육감, 직관", hunchback은 "곱사등(이)", sit up hunched over one's work는 "등을 구부리고 앉아 일을 하다", Don't hunch up your back so는 "그렇게 등을 구부리지 마라", have a hunch that은 "어쩐지 ~한 예감이 들다", play one's hunch는 "직감으로 행동하다"는 뜻이다.

왜 '혹'이 '예감'이라는 뜻을 갖게 된 걸까? 옛날 사람들은 꼽추의 혹에 그 어떤 신비한 영적 파워가 있는 걸로 생각했기 때문이다. I've always played my hunches(나는 늘 직감으로 행동해왔다). I have a hunch that he might be stubborn(내게는 그가 어쩌면 고집불통일 것 같은 예감이 든다). My hunch was in the right direction(나의 예감이 들어맞았다).[1]

독일과 미국에서 활동하는 심리학자 게르트 기거렌처 Gerd Gigerenzer는 『생각이 직관에 묻다Gut Feelings』(2007)에서 gut feeling, intuition, hunch를 '직관'이라는 같은 의미로 쓰면서, 직관에 대해 ① 의식에서 재빨리 떠오르는 것, ② 우리가 충분히 인식하지 못하는 근본 원인들, ③ 행동을 유발하기에 충분한 동기를 수반하는 것 등과 같은 정의를 내린다.[2] 그는 "직관은 이성의 반대다? 그렇지 않다. 직관은 개인의 경험과 현명한 어림셈법에 근거한 무의식적 지능이다. 합리적인 사고에는 직관과 이성 모두 필요하다"고 말한다.[3]

세계적인 물리학자 알베르트 아인슈타인Albert Einstein, 1879~1955은 "직관은 성스러운 선물이며, 합리성은 충직한 하인이다"고 했다.[4] 미래학자 존 나이스비트John Naisbitt는 "정보화 사회에서 직관은 점점 더 중요해집니다. 그런 사회에는 데이터가 지나치게 많기 때문입니다"고 말한다.[5] 미국 하버드대학 교수 하워드 가드너Howard Gardner는 "불확실성이 높고 경험이 중요한 분야에 뛰어들어놓고도 직관에 의존하지 않는다면 그것은 스스로의 직업생명을 죽이는 것과 다름없다"고 말한다.[6]

스티븐 존슨Steven Johnson은 『우리는 어떻게 여기까지 왔을까: 오늘날의 세상을 만든 6가지 혁신』(2014)에서 급속냉동법을 발견해 '현대냉동식품산업의 창시자'로 불리는 클래런스 버즈아이Clarence Birdseye, 1886~1956의 사례를 들어 'slow hunch(느린 직감)'라는 개념을 제시한다.

"급속냉동식품이라는 아이디어는 불현듯 깨달은 직관적 통찰이나 순간적인 영감에서 떠오른 것이 아니라, 시간을 두고 서서히 구체화됐다. 순간적으로 떠오른 아이디어가 아니라 수십 년을 두고 차근차근 구체화되고 뚜렷해진 아이디어라는 점에서, 나는 이런 아이디어를 '직관적 통찰lightbulb moment'과 반대되는 개념으로 '느린 직감slow hunch'이라 즐겨 부른다."[7]

왜 피곤은 우리를
겁쟁이로 만드는가?
●
fatigue

미국 스워스모대학Swathmore College 심리학자 배리 슈워츠Barry Schwartz, 1946~는 『선택의 역설The Paradox of Choice』(2004)에서 선택사항이 너무 많으면 오히려 선택을 하지 못하는 '선택의 역설'을 제시했다. 이 책이 베스트셀러가 되면서 '선택 피로choice fatigue'라는 신조어까지 생겨났다.[8]

"To be or not to be: that is the question(살 것이냐 죽을 것이냐 그것이 문제로다)." 윌리엄 셰익스피어William Shakespeare, 1564~1616의 『햄릿Hamlet』에 나오는 말이다. 결정 또는 결단이 얼마나 어려운지를 말해주는 명문이다. "결정, 결심, 결의하다"는 뜻을 가진 영어 단어 decide는 "to cut away"라는 뜻의 라틴어 decidere에서 나온 말이다. 결정이나 결심이란 택하지 않을 것들을 잘라내는 일이라는 뜻이 되겠다.[9] 그 잘라내는 일이 결코 쉽지 않다. 그래서 '결정 피로감decision fatigue'이란 말이 나왔다.[10]

제러미 리프킨Jeremy Rifkin은 『공감의 시대The Emphatic Civilization』(2009)에서 이렇게 말한다. "남을 돌봐주는 사람들,

decision fatigue

특히 의사나 간호사들은 흔히 말하는 '동정 피로증compassion fatigue'에 걸리기 쉽다. 사회복지사도 그렇고 전쟁터나 재해 현장에서 비상구조대원으로 근무하는 사람들도 이런 증세에 취약하다. 끊임없는 공감 과잉은 정서적 고갈을 가져와서 공감적 반응은 무뎌지며 정서는 메말라 간다."[11]

그 밖에도 donor fatigue(기부자 피로), voter fatigue(투표자 피로), battle fatigue=combat fatigue(전쟁 피로), AIDS fatigue(에이즈 피로), odor fatigue=olfactory fatigue(냄새 피로), information fatigue(정보 피로), Facebook fatigue(페이스북 피로) 등 수많은 피로 신조어가 나왔다.[12]

세계적인 '성공학 전도사'인 미국의 로버트 슐러Robert H. Schuller, 1926~ 목사는 "지친다는 것exhaustion과 피로하다는 것fatigue을 명백히 구분해야만 한다"며 이렇게 말한다. "지친다는 것은 비교적 단순한 것인데 그것은 과도하게 신체적 활동을 한 결과 '잠깐만이라도 앉아 쉬었으면……' 하는 느낌을 가져다준다. 그것은 때로는 성취해냈다는 우쭐거리는 기분을 수분한다. 잠깐 쉬고 나면 다시 당신은 다른 일을 가벼운 마음으로 착수할 수가 있게 된다. 피로는 오랫동안 지속되는 것인데, 그것은 신체에 강습한 감정적 긴장 때문에 생겨난다. 피로는 영혼을 지루하게 만드는 신체적 피곤함을 말한다. 만약에 내적 긴장이 신체적 피로와 겹치는 날에는 당신은 지치는 것이 아니라 완전히 피로에 기진맥진해질 것이다."[13]

미국의 전설적인 미식축구 코치 빈스 롬바르디Vince Lombardi, 1913~1970는 "피곤은 우리 모두를 겁쟁이로 만든다"는 말을 자주 했다. 이에 대해 미국의 성공학 전도사 스티븐 코비Stephen R. Covey, 1932~2012는 "바로 내 경우에 해당되는 말

271

이다. 나는 아주 피곤할 때 무절제에 빠지는 경향이 있고, 그것은 하루 이틀쯤 지성과 영성에 영향을 미친다. 신체를 지성과 영성에 종속시킬 때, 그러한 자기규율과 자기지배로부터 평화와 자신감이 생겨난다"고 말했다.[14]

왜 사지가 절단된 후에도 사지를 여전히 느끼는가?

●
phantom limb

phantom limb(환상 사지, 환상 지 증후군)는 팔이나 다리 등 사지四肢가 절단된 사람들이 이후 에도 제거된 사지를 여전히 느끼는 걸 말한다. 군인들의 사지 절단이 많이 일어난 남북전쟁(1861~1865) 이후인 1872년 필 라델피아의 저명한 의사인 사일러스 위어 미첼Silas Weir Mitchell, 1829~1914이 만든 말이다. 그들이 느끼는 감각의 종류 는 다양하지만 주로 고통이 수반된다. 그런 고통을 가리켜 phantom pain(환상 고통)이라고 한다.

미국의 신경과학자 빌라야누르 라마찬드란Vilayanur S. Ramachandran이 제시하는 사례에 따르면, 절단된 팔에서 고통 을 느낀다는 사실은 신경계의 어느 부분이 팔의 존재를 믿고 있다는 걸 의미한다. 뇌의 특정 부분은 실제로 팔이 존재한다 고 생각할 뿐만 아니라 확신한다는 것이다. 그의 연구에 따르 면 사지 절단 직후 90~98퍼센트의 사람들이 환상 감각과 환 상 고통을 경험한다.[15]

라마찬드란은 환상 사지 환자들이 결코 미친 게 아님을 증명해 보임으로써 많은 사람을 안도하게 만들었다. 이와 관련, 수지 오바크Susie Orbach는 『몸에 갇힌 사람들: 불안과 강박을 치유하는 몸의 심리학』(2009)에서 다음과 같이 말한다.

"라마찬드란의 놀라운 사례 보고들 덕분에, 우리는 실제로 존재하지 않는 것을 감각하는 신체의 능력이 상상을 초월할 만큼 탁월하다는 사실을 알게 되었다.······그의 선구적인 연구를 통해 우리는 인간의 적응력이 실로 경이롭다는 것을 알게 되었다. 환상지를 물리적으로 경험하는 현상은 상상이나 정신병이 아니라, 뇌의 신경회로라는 물질적 기반을 갖고 있었다."[16]

올리버 색스Oliver Sachs는 『뮤지코필리아: 뇌와 음악에 관한 이야기』(2008)에서 이렇게 말한다. "환상지의 기억과 이미지는 정도의 차이는 있지만 팔다리를 잃어버린 거의 모든 이들에게서 나타나고, 이런 증상은 수십 년 동안 지속되기도 한다. 환상지는 성가신 존재이고 때로는 고통도 안겨주지만 의족을 착용했을 때 움직이는 방법을 배우게 해주므로 상당한 도움이 된다."[17]

절단 또는 제거 후 환상은 사지에만 국한된 건 아니며, 가슴breast, 치아tooth, 눈eye 등에서도 나타난다. 특히 phantom eye syndrome(환상안 증후군)이 많이 거론되는데, 눈알을 제거한 후에도 실제로 무엇을 보는 것 같은 환상을 느끼는 환자는 전체의 30퍼센트, 제거된 눈에서 환상 고통을 느끼는 환자는 26퍼센트라는 조사 결과가 나와 있다.[18]

왜 뇌는 우리의 예상보다
훨씬 더 유능한 계산 장치인가?
●
savant

savant는 '학자, 석학, 서번트'
로, "to know"의 뜻을 가진 프랑스어 savoir에서 유래한 말이
다. "He is a self-styled scholar. or He is a savant in his
own estimation(그는 제 깐에는 대학자나 된 줄 안다)"이라는 뜻
으로도 쓰이지만, 그냥 '서번트'라고 쓸 때는 주로 전반적으로
정상인보다 지적 능력이 떨어지나 특정 분야에서만은 비범한
능력을 보이는 사람을 뜻한다. 이 의미의 savant는 idiot
savant(백치천재, 저능아 천재)를 줄인 말인데, 1887년 영국 런
던의 내과의사 존 랭던 다운John Langdon Down, 1828~1896이 처음
사용한 말이다. Dustin Hoffman played the odd, card-
counting idiot savant in the movie "Rain Man"(더스틴 호
프만은 영화 〈레인 맨〉에서 카드를 기억하는 이상한 정신병 환자를
연기했다).[19]

사실 많은 사람이 서번트 증후군savant syndrome에 익숙해
진 건 1988년에 나온 최고의 흥행 영화 〈레인 맨〉 이후부터였
다. 이 영화에 나오는 레이먼드 배빗Raymond Babbitt이라는 등
장인물은 1만 권의 책 내용을 암기하고 특히 스포츠, 지리, 역

사 등의 분야에서 어마어마한 양의 정보를 자세히 기억할 수 있었던 실제 인물을 모델로 삼았다. 그는 읽는 속도가 믿기지 않을 정도로 빨랐음에도 측정된 IQ는 낮았다고 한다.[20]

백치천재는 사실 '백치'도 아니고 지체아인 것도 아니지만 거의 대부분 자폐증autism을 보인다. 자폐증은 1940년대에 이르러서야 독자적인 실체로 인정받았는데, 자폐증 환자의 10퍼센트 이상이 백치천재 재능을 가진 것으로 추정된다. 대중의 주목을 쉽게 끌 수 있기 때문에 음악 능력이 서번트 재능 가운데에서도 가장 흔하고 극적인 것으로 다루어진다.[21] 서번트 능력은 기계적인 기억만이 아니라 구성이나 공간지각 분야에서도 자주 나타나 어린 나이에 '천재 화가'의 면모를 보여주기도 한다.[22]

왜 지적 장애를 지녔는데도 어떤 면에선 특별한 재능을 보일 수 있는 걸까? 그 이유를 설명한 이론 중에 '뇌 보상 이론'이 있다. 한쪽 뇌가 손상되면 그것을 보상하기 위해 다른 쪽 뇌가 발달한다는 것이다. 서번트 증후군 환자들은 대부분 좌뇌가 손상되어 있고, 손상된 좌뇌의 기능을 우뇌가 대신하며 그 기능을 수행하면서 두뇌 시스템이 특별하게 발전한다. 즉, 서번트 증후군 환자들은 계산이나 암기를 할 때 좌뇌 대신 우뇌를 독특한 방식으로 사용한다. 예를 들면 음악이나 이미지를 이용해 기억하거나 계산하는 방식이다.[23]

일부 전문가들은 서번트 증후군은 놀라운 기억력이나 계산력을 발휘하는 경우라기보다는 우리가 지니고 있는 잠재된 능력이 드러나는 사례일 수 있다고 말한다. 이와 관련, 아지트 바르키Ajit Varki와 대니 브라워Danny Brower는 『부정본능』(2014)에서 "즉 우리 뇌는 예상보다 훨씬 뛰어난 계산기여서 깊은 의식의 내면에 복잡한 인식 능력을 숨기고 있는지도 모른다"며 다음과 같이 말한다.

"이런 생각을 뒷받침해주는 또 다른 사례는 뇌 손상을 입은 사람들이 가끔씩 서번트와 비슷한 능력을 드러낸다는 것이다. 이보다 더 적절한 사례로 이전에는 평범했던 사람이 치매를 겪으면서 새롭고 천재적인 예술 능력을 얻기도 한다. 뇌 손상이나 치매의 경우 정상적으로 작동하던 의식이 뇌의 어떤 부위에 손상을 입어 정상적이던 기능은 줄어들고 예외적인 능력이 깨어나게 된 것이다.……이 모든 사례들은 우리의 뇌가 예상보다 훨씬 더 유능한 계산 장치임을 분명히 보여준다."[24]

이런 유형의 서번트 증후군을 acquired savant syndrome이라고 하는데, 대럴드 트레퍼트Darold Treffert의 2010년 연구에 따르면, 조사 대상 319명의 서번트 가운데 32명이 acquired savant syndrome을 보인 것으로 나타났다.[25]

왜 서로 팔꿈치를 마주치는
인사법이 유행했나?

●
elbow bump

elbow는 "팔꿈치(로 밀어젖히며 나아가다)", rub elbows with는 "~와 어울리다, 같은 장소에 있다"는 뜻이다. 원래 영국에서 rub shoulders with라고 했던 것을 19세기 중반 미국에서 rub elbows with로 바꿔 쓴 것이다. 서로 팔꿈치를 맞대고 있으니 어울리는 것이겠지만, 유명 인사와 같은 장소에 있었다는 걸 이렇게 표현하기도 한다. On her last vacation Rita went to Hollywood, where she says she rubbed elbows with a lot of stars(지난 방학에 리타는 할리우드에 갔다. 그곳에서 그녀는 많은 스타와 같은 장소에 있었다고 말한다).[26]

have no elbowroom은 "운신을 못하다"는 뜻이다. elbowroom은 "팔꿈치를 움직일 수 있을 만한 여지"인데 비유적으로 "(충분한) 활동 공간(범위)"을 뜻한다. 16세기부터 쓰인 말이다. have elbowroom은 "운신의 여지가 있다", give somebody elbowroom은 "~에게 운신할 여지를 주다"는 뜻이다.[27]

elbow grease는 "힘든 육체노동, 애씀, 끈기"로, 열심히 일하는 사람의 팔꿈치에 나는 땀을 가리키는 말이다. 17세기 말부터 사용된 말이다. Put a little elbow grease into that job. Polish that car until it shines!(일하는 데 힘을 더 들여. 저 차가 광택이 날 때까지 닦으란 말이야)[28]

sharp elbow(날카로운 팔꿈치)는 경쟁을 하는 사람들 사이에서 남을 밀쳐내는 모습을 은유적으로 표현한 말이다. 진 트웬지Jean M. Twenge와 키스 캠벨W. Keith Campbell은 『나는 왜 나를 사랑하는가The Narcissism Epidemic』(2009)에서 "자존감은 성공을 가져오지 못할 뿐만 아니라, 지위나 리더십에 대한 안정적인 예측 변수도 되지 못한다. 집단 구성원들의 자존감이 각기 다를 경우에는, 높은 자존감을 가진 사람이 높은 지위를 얻게 된다. 그러나 집단의 대부분이 높은 자존감을 갖고 있는 경우에는, 원하는 지위를 얻을 수 없다"며 다음과 같이 말한다.

"바로 그때, 친밀하고 다른 사람을 배려할 줄 아는 사람이 집단의 리더로 부상한다. 요즘과 같은 과다경쟁 사회에서는 집단마다 남을 밀쳐내는 '날카로운 팔꿈치sharp elbows'가 많기 마련이다. 그래서 성공하려면 자기 자신에게 신경 쓰기보다는 다른 사람에게 더 주의를 기울일 줄 알아야 한다. 오해를 살까 싶어 다시 강조하건데, 자존감이 낮은 편이 좋다거나 자신을 미워하라고 말하는 것이 아니다. 만약 나 자신에게 몰두하지 않는다면 집단의 이익을 위해 열심히 일하고, 자신의 능력을 좀더 현실적으로 바라보게 될 것이다."[29]

elbow bump(엘보 범프)는 악수 대신 서로 팔꿈치를 마주치는 인사법으로, 2006년 조류 인플루엔자, 2009년 돼지 인플루엔자 공포가 세계를 휩쓸 때 세계보건기구가 전염을 막기 위해 권한 위생 인사다. 2009년 『뉴옥스퍼드아메리칸사전

New Oxford American Dictionary』은 elbow bump를 '올해의 단 어'로 선정했다.[30]

elbow bump는 2014년 에볼라 사태 시에도 주목을 받 았다. 반기문 유엔 사무총장이 에볼라 출혈열이 발생한 아프 리카를 다녀오고 나서 유행시킨 인사법이기도 하다. 이런 위 생 문제와 관련, 김철중은 "오바마는 가끔 악수 대신 주먹치기 를 즐긴다. 악수, 하이파이브, 주먹치기 순으로 손 세균이 적 게 교환된다. 영국 위생학회는 악수하느니 차라리 키스를 하 라고 권했다"며 다음과 같이 말한다.

"요즘 겨울 독감이 절정이다. 홍콩에서는 300여 명이 독 감으로 사망했다. 독감 인플루엔자 전파의 주범은 잠복기 상 태 감염자 손에 묻은 바이러스다. 이것이 손에서 손으로 옮겨 간다. 사람들은 한 시간에 평균 16회 무심코 손으로 얼굴을 만 진다. 가끔 코도 후빈다. 그 과정을 통해 바이러스는 호흡기로 들어간다. 기침을 할 때는 손으로 막지 말고 고개를 돌려 팔꿈 치 안소매에 해야 한다. 기침 에티켓과 손 씻기는 서로를 위한 매너다. 세균과 바이러스에서 우리는 피해자이자 가해자가 될 수 있다."[31]

왜 메르스 사태 때 역학조사관들은 아무 일도 못했는가?

⊙
epidemic

epidemic은 "유행성인, (병의) 유행, 유행하고 있는, 만연, 널리 퍼져 있는", epidemics는 '전염병', stamp out epidemics는 '전염병을 박멸하다'는 뜻이다. Obesity is a global problem that has risen to epidemic levels in a number of countries around the world(비만은 전 세계 많은 나라에서 전염병 수준의 세계적인 문제다). Violence is reaching epidemic levels in the city(폭력이 그 도시에 만연하고 있다).[32]

epidemiology는 '역학疫學'이다. 유행병학으로도 번역되고 주로 전염병의 유행 원인이나 양식을 연구하는 학문이었지만, 전염병이 적어짐과 동시에 전염병 이외의 질환에도 그 연구 성과를 응용하게 되었다. 그래서 오늘날엔 재해나 공해로 인한 건강 악화에서부터 심리적·사회적 요인들이 전체 사회의 건강에 미치는 영향을 연구하는 사회역학social epidemiology에 이르기까지 연구의 범위가 확대되었다.[33]

Epidemic Intelligence Service Officer는 '역학疫學조사관'이다. 미국은 질병통제센터 산하에 역학전문요원 양성 과정(2년)을 두고 매년 80여 명을 선발한다. 경쟁률이 10대 1에 달한다. 이 자리에 의사는 물론 역학, 생물통계학, 환경과학, 사회과학, 행동과학 등 다양한 학위 소지자들이 도전한다. 카운티 폐쇄와 이동권 제한에 필요한 행정 능력은 물론 주민 설득과 공포 통제를 위한 미디어 대응 능력 등 질병수사관으로서 임무 수행에 필요한 모든 교육이 실시된다. 반면 한국은 어떤가? 강진구는 다음과 같이 말한다.

"(2015년) 5월 29일 메르스 14번째 감염자를 급히 추적하기 위해 삼성서울병원을 찾아간 역학조사관 3명은 보안요원들이 출입문을 열어주지 않고 응급실 환자 명단도 제때 받지 못해 애를 먹은 것으로 알려지고 있다. 민간병원에서조차 문전박대를 당한 것이다. 보건복지부와 17개 시·도에 걸쳐 역학조사에 동원된 역학조사관 인력 역시 34명에 불과했고 이 중 질병관리본부 소속 정규직은 고작 2명뿐이었다. 지난달 25일 뒤늦게 국회에서 역학조사관 인원을 2배로 늘리고 위험지역 폐쇄, 통행차단 조치를 할 수 있도록 권한을 강화하는 법률이 통과되긴 했지만 '만시지탄'이라 부르기도 민망하다."[34]

김윤 서울대학교 교수(의료관리학)는 "이번 메르스 사태 때 역학조사관들이 민원 처리하고 공문 작성하느라 아무것도 못했다는 말이 있다"며 "역학조사관뿐 아니라 환자 검체를 채취·검사하는 진단검사 전문가, 공문·민원을 처리하는 행정 담당자 등 여러 전문 인력이 하나의 역학조사팀으로 움직일 수 있도록 시스템을 구축해야 한다"고 말했다.[35]

infordemics(인포데믹스)는 정보information와 전염병 epidemics의 합성어로 부정확한 정보 확산으로 발생하는 각종 부작용을 일컫는 용어다. 잘못된 정보나 루머들이 IT기기나 미디어를 통해 빠르게 확산되어 사회, 정치, 경제, 안보 등에 치명적인 위기를 초래하는 것을 의미한다. 인포데믹스로 인한 혼란은 인터넷 실명제, 사이버 모욕죄, 인터넷 포털사이트 규제 등 정부의 인터넷에 대한 법적 규제 강화 조치를 야기했지만, 법적 규제 강화는 정보의 자유로운 소통 또한 저해한다는 측면에서 또 다른 사회적 논란을 야기한다.[36]

social epidemic(사회적 유행)은 제품이나 아이디어, 행동 등이 많은 사람에게 파급된 경우를 말한다. 조나 버거Jonah Berger는 『컨테이저스: 전략적 입소문』(2013)에서 "처음에는 소수의 개인이나 집단에서 시작하지만 바이러스처럼 삽시간에 퍼져나간다"며 다음과 같이 말한다.

"사회적 전염의 예시는 금방 찾을 수 있지만 실제로 이를 유발하는 것은 쉽지 않으며, 마케팅과 광고에 자금을 쏟아붓고도 인기를 끌지 못하는 경우가 비일비재하다. 그래서 대부분의 음식점이 개업 후 얼마 버티지 못하고 문을 닫으며 많은 중소기업이 도산한다. 많은 사회운동이 별다른 호응을 얻지 못한 채 사라진다."[37]

왜 처방약 광고가
이데올로기의 문제인가?

●
direct-to-consumer advertising

미국은 뉴질랜드와 함께 현재 지구촌에서 처방용 의약품들에 대한 대중 광고DTC, direct-to-consumer advertising를 허용하는 국가다(뉴질랜드는 1981년, 미국은 1997년부터 허용). 지난 2008년에만 제약기업들이 미국 내에서 총 47억 달러를 DTC 광고에 지출한 것으로 집계되어 해당연도에 집행된 전체 판촉 활동비 가운데 4분의 1에 가까운 비중을 점유했다.

미국 국립과학아카데미 산하 의학연구소IoM와 일부 학자와 정치인들은 신약이 FDAFood and Drug Administration(미국식품의약국)의 허가를 취득한 후 처음 2년 동안은 DTC 광고를 금지토록 하는 방안을 제기한다. DTC 광고가 환자뿐 아니라 의료보험기관과 연방정부에 추가적인 비용 부담을 초래할 뿐만 아니라 충분한 안전성 검증 절차를 거쳐 환자들에게 유해한 영향을 미치지 않을 것임이 확실히 입증된 후에야 비로소 DTC 광고가 가능토록 하기 위해서는 일정한 유예기간이 필요하다는 것이다.

그러나 미국 의회예산국CBO은 「새로운 처방약에 대한

DTC 광고 금지가 초래할 수 있는 영향」 제하의 보고서(2011)
에서 DTC 광고가 유예될 경우 신약 복용을 통해 큰 효과를 얻
을 수 있었을 환자들이 해당 신약이 발매되고 있다는 사실 뿐
아니라 자신에게 효용성을 기대할 수 있다는 것조차 인지하지
못하게 되고, 이는 그만큼 건강과 관련한 리스크를 증폭시키
는 요인으로 작용할 소지가 농후하다고 주장했다.[38]

미국 조사기관 CMI/Compass에 의해 수행된 140명의
의사를 대상으로 한 2013년 조사에 의하면 약 70퍼센트의 의
사들이 DTC 광고를 축소하거나 아예 없애버려야 한다고 생
각하는 것으로 나타났다. 65퍼센트의 의사들은 DTC 광고가
부적절한 처방을 유도한다고 생각하고 있으며 51퍼센트는 시
간낭비라고 여겼다. 그러나 48퍼센트 정도는 DTC 광고가 정
보, 교육, 환자들의 권리 강화에 유익하다는 데 동의하거나 어
느 정도 동의했다. 또 68퍼센트는 환자와 의사 간의 접촉을 고
양시켜주는 데 도움이 된다고 판단했다.[39]

건강정보 빅데이터 분석·서비스업체 트리토Treato의
2015년 조사를 보면, 30퍼센트의 응답자들이 DTC 광고를 시
청했거나 읽은 후 특정한 의약품에 대한 정보 또는 친구와 자
신의 가족이 권고한 내용에 대해 의사에게 질문했던 경험이
있는 것으로 나타났다. DTC 광고 가운데 소상한 적응증에 대
한 소비자들의 인식도가 가장 높은 약물들로는 발기부전 치료
제들인 '비아그라(실데나필)'와 '시알리스(타달라필)'가 각각
90퍼센트와 80퍼센트로 가장 높은 수치를 보였다.[40]

미국이 DTC 광고를 허용하는 주요 이유는 이른바 '애듀
케이션advertising+education 효과'를 높임으로써 의사와 환자 사
이에 존재하는 정보의 비대칭성information asymmetry을 해소하

기 위함이지만, DTC 광고가 소비자 교육에 도움이 되지 않는다는 연구 결과도 있다. 오히려 일반 환자가 광고 수준의 피상적이거나 왜곡의 소지가 있는 정보를 접하고 스스로 의약품을 택하는 건 매우 위험하다는 반론이 제기된다.

　수많은 반론과 비판이 제기되고 있지만, 미국이 DTC 광고를 허용하는 이면엔 소비자의 선택과 자율성 존중이라는, 미국의 뿌리 깊은 개인주의 문화가 자리 잡고 있다. 개인의 선택과 책임을 이데올로기화해 빈곤도 개인의 책임으로 돌리는 미국적 풍토에선 자신의 선택에 따른 위험마저도 각자 알아서 대응할 일이라는 게 DTC 광고의 이데올로기인 셈이다.[41]

왜 한국은 '자살률 세계 1위,
항우울제 복용은 최하위'인가?

●
Prozac

Prozac(프로작)은 우울증 치료

제의 상품명이다. 미국의 일라이 릴리 제약회사Eli Lilly and
Company가 개발했으며, 1987년 FDAFood and Drug Administration
(미국식품의약국)에서 승인받은 이후 전 세계적으로 가장 많이
사용되는 항우울제antidepressant다. '프로작'은 브랜딩 회사에
서 날렵한 느낌을 준다고 권한 이름이었다. 병을 치료할 뿐만
아니라 삶의 행복까지 되찾아준다는 뜻에서 탈모증 치료제인
프로페시아, 발기부전 치료제인 비아그라 등과 함께 '해피메
이커happy-maker' 또는 'QOLQuality of Life(삶의 질) 개선제'라고
불린다.[42]

미국에선 프로작에 대한 책들이 1990년대 초반 들어 엄
청나게 팔리기 시작했다. 대표적인 베스트셀러는 엘리자베스
워철Elizabeth Wurtzel, 1967~의 『프로작 네이션Prozac Nation』
(1994), 피터 크레이머Peter Kramer, 1948~의 『프로작에게 듣는
다Listening to Prozac』(1993) 등이다.

정신과 전문의인 크레이머는 레이저 시술로 보기 싫은 점
을 빼듯이 프로작을 통해 자신의 미운 성격을 제거할 수 있다

287

Quality of Life

고 주장했다.[43] '미용 약리학cosmetic pharmacology'이란 말까지 만들어낸 그는 "프로작은 소심했던 사람들에게 사회적 자신감을 주고 예민한 사람을 대범하게 만들어주고 세일즈맨에 버금가는 사교적 기술을 심어주는 듯했다"는 등의 말로 수많은 사람을 기대에 들뜨게 만들었다.[44]

프로작의 인기가 얼마나 높으면, 2015년 7월 미국 경제 매체인『블룸버그』는 "한국은 인구는 노령화되고 노동시장은 경직돼 있으며 혁신은 더디고 기업과 가계 부채는 늘어났다. 중동호흡기증후군MERS 감염 위협으로 신뢰도 심하게 손상됐다"며 "만일 국가에도 기분이라는 게 있다면, 한국은 프로작이 필요할지 모른다"고 했을까.[45]

프로작을 비롯한 항우울제에 대해선 그 효능은 물론 부작용에 대해 말이 많지만,[46] 한국은 우울증 환자들이 항우울제를 너무 쓰지 않아 오히려 문제가 되는 나라다. 2015년 11월 OECD 최신 건강 보고서Health at a Glance 2015 등에 따르면 한국은 자살률에서는 세계 1위인 반면 우울증 치료제 복용은 OECD 회원국 중 최하위 수준인 것으로 조사되었다. 이는 한국의 항생제 처방량(28.4DDD)이 OECD 평균의 1.4배 수준인 것과 대조된다. 이에 대해 연세대학교 강남세브란스병원 석정호(정신건강의학과) 교수는 "한국 사회에서 정신과 치료를 받았다는 것 자체가 불이익이 되는 분위기 때문에 우울증은 혼자 극복해야 할 문제처럼 여겨지고 있다"며 "부작용은 적고 효과는 뛰어난 우울증 약이 많이 나왔지만 정작 스트레스가 심한 한국에선 실질적 효과를 보지 못하고 있다"고 말했다.[47]

사실 한국 사회에서 정신과 치료에 대한 오해와 편견은 악명이 높다. 정부와 의료계가 그런 오해와 편견을 깨보려고 애를 쓰지만, 저항이 완강하다. 2013년 보건복지부 이중규 정신건강정책과장은 이렇게 말한 바 있다. "한국은 낙인이 찍힐 것을 우려해 정신질환자의 15.3%(2011년)만 전문가 상담과 치료를 받는다. 미국은 39.2%에 달한다. 병에 걸려서 첫 치료를 받을 때까지 84주(2008년)나 걸린다. 영국은 30주다. 조기 치료가 중요한데 병이 깊어진 뒤 병원에 가니까 오래 입원한다. 한국은 환자당 166일(프랑스는 6일) 입원한다. 한국의 자살률이 경제협력개발기구OECD 회원국 중 가장 높은 이유 중 하나도 바로 이런 낙인 때문이다."[48]

『중앙일보』는 「한국, 이젠 우울증과 불행을 커밍아웃하라」라는 사설에서 "보건복지부 질병관리본부가 발표한 보고서에선 최근 1년 새 우울증상을 경험한 성인이 12.9%였고, 여성(16.5%)이 남성(9.1%)보다 훨씬 높은 비율을 보였다. 이미 우울증은 '국민 질병'이다"며 다음과 같이 말했다.

"여전히 우리 사회를 지배하고 있는 위선적 체면 의식, 가족 혹은 타인의 삶에 지나치게 개입하는 '간섭주의', 타인의 행동까지 규제하려 드는 '엄숙주의' 등이 우울증에 빠지고 불행한 사람들에게 스스로 병을 발설하지 못하도록 하고, 치료를 기피하도록 하는 압박 요인이 되고 있다. 그러나 한국이 우울하고 병든 사회라는 건 각종 지표들이 증명하는 것처럼 숨길 수 없는 현실이다. 이제는 이런 불편한 현실을 솔직하게 인정하면서 우울증과 같은 정신질환을 공개적으로 털어놓고, 전문적 치료를 받는 걸 격려·응원하도록 인식과 문화를 바꾸는데 정부와 국민이 함께 적극 나서야 할 때다."[49]

인내는 모든 슬픔의
치료제인가?

●
patience

"Patience is a virtue(인내는 미덕
이다)"라거나 "Patience is a remedy for every grief(인내는 모
든 슬픔의 치료제다)"라는 말이 있다. patience를 7덕Seven virtues
중의 하나로 간주해온 옛날의 전통은 아직까지 이어져 내려온
다. patience를 예찬하는 명언을 5개만 감상해보자.

(1) Patience and time do more than strength or
passion(인내와 시간은 힘이나 열정보다 많은 걸 해낸다) 프랑스
작가 장 드 라퐁텐Jean de La Fontaine, 1621~1695의 말이다.

(2) Patience is bitter, but its fruit is sweet(인내는 쓰지
만 그 열매는 달다). 프랑스 계몽 사상가 장 자크 루소Jean
Jacques Rousseau, 1712~1778의 말이다.

(3) Adopt the pace of nature: her secret is patience
(자연의 속도를 배워라. 자연의 비법은 인내다). 미국 철학자 랠프
월도 에머슨Ralph Waldo Emerson, 1803~1882의 말이다.

(4) Consider the postage stamp, my son. It secures
success through its ability to stick to one thing till it gets
there(아들아 우표를 보아라. 우표는 목적지에 도달할 때까지 한 곳

에 계속 들러붙는 능력으로 성공을 이루어낸다는 걸 명심하라). 조시 빌링스Josh Billings라는 필명으로 활동한 미국 유머리스트humorist 헨리 휠러 쇼Henry Wheeler Shaw, 1818~1885의 말이다.

(5) We can do anything we want to if we stick to it long enough(충분히 끈질기게 매달리기만 한다면 원하는 어떤 일이건 해낼 수 있다). 헬렌 켈러Helen Keller, 1880~1968의 말이다.

그러나 "Laziness is often mistaken for patience(게으름은 자주 인내로 오해된다)"라는 말도 있으니, 진정한 인내인지 따져볼 필요가 있겠다.

왜 나이는
느끼기 나름이라고 하는가?

●
age

"You are as old as you feel(나이는 느끼기 나름)"이란 말이 있다. 이 말이 시사하듯, 나이와 관련된 명언들은 대부분 한사코 늙음을 거부하려는 공통된 성향을 보인다. 나이와 관련된 명언을 10개만 감상해보자.

(1) You're not getting older you're getting wiser(나이 드시는 게 아니라 지혜가 많아지시는 거죠).

(2) No wise man ever wished to be younger(현명한 사람은 어린 나이를 동경하지 않는다) 영국 작가 조너선 스위프트Jonathan Swift, 1667~1745의 말이다.[50]

(3) Oh to be seventy again(아, 다시 70세가 될 수 있다면). 미국 대법관을 지낸 올리버 웬들 홈스Oliver Wendell Holmes, 1841~1935가 1931년 90세 생일을 맞아 매력적인 여성을 보면서 한 말이다. 그는 "Old age is fifteen years older than I am(나는 항상 15년은 젊게 산다)"이라고 주장했다.[51]

(4) I am old enough to tell the truth. It is one of the privileges of age(나는 진실을 말할 수 있을 만큼 나이를 먹었다. 나이의 특권 중 하나가 이게 아니겠는가). 제1차 세계대전에서 육

군 장관으로 프랑스를 승리로 이끌었던 프랑스 정치가 조르주 클레망소Georges Clemenceau, 1841~1929가 87세 되던 해에 가진 인터뷰에서 한 말이다.

(5) The whiter my hair becomes, the more ready people are to believe what I say(내 머리카락이 하얗게 될수록 사람들은 내가 말하는 것을 더 믿으려고 하는 것 같다). 영국 철학자 버트런드 러셀Bertrand Russell, 1872~1970의 말이다.

(6) A diplomat is a man who always remembers a woman's birthday but never remembers her age(훌륭한 외교관은 여자의 생일을 기억할 뿐 나이는 기억하지 않는다). 미국 시인 로버트 프로스트Robert Frost, 1874~1963의 말이다.[52]

(7) The older I grow the more I distrust the familiar doctrine that age brings wisdom(나이 먹을수록 지혜로워진다는 말이 있다. 그러나 나는 나이를 먹을수록 그 말을 더 불신하게 된다). 미국 저널리스트 독설가로 유명한 헨리 루이 멩켄Henry Louis Mencken, 1880~1956의 말이다.

(8) You are as young as your faith, as old as your doubt; as young as your self-confidence, as old as your fear; as young as your hope, as old as your despair(확신을 갖고 살면 젊고 불안해하면 늙는다, 다시 말해 자신감 있으면 젊고 불안해하면 늙는 것이고 희망이 있으면 젊게, 절망 속에 살면 늙는 것이다). 미국 군인 더글러스 맥아더Douglas MacArthur, 1880~1964의 말이다.[53]

(9) The best part of the art of living is to know how to grow old gracefully(인생을 슬기롭게 사는 방법 중 가장 중요한 것은 우아하게 늙어가는 법을 아는 것이다). 미국 사회운동가

이자 작가인 에릭 호퍼Eric Hoffer, 1902~1983의 말이다.

(10) I will not make age an issue of this campaign. I am not going to exploit for political purposes my opponent's youth and inexperience(나는 이번 선거에서 나이를 쟁점으로 만들고 싶지는 않다. 나는 내 경쟁자의 젊음과 무경험을 내 정치적 목적에 이용하진 않을 것이다). 1984년 미국 대통령 선거에서 공화당 후보 로널드 레이건Ronald Reagan, 1911~2004 참모들의 가장 큰 걱정 중의 하나는 민주당 후보 월터 먼데일 Walter Mondale(56세)에 비해 레이건이 너무 고령(73세)이라는 점이었는데, 10월 21일 제2차 텔레비전 토론에서 레이건은 자신의 나이에 대한 일반의 우려를 이와 같은 멋진 한마디로 잠재웠다.[54]

소통 · 의견 · 학문

왜 때때로 NO라고
말하는 것이 필요한가?
●
assertiveness

assert는 "강력히 주장하다",
assert oneself는 "자기의 권리를 주장하다, 자기를 내세우다,
주제넘게 나서다"는 뜻이다. 사필귀정事必歸正이라는 속담은
"Justice will assert itself"로 표현할 수 있다.[1] assert의 형용
사형인 assertive는 "자기주장이 강한, 자신감 넘치는"이란 뜻
인데, aggressive(공격적인)보다는 약한 뜻이다. 최윤희 · 김
숙현은 둘의 차이에 대해 다음과 같이 말한다.

"논리를 펴는 데 있어서는 '공격적'이지 말아야 한다. 서
구의 언어 훈련 코스를 담당하는 전문가들은 'not aggressive
but assertive'하라고 강조한다. 우리들의 언어 습관에서는 이
둘의 차이점을 부각시키지 않아 우리말로 딱 떨어지는 번역이
쉽지 않다. 'assertive'란 '자기주장적'인 것을 의미하는 반면
'aggressive'는 '공격적'이란 뜻이다 좀더 설명하면
'assertive'란 자신의 의견, 감정, 요구를 객관적 용어로 표현
하고 상대방의 행위가 자신에게 어떤 영향을 미쳤다고 해석,
비난하는 것을 자제하는 것을 의미한다. 'aggressive'란 다른
사람의 자아 개념이나 그들의 입장, 의견에 적대적인 반응을

보이는 행위다."[2]

assertiveness(자기주장)는 소극적인 사람에게 자신감을 길러주는 훈련, 즉 assertiveness training(적극성 훈련) 등의 형식으로 심리 상담이나 자기계발의 주요 메뉴다. 이는 "자기 욕구와 생각을 표현할 때 감정을 섞어서 화를 내지 않고, 무조건 참지도 않고, 적절하게, 품위 있게, 상대를 배려하면서도 자기주장을 하는 연습"이다.[3]

수 비숍Sue Bishop의 『자기주장의 기술Develop Your Assertiveness』(2006)은 "겸손하지만 당당하게 은밀하지만 강하게 나를 표현하는 방법"을 내세우며 "No라고 말할 때 죄책감을 느끼는 당신에게 꼭 필요한 책"이라고 주장한다.

"적극적으로 자기주장을 하기로 마음먹는다면, 다른 사람이 당신의 인생을 좌지우지하게 내버려두지 않게 된다. 당신이 요구한 것을 얻게 될지 혹은 필요한 것을 달성하게 될지의 여부는 상관이 없다. 중요한 점은 모든 상황과 자신의 감정과 스트레스 수위와 자아상에 대해서 통제권을 가진 사람이 바로 당신이라는 점을 안다는 것이다."[4]

argumentativeness(논쟁성)는 assertiveness의 하위 개념이지만, 언어적 공격성verbal aggressiveness에 더 가까운 개념이다. 다만 논쟁적 성향은 이슈에 대한 타인의 입장을 공격하는 것이고, 언어적 공격성은 이슈에 대한 타인의 입장 대신에, 또는 그것에 추가하여, 타인의 자아개념self-concept을 공격하는 것이라는 점에서 차이가 있다.[5]

미국 사회에서 assertiveness는 1970년대부터 『당신의 완벽한 권리Your Perfect Right: A Guide to Assertive Behavior』(1970), 『NO라고 말할 때 죄책감을 느끼는 사람들When I Say No, I Feel

Guilty: How To Cope Using the Skills of Systematic Assertiveness Therapy』
(1975) 등과 같은 책들이 출간되면서 인기를 끌었다.[6]

　　assertiveness는 오늘날 미국에서 사회적 능력의 척도이거나 대인 커뮤니케이션interpersonal communication 능력의 지표로 간주되며, 자기주장적 행동은 자기주장적이지 않은 행동보다 유능하고 매력적으로 인식된다. 그러나 모든 문화권에서 다 그런 건 아니다. 한국이나 일본 등과 같은 동양권에서 자기주장적 행동은 부적절하거나 싸가지 없는 행동으로 인식될 수 있다.[7] 미국에서조차 assertiveness를 빙자해 역겨운 짓을 하는 사람들이 있다는 비판이 나오고 있다.[8]

왜 미국인들은 영국인의 농담을 잘 이해하지 못하는가?

●
irony

미국 비평가 에드윈 퍼시 휘플

Edwin Percy Whipple, 1819~1886은 "Irony is an insult conveyed in the form of a compliment(아이러니는 찬사의 형식으로 전달되는 모욕이다)"라고 했다.⁹ 헝가리 출신의 미국 사회학자 안드라스 산토András Szántó, 1964~는 '정보화 시대의 아이러니'에 대해 다음과 같이 말한다.

It has become an elite act not to watch network TV or not to videotape your wedding. The sad irony of the information age is that the have—nots are going to end up with the data dumped on them(네트워크 TV를 보지 않거나 결혼식 비디오테이프를 찍지 않는 것은 엘리트적 행동이 되었다. 정보화 시대의 슬픈 아이러니는 결국 못 가진 자들이 쏟아지는 정보 쓰레기들에 파묻히게 될 것이라는 사실이다).¹⁰

이 2가지 용법이 시사하듯이, 아이러니irony는 말이나 글에서 문자적 의미에 감추어져 있거나 그와 반대되는 의미를 나타내는 어법(반어법), 또는 극적 상황에서 예상되는 것과 실제로 일어나는 것이 일치하지 않는 현상(극적 아이러니)을 말한다. 반어법verbal irony은 존재와 당위 간의 차이에 대한 고도화된 인식에서 일어나며, 감정이 절제된 페이소스를 나타낸다.

irony는 그리스 아리스토파네스Aristophanes의 희극 중 등장인물인 '아이런Eiron'에서 나온 말이다. 영리한 언더도그underdog(낙오자)인 아이런은 그의 재치로 적수인 허풍쟁이 등장인물인 '알라존Alazon'에 매번 승리를 거둔다. 『플라톤의 대화』에 나오는 소크라테스적 반어법은 이 희극에 기원을 둔다. 소크라테스는 무지와 겸손을 가장해 모든 종류의 사람에게 모든 종류의 주제에 관해 어리석고 명백한 질문을 함으로써 그들이 자기보다 무지하다는 것을 드러낸다. 아이러니가 비문학적非文學的으로 사용될 때는 대개 풍자sarcasm로 간주된다.

거짓말쟁이나 사기꾼도 자신이 진정 원하는 것과 반대되는 이야기를 하지만, 그건 아이러니가 아니다. 그것을 이해하는 사람이 그 반어적 의미를 인식해야 아이러니가 성립되기 때문이다. 아이러니는 비웃음이나 비판적 코멘트의 형식인데, 말하는 사람이 뚜렷한 입장에 연루되는 것을 막아주는 효과가 있으며, 아이러니를 아이러니로 인지하는 것은 내부의 세련된 구성원들을 상대적으로 순진한 외부인들과 구별하도록 한다.

irony는 그것은 '아주 어리석다'는 의미로 "잘한 일이야!"라고 하는 평범한 반어법에서처럼, 공공연한 칭찬이나 비난을 피하는 간접적인 표현 형식이다. 극적 아이러니dramatic irony는 말의 사용보다는 작품의 구조에 달려 있다. 희곡에서는 아가멤논이 아부에 넘어가 자신의 수의囚衣가 될 자줏빛 융단 위를 걷는 경우처럼, 등장인물 스스로 깨닫지 못하는 다가올 운명을 관객이 알고 있을 때 일어난다.

O. 헨리O. Henry의 단편소설이 갖는 예기치 않은 결말이나

안톤 체호프Anton Chekhov의 소설 『개를 데리고 있는 여인Lady with the Dog』에서 좀더 미묘하게 얻어지는 효과 등은 극적 아이러니의 본보기인데, 체호프의 소설은 도가 튼 난봉꾼이 늘상 여자들을 희롱하다가 결국 다른 모든 여인과 다를 바 없는 한 여인과 일생 동안 정열적인 사랑에 말려들고 만다는 내용이다.[11]

아이러니 감각은 문화권별로 차이가 있다. 미국과 영국의 농담 문화 차이가 그걸 잘 보여준다. 임귀열은 "흔히 미국인들은 irony를 이해하지 못한다고 한다. 이는 영국인의 입장에서 하는 말인데 영국인들에겐 irony가 뼛속 깊이 배어 있다. 반면 미국인은 너무 진지하고 정직한 나머지 irony를 말하면 당황스러워 한다"며 다음과 같이 말한다.

"상대방을 조롱하거나 놀릴 때 영국인은 irony 화법을 습관적으로 사용하는 데 비해 미국인들은 영국인들의 그런 언행을 부적절하다고 판단하는 것이다. 이는 마치 늘 진지한 태도의 사람에게는 농담이나 말장난이 통하지 않는 것과 같다. 게다가 'irony'는 빈정댐이나 냉소 혹은 비꼼이 어우러진 것이라서 사람 따라 배경 따라 다르게 느껴질 수밖에 없다. 이런 현상을 접하다 보면 영어권 내에서도 서로 통하지 않는 경우도 생긴다."[12]

슬로베니아의 철학자 슬라보이 지제크Slavoj Zizek는 "뷰티풀 아이러니!Beautiful Irony(아름다운 역설)"라는 말을 즐겨 쓰는데, 이는 그가 당대를 해석하는 표현이자 반어법이다. 첫 번째 예는 공산주의가 지배하던 조국 유고슬라비아 시절 "공산주의 정권 막바지 10년 동안, 그 나라에서 공산주의자가 되는 건 위험했다"는 것이다. 공산주의 국가에서 공산주의자가 되는 게 위험했다니, 그게 말이 되나? 그는 다음과 같이 말한다.

"그러니까 뷰티풀 아이러니다. 당시 유고 정권은 비非정 치철학, 말하자면 언어철학, 과학철학, 현상학 등 이데올로기 가 배제된 학문을 장려했다. 마르크스 철학에 관심을 가지면, 요주의 인물 취급을 당했다. 공산주의를 연구하면 당연히 현 실에 의문을 갖지 않겠는가. (부패한) 정권 입장에서는 두려울 수밖에. 마찬가지로 유고 공산주의 정권은 미술에서도 구상보 다 추상을 장려했다. 웃기지도 않는 역설이었다."

지제크는 자유, 평등, 박애를 내세운 프랑스혁명이 단두 대와 공포정치라는 파국을 맞이한 것도 '뷰티풀 아이러니'라 고 말한다. "(『이데올로기의 종언』을 쓴) 프란시스 후쿠야마는 공산주의는 패배하고, 자본주의가 승리했다고 선언했다. 그런 데 봐라. 중국과 베트남은 다르지 않나. 최고의 공산주의자가 최고의 자본주의자가 되어가고 있다. 우리는 흔히 자본주의와 민주주의는 동종교배이고, 자본주의와 공산주의는 이종교배 라고 생각한다(각각 internal marriage, outer marriage라는 용어 를 썼다). 그런데 자본주의와 민주주의는 이혼 중인데, 중국과 베트남에서는 자본주의와 공산주의가 행복한 결혼생활을 하 고 있지 않나." [13]

왜 '메타'를 이용한 단어가
많이 생겨나는가?

●
meta

        meta(메타)는 그리스어로 '넘어서, 위에 있는, 초월하는' 등의 의미를 가진 접두사prefix인데, 이 접두사로 만들어진 대표적 단어로는 형이상학을 의미하는 metaphysics가 있다. 글자 그대로 보면 자연(물리계)을 초월하는 그 무엇인데, 이 단어는 기원전 1세기경 그리스 철학자 안드로니코스Andronicos가 아리스토텔레스Aristoteles의 철학을 정리하면서 만든 용어다.[14]

    meta는 영어에서는 about의 의미로 쓰인다. 가령 "meta model"이라고 말하면 모델 자체가 아니라 "다른 모델들에 관한 하나의 모델a model ABOUT other models"을 뜻한다. 영화업계를 다룬 영화가 나온다면 "meta-movie"가 된다. 언어의 meta-message는 '다른 메시지에 관한 메시지'이고 meta-communication은 '의사 교환에 관한 이야기'라는 뜻이다.[15]

    단어에 따라 meta를 붙여 쓰기도 하고 '하이픈(-)'을 넣어 띄어쓰기도 하는데, meta가 만들어낸 단어들은 그 밖에도 무수히 많다. metaprogramming, metahistory, meta-philosophy, meta-epistemology, metalogic, metamathematics, meta-ethics, meta-ontology, metatheory, meta-economics, metadata, meta-knowledge, meta-information, meta-thinking, meta-criticism, metafiction, metacognition, metamemory, meta-emotion, meta-language, metamessage, meta-discussion, meta-joke, metarule, meta-strategy, metacomprehension, metamaterial, metabrand 등등. 이 가운데 몇 가지만 좀 살펴보기로 하자.

meta-knowledge(메타지식)는 지식에 관한 지식으로, 내가 아는 것은 무엇이고 또 모르는 것은 무엇인지를 아는 것이다. 이와 관련, 미국 풍자가 윌 로저스Will Rogers, 1879~1935는 "우리를 곤경에 빠뜨리는 것은 우리가 모르고 있는 것들이 아니라 모르면서도 알고 있다고 믿는 것이다"고 말했다.[16] 역사학자 아서 슐레진저Arthur Schlesinger, Jr., 1917~2007는 1990년 말 『뉴욕타임스』에 기고한 글에서 "현재에 대한 무지와 미래에 대한 무지는 용서받을 수 있다. 하지만 우리가 얼마나 무지한가에 대한 무지는 용서받을 수 없다"고 말했다.[17]

metadata(메타데이터)는 데이터에 관한 데이터data about data로, 데이터의 기본적인 정보적 특성일 뿐 구체적인 내용과는 관련이 없다. 예컨대, 데이터 전송의 시간대, 발신자와 수신자, 이메일 제목, SIMSubscriber Identity Module 카드, 통화 위치 등이 메타데이터가 될 수 있다. 적합한 정보를 쉽게 찾을 수 있게 도와주는 태그tag 역시 메타데이터다.[18]

meta-criticism은 비평에 관한 비평criticism about criticism이다. 이를 원용해 『한겨레』 기자 구본권은 메타언론이 필요하다고 역설한다. "비평에도 메타비평이 있는 것처럼, 언론에도 메타언론이 필요합니다. 언론을 취재 영역으로 삼는 매체가 언론 종사자들에게 유용하면서 두려운 것처럼 독자들에게 '언론계의 움직임'을 보도하는 것이 중요한 책무 중의 하나라고 생각하고 있습니다."[19]

metafiction(메타픽션)은 포스트모던 소설가의 작품을 가리키는 말이다. 메타픽션이란 말은 작가 윌리엄 개스William H. Gass, 1924~가 1970년에 만든 말인데, 메타픽션의 전제는 이미 모든 종류의 발언이 나와 있고 양식에 대한 모든 종류의 실험이 이미 실시되었다고 보는 것이다. 퍼트리셔 워Patricie Waugh는 "메타픽션은 허구와 실재 사이의 관련성에 질문을 제기하기 위해 자의식적으로 그리고 체계적으로 인공품으로서의 그 위치에 주의를 환기시키는 허구적 작품을 가리키는 용어"라는 정의를 내렸다.[20]

김욱동은 자의식적 소설, 자기반영적 소설, 내향적 소설, 비리얼리즘 소설, 자기도취적 소설, 자기생산적 소설 등 다양한 이름으로 불려온 메타픽션은 영화나 텔레비전과 같은 대중매체의 등장과 무관치 않다고 했다. 이런 대중매체는 소설과 같은 문학보다는 비교적 객관적 진리나 사실을 충실히 전달할 수 있을 뿐만 아니라 박진성에 있어서도 매우 뛰어나기 때문에, 그 점에서 경쟁력이 떨어진 소설가들이 텍스트 외부의 실제 세계보다는 텍스트 내부 쪽에 더 큰 관심을 갖게 되었다는 것이다.[21]

조르주-클로드 길베르는 메타픽션이라는 용어를 영화, 팝, 패션에도 적용해 메타영화, 메타팝, 메타패션이 가능하다고 했다. 메타예술의 특성은 "창작을 할 때 그 창작품을 통해 윗세대의 창작 과정에 나타나는 창조의 메커니즘과 그 전개 과정에 대해 다양한 의문을 표시"하는 것이다.[22]

왜 커뮤니케이션에 관한 커뮤니케이션이 필요한가?

meta-communication

meta-communication은 1951년 영국 인류학자 그레고리 베이트슨Gregory Bateson, 1904~1980이 'communication about communication'이란 뜻으로 만든 용어로 알려져 있는데, 정작 베이트슨은 그 저작권자는 미국 언어학자 벤저민 리 워프Benjamin Lee Whorf, 1897~1941라고 밝혔다. 베이트슨은 대화에서 표현 자체뿐 아니라 표현을 둘러싼 목소리, 제스처, 얼굴 표정 등의 속뜻까지 헤아려야 소통이 된다고 보았으며, 대화하는 시늉만 내고 상대의 속뜻을 헤아리지 못하면 소통이 되지 않는다고 생각했다. 비언어적 행동 nonverbal behavior은 자주 그런 메타커뮤니케이션의 기능을 수행한다.[23]

이른바 '메라비언의 법칙rule of Mehrabian'은 메타커뮤니케이션의 중요성을 말해주는 법칙으로 볼 수 있다. '메라비언의 법칙'은 상대방에 대한 인상이나 호감을 결정하는 데 목소리(목소리의 톤이나 음색)는 38퍼센트, 보디랭귀지(자세·용모와 복장·제스처)는 55퍼센트의 영향을 미치는 반면, 말하는 내용은 겨우 7퍼센트만 작용한다는 법칙으로, 대화에서 언어보다

French

Russian

Chinese

communication
about
communication

America

German

Arab

는 시각과 청각 이미지가 중요시된다는 커뮤니케이션 이론이다. 그래서 '7%-38%-55% 법칙' 또는 '7:38:55 법칙'이라고도 한다.[24]

이와 관련, 임귀열은 '따지고 보면 소통은 결코 반가운 단어가 아니다. 왜냐하면 쌍방이 대화는 하는데 한쪽이 다른 쪽 말을 듣지 않거나 무시해서 생기는 '먹통'이나 '불통'의 다른 표현이기 때문이다. 쌍방이 말이 잘 통하는데 소통이 강조될리가 없지 않은가. 쌍방의 dialogue나 conversation 혹은 communication은 대화 자체를 지칭하는 말이고 '정말 말이 통하는가'를 논하는 소통의 개념을 영어로 말하면 meta-communication이다"며 다음과 같이 말한다.

"영어에서도 가끔 'We're not communicating'이라는 말이 오갈 때가 있다. 서로 대화가 통하지 않거나 일방적으로 이뤄지는 경우다.……대통령이 새해 들어 수석비서관들을 모아 놓고 소통을 강조했다. 그런데 여론조사에서는 대통령을 두고 소통이 부족하다는 응답이 높게 나온다. 이 또한 'We're not communicating'이라는 말을 떠올리게 하는 상황이다. 스스로 불통, 먹통을 하면서 소통을 강조하는 것은 아이러니한 일이다."[25]

meta-comment(메타코멘트)나 meta-talking(메타토킹)은 대화를 부드럽게 만드는 덧말, 즉 "그러니까 내 말은 ~"처럼 구체적인 내용을 지시한다기보다는 말을 보완하고 강조하는 보조어구를 가리킨다. 이와 관련, 임귀열은 "대화 중간에 'I say to you that ~', 'I tell you the truth', 'We know that ~', 'I ask that ~', 'It is very important that you understand that ~', 'Please remember that ~' 등을 넣으면

강조 혹은 주의를 환기시킨다는 의미이고 때로는 연결 기능도 한다"며 다음과 같이 말한다.

"이들 주변어구를 잘 활용하면 대화에서의 성공률이 그만큼 높아지는데 흔히 말하는 '주변머리가 있다'는 말처럼 말의 핵심 내용 못지않게 형식을 풍부하게 만들고 전달력을 높일 수 있다. 이처럼 대화에서는 메타코멘트meta-comment나 메타토킹meta-talking이 매우 중요하다. 'How are you?'라는 인사말 하나를 암기하는 것보다는 그와 함께 쓰이는 주변어구 수십 가지를 함께 공부하는 것이 좋고 대화체 문장을 통째로 외우는 것보다는 그 주변어구들을 함께 배우는 것이 효율적인 영어 공부법이다."[26]

"I have no choice, I guess"에서는 "I guess"가 군더더기 주변어구meta-comment다. 이런 보조어 기능어를 잘 활용해야 자연스러운 표현이 되지만, 지나치면 "That is so meta"라는 비판을 받게 된다.[27] 아닌 게 아니라 한국어를 하는 한국인들 중에서도 보조어를 남용하는 사람들을 가끔 볼 수 있는데, 이렇듯 지나치면 듣는 이의 짜증을 유발하기 십상이니 자신의 말하는 습관에 대해 남들의 평가를 들어보는 게 좋겠다.

왜 소크라테스는
"너 자신을 알라"고 했을까?

●
metacognition

metacognition(메타인지)이란
자기 자신의 인지 처리 과정을 이해하고 인식하는 것으로, 쉽
게 말해서 '생각에 관한 생각'을 말한다. 인간의 뇌와 다른 동
물의 뇌를 구분하는 가장 큰 차이가 바로 메타인지다. 리처드
레스택Richard M. Restack은 『인간적인, 너무나 인간적인 뇌』
(2012)에서 다음과 같이 말한다.

"예시로 특정 사람들을 대할 때 자신의 편견을 인식하는
것, 동료와 껄끄러운 대화를 나누면서 점점 화가 나는 것을 계
속 인식하고 있는 것, 동료가 나보다 더 자질이 있다는 것을 마
지못해 인정하기 때문에 탐나는 과제를 그에게 기꺼이 넘겨주
는 것 등을 들 수 있다. 보다 높은 수준의 메타인지에서는, 인
간과 다른 동물 사이의 차이가 훨씬 더 극명해진다. 오직 인간
의 두뇌만이 '사느냐 죽느냐, 그것이 문제로다'를 가늠할 수
있다." 28

데이비드 디살보David DiSalvo는 『나는 결심하지만 뇌는 비
웃는다』(2012)에서 "정상적인 사고과정을 넘어서서 우리가
왜 그런 생각을 하게 되는지 생각하는 능력은, 뇌가 진화를 거

치면서 얻게 된 경이로운 능력이다. 인간의 뇌 중에서도 가장 최근에 발달한 전전두엽피질 덕분에, 우리는 자신을 돌아보고 추상적 사고를 할 수 있는 능력을 갖추게 되었다"며 다음과 같이 말한다.

"우리는 마치 다른 사람을 생각하듯이 우리 자신을 객관화할 수 있다. 영장류 행동 연구에 따르면, 인간과 가장 가까운 침팬지조차도 이런 능력을 가지고 있지 않다(침팬지가 거울 속에 비친 자기 모습을 보고 다른 침팬지가 아닌 자기 자신이라고 알아보는 등, 자신을 투영하는 몇 가지 능력을 갖추고 있긴 하지만, 인간에 비할 바는 못 된다). 하지만 이 능력은 양날의 검이다. 이 능력 덕분에 우리의 생각에 대해 생각해볼 수 있지만, 한편으로는 이 능력이 우리를 존재론적으로 혼란스럽게 만들기도 하기 때문이다."[29]

인지심리학자들이 좋아하는 말 중에 이런 내용이 있다. "세상에는 두 가지 종류의 지식이 있다. 첫 번째는 내가 알고 있다는 느낌은 있는데 설명할 수는 없는 지식이고 두 번째는 내가 알고 있다는 느낌뿐만 아니라 남들에게 설명할 수도 있는 지식이다. 두 번째 지식만 진짜 지식이며 내가 쓸 수 있는 지식이다."

이 말을 소개한 김경일은 "중요한 말이 아닐 수 없다"며 이렇게 말한다. "창의적인 아이디어가 정말 쓸 수 있는 것이 되려면 이른바 설명하기 방식을 통해 할 수 있는 것과 할 수 없는 것, 현실적인 것과 비현실적인 것, 필요한 것과 필요 없는 것이 확연히 구분되어야 한다. 그리고 이러한 구분을 할 수 있기 위해서는 메타인지의 역할이 중요하다."[30]

세계적인 교육 강국 핀란드는 이러한 메타인지를 높이는

교육으로 유명하다. 핀란드에서는 전교 1등 하는 학생이 전교 2등 하는 학생도 가르치고, 전교 꼴등 하는 학생도 가르치는 '상생 교육'을 한다. 김경일은 이 교육 방식을 '아이를 천재로 만드는 교육 방식'이라고 했다.[31]

임영익은 『메타생각』(2014)에서 "메타인지가 학술적인 의미로 나타나기 오래전부터 선현들은 그 중요성을 설파하였다. 소크라테스의 '너 자신을 알라'라는 그 유명한 한마디는 메타인지의 핵심을 잘 담고 있다. 또한 공자는 '아는 것을 안다고 하고 모르는 것을 모른다고 하는 것, 이것이 바로 아는 것이다'라고 하여 메타인지의 본질을 꿰뚫어보았다"며 다음과 같이 말한다.

"이런 메타인지적인 원리를 바탕으로 하는 것이 메타생각 기법이다. 광의의 메타생각은 메타인지와 유사한 개념이다. 메타생각은 그런 광의의 메타생각에 '생각의 기술'이라는 도구를 포함하는 '실전 메타생각 기법'을 의미한다.……구체적인 문제 상황에서 생각의 기술을 실제로 활용하기 위해서는 반드시 메타생각이 필요하다. 이런 과정을 통해 만들어지는 구체적 '전술'이 '스스로 발견학습heuristics'을 가능하게 한다."[32]

제프 콜빈Geoff Colvin은 『재능은 어떻게 단련되는가?』(2008)에서 "최고의 성과자들이 업무를 보는 동안 사용하는 가장 핵심적인 자기조절 기술은 자기관찰self-observation이다. 예를 들어, 평범한 마라톤 선수들은 경기 중에 달리기가 아닌 다른 일을 생각하는 경향이 있다. 너무 고통스러워서 생각을 다른 데로 돌리려고 하기 때문이다. 반대로 최상위 선수들은 무시무시할 정도로 자기 자신에게 집중한다. 특히 호흡과 발걸음을 세면서 일정 비율을 유지한다"며 다음과 같이 말한다.

"정신노동에도 같은 원리가 적용된다. 최고의 성과자들은 최고의 마라톤 선수처럼 자기 자신을 치밀하게 관찰한다.……메타인지라고 부르는 이 능력은 자신이 무엇을 하는지 파악하고 자기 생각에 대해서 말한다. 메타인지가 중요한 이유는 그것이 끝까지 유지될 때 상황을 변화시키기도 하기 때문이다. 즉 메타인지는 변화무쌍한 환경에 적응하는 데 상당히 중요한 역할을 한다."[33]

역사 서술은 문학 작품과
다를 게 없는가?

●
metahistory

       metahistory(메타역사)는 역사에 관한 역사로, 역사 텍스트의 구조, 스타일, 방법론 등을 분석하는 것이다. 미국 역사가 헤이든 화이트Hayden White, 1928~는 1973년 『메타역사Metahistory: The Historical Imagination in Nineteenth-Century Europe』에서 쥘 미슐레Jules Michelet, 1798~1874, 레오폴트 폰 랑케Leopold von Ranke, 1795~1886, 알렉시 토크빌 Alexis Tocqueville, 1805~1859, 아코프 부르크하르트Jacob Burckhardt, 1818~1897 등 19세기의 고전적 역사가들의 텍스트에 대한 '형식주의적' 분석을 시도해, 이들이 문학 장르의 틀을 따라 서사narrative와 '플롯'의 틀을 맞춘다고 주장했다. 미슐레는 자신의 역사를 로망스 형식으로, 랑케는 희극 형식으로, 토크빌은 비극 형식으로, 부르크하르트는 풍자 형식으로 '플롯화' 했다는 것이다.[34]

      역사 서술이 문학 작품과 다를 게 없다? 이게 바로 언어는 실체나 세상을 반영하는 대신 그것을 구성한다고 보는 '언어적 전환linguistic turn'이다. 오스트리아 출신의 미국 철학자 구스타프 베르크만Gustav Bergmann, 1906~1987이 처음 언급했지만,

철학자 리처드 로티Richard M. Rorty, 1931~2007가 편자로 참여해 1967년 출간된 『언어적 전환The Linguistic Turn: Essays in Philosophical Method』에 의해 널리 알려진 개념이다.[35]

언어적 전환과 관련, 곽차섭은 "이렇게 되면, 종래에 리얼리티를 반영한다고 간주되었던 '사료들'이 이제는 단지 과거에 대한 하나의 목소리로 간주될 뿐이다"고 말한다. "'텍스트 바깥에는 아무것도 없다'라는 말도 바로 이러한 입장의 연장선상에 있다. 역사란 무엇인가를 근본적으로 되묻는 이러한 문제 제기는 포스트모더니즘의 지적 풍토가 전통 역사학에 던진 최대의 도전장임에 틀림없다."[36]

화이트는 역사 서술의 형식을 연대기적 역사 서술, 편년사적 역사 서술, 이야기식 역사 서술 등 3가지로 구분했다. 연대기에서는 사건이 순서에 따라 나열되고 그 사건들 사이의 맥락을 드러내지 않는다. 편년사에서도 사건들의 순서대로 배열되는 것은 같지만, 이런 사건들을 연관시키는 주제들이 언급된다. 그러나 사건의 의미는 언급되지 않는다.

한스 위르겐 괴르츠Hans-Jürgen Goertz의 해설에 따르면, "이야기식 서술에서야 비로소 사건들은 서로 관련되고, 무형체적 역사의 흐름으로부터 벗어나 발단, 중간, 결말로서 인위적으로 분리되어 인식 가능한, 즉 의미가 부여되는 발전 과정의 형태로서 제시된다. 사건 경과에 부여되는 질서는 문학이론적으로 이야기하자면 '구성plot'이며, 이야기식 서술을 만드는 방식은 '구성화emplotment'이다. 이러한 방식을 통해 사건들은 자신들이 원래 가지고 있지 않던 성질, 즉 발단, 중간, 결말 상태라는 성질을 부여받게 된다."[37]

괴르츠는 이야기는 '역사가의 양심'이 시험받는 무대가

된다며 다음과 같이 말한다.

"역사가는 '이미 모습을 갖춘 이야기식 서술을 부지不知와 불명확성을 그 특징으로 하는 원래의 상태로 되돌려놓는데'에도 똑같이 양심적인 노력을 경주해야만 한다. 왜냐하면 과거에 벌어진 사건은 이야기식 서술에 내재되어 있는 불변의 특징인 수미일관성을 보여주지 않기 때문이다. 이야기식 서술은 발단을 갖고 있으며 결말을 향해 치닫는다. 바로 그렇기 때문에 발단과 결말 사이에서는 과거에 벌어진 사건 자체와는 직접 조응하지 않는 서술상의 동력이 전개된다."[38]

김수영은 언어에 대한 집착은 포스트모더니즘 특유의 인식론에서 유래한다고 했다. 그는 포스트모던 역사학은 '사실로서의 역사'라는 기존 역사관을 부인하고 '건설 또는 재현으로서의 역사'를 주장하면서 사실과 해석은 분리가 불가능하다는 기존의 역사적 인식을 훨씬 넘어서서 사실 자체의 존재를 부인하기 시작하고 있다고 했다.

"이러한 인식론에 기초한다면, 역사는 개인의 정체성 문제와도 뗄 수 없는 관계가 된다. 기존의 역사학계가 포스트모더니즘을 위협적으로 느끼는 것도 바로 이러한 근본적인 인식론상의 도전을 함유하고 있기 때문이다. 어떠한 실존도 철저히 거부하고 모든 것이 '재현의 네트워크' 안에서 형성되는 것이라는, 이러한 인식론을 수용하고 있는 역사가들에게 있어서 가치 있는 연구 대상이 역사적 '사실'이 아니라 그 사실을 구성하는 '담론'과 '개념 구조'가 될 수밖에 없다는 것은 너무나 자명한 결과라 할 수 있다."[39]

역사학자들은 화이트의 주장을 심각하게 받아들이면서도 반격에 나섰다. 물론 전면 부정은 아니었고 부분적인 반론이었다.

키스 토머스Keith Thomas는 화이트가 미슐레, 랑케, 토크빌, 부르크하르트 등 19세기의 고전적 역사가들의 텍스트를 분석 대상으로 삼은 게 약간 실망스럽다면서, 최근 역사가들의 텍스트를 분석 대상으로 삼았더라면 훨씬 계몽적이었을 거라고 말했다.[40]

내털리 제이먼 데이비스Natalie Zemon Davis는 화이트가 역사 산문을 서술할 때 문학적인 특징들이 영향을 준다는 점을 지적한 건 뛰어난 업적이었지만, 그의 입장을 역사 서술의 의미에 대한 전체적인 관점으로 보기에는 한계가 있다고 평가했다.

"왜냐하면 그러한 입장은 역사가가 행하는 노력과 사례를 논증하기 위해 따르는 증거의 규칙들을 간과하고 있기 때문이지요. 두 가지가 동시에 작동한다는 것이 나의 생각이에요. 헤이든 화이트는 역사가 사용하는 문학적 장르의 문제에만 초점을 맞춘 나머지 산문 서술의 관례들을 고려하지 못하고 있는 겁니다. 그러한 관례들은 과거 2천 년간 발전되어온 것으로서, 독자들로 하여금 역사가가 어느 부분에서 확신에 차서 말을 하고 있는지, 어떤 주장을 의심하는지, 혹은 언제 복수적 관점이 존재하는지를 알 수 있도록 하지요. 그리고 역사 서술이 이러한 관례들만으로 이루어지는 것도 아니에요. 그 이상의 많은 것들이 요구됩니다."[41]

한동안 한국 사회를 블랙홀처럼 빨아들였던 한국사 논쟁, 특히 근현대사 논쟁은 메타역사 논쟁이며 그래야만 하지만, 차분하고 진지한 메타역사는 사라지고 극단적인 감성을 표출하는 이념 논쟁으로 전락하고 말아 이만저만 아쉬운 게 아니다.

의견이 충돌하는 곳에
자유가 울려 퍼지는가?

●
opinion

그 누구건 자기 나름의 opinion (의견)을 갖는 것은 민주주의의 토대로 간주된다. 그래서 미국 정치가 아들라이 스티븐슨**Adlai E. Stevenson, 1900~1965**은 "Freedom rings where opinion clash(의견이 충돌하는 곳에 자유가 울려 퍼진다)"라고 했다. opinion에 관한 명언을 8개만 더 감상해보자.

(1) There never was in the world two opinions alike, no more that two hairs, or two grains. The most universal quality is diversity(세상에는 똑같은 의견이 없으며 두 개의 머리카락도 두 개의 곡식알도 같은 게 없다. 세상의 법칙은 다양성이다). 프랑스 사상가 몽테뉴**Michel de Montaigne, 1533~1592**의 말이다.[42]

(2) New opinions are always suspected, and usually opposed, without any other reason but because they are not already common(새로운 의견은 늘 의심받고 반대에 직면한다. 이미 익숙한 것이 아니라는 것 이외에 그 어떤 이유도 없다). 영국 사상가 존 로크**John Locke, 1632~1704**의 말이다.

Freedom rings where opinion clash

(3) Nothing contributes more to a person's peace of mind than having no opinions at all(아무런 의견을 갖지 않는 것 이상 마음의 평안에 기여하는 건 없다). 독일 물리학자이자 계몽 사상가인 게오르크 리히텐베르크Georg Christoph Lichtenberg, 1742~1799의 말이다.

(4) Those who never retract their opinions love themselves more than they love truth(의견을 바꾸는 법이 없는 사람은 진실보다는 자기 자신을 더 사랑하는 셈이다) 프랑스 작가 조제프 주베르Joseph Joubert, 1754~1824의 말이다.

(5) He that never changes his opinions, never corrects his mistakes, and will never be wiser on the morrow than he is today(의견을 바꾸는 법이 없고 실수를 바로잡는 법이 없는 사람은 오늘보다 내일 더 현명해질 수는 없다). 미국 신학자 트라이언 에드워즈Tryon Edwards, 1809~1894의 말이다.

(6) The foolish and the dead alone never change their opinions(어리석은 자와 죽은 자만이 의견을 바꾸는 법이 없다). 미국의 시인, 평론가 겸 외교관인 제임스 러셀 로웰James Russell Lowell, 1819~1891의 말이다.

(7) Ask an average newspaper readers what he thinks about a certain political question. He will give you as "his" opinion a more or less exact account of what he has read, and yet—and this is the essential point—he believes that what he is saying is the result of his own thinking(보통의 신문 독자에게 어떤 정치적 문제에 대해 어떻게 생각하는지 물어보라. 그 사람은 자신이 신문에서 읽은 걸 자신의 의견인 양 말할 것이다. 이게 중요한 점인데, 그러면서도 그

는 자신이 말하는 걸 자신이 한 생각의 결과라고 믿는다). 유대인으로 독일계 미국인 학자인 에리히 프롬Erich Fromm, 1900~1980의 말이다.[43] 프롬은 또 다음과 같이 말했다.

(8) The average person who goes to a museum and looks at a picture by a famous painter, say Rembrandt, judges it to be a beautiful and impressive picture. If we analyze his judgment, we find that he does not have any particular inner response to the picture but thinks it is beautiful because he knows that he is supposed to think it is beautiful(보통 사람은 박물관에 가서 렘브란트와 같은 유명한 화가의 그림을 보면 아름답고 감동적인 그림이라고 판단을 한다. 그러나 그의 판단을 분석해보면 그는 그 그림에 대해 이렇다 할 내적 반응을 갖고 있지 않다는 걸 알 수 있다. 그 사람은 그 그림이 [다른 사람들처럼] 아름답다고 생각해야 한다는 걸 알기 때문에 아름답다고 생각하는 것뿐이다).[44]

왜 선전가는 태도와 의견을 판매하는 전문가인가?

●
propaganda

"A propagandist is a specialist in selling attitudes and opinions(선전가는 태도와 의견을 판매하는 전문가다)"라는 말이 있다. 우리는 흔히 프로파간다라고 하면 음모와 거짓을 연상하지만, 프랑스의 신학자이자 철학자인 자크 엘뤼**Jacques Ellul, 1912~1994**는 『프로파간다 **Propaganda: The Formation of Men's Attitudes**』(1962/1973)라는 책에서 정보와 프로파간다의 합일화 현상을 지적했다. 교육 수준이 높아진 현대인이 사실과의 관련을 요구함에 따라 순전히 감정적인 프로파간다는 설득에서 명백한 한계가 있으며, 프로파간다는 적어도 사실에 관한 한 이제 거짓말을 하지 않는다는 것이다. 그는 민주주의에 대한 비관적 견해와 예언자적 태도로 '프랑스의 솔제니친'이라는 별명을 얻기도 했는데, 그의 주장을 7개만 감상해보자.

(1) American sociologists scientifically try to play down the effectiveness of propaganda because they cannot accept the idea that the individual—that cornerstone of democracy—can be so fragile; and

because they retain their ultimate trust in man(미국 사회학자들은 과학적으로 선전의 유효성을 과소평가하려고 애쓴다. 민주주의의 초석인 개인이 그렇게 연약하다는 걸 받아들일 수 없기 때문이다. 또 인간에 대해 궁극적인 신뢰를 갖고 있기 때문이다).[45]

(2) Stalinist propaganda was in great measure founded on Pavlov's theory of the conditional reflex. Hitlerian propaganda was in great measure founded on Freud's theory of repression and libido. American propaganda is founded in great measure on Dewey's theory of teaching(스탈린의 선전은 파블로프의 조건반사 이론에 크게 의존했고, 히틀러의 선전은 프로이트의 억압과 리비도 이론에 크게 의존했으며, 미국의 선전은 듀이의 교육 이론에 크게 의존한다).[46]

(3) The public will fix its interest and its passion on one point, to the exclusion of all the rest(사람들은 관심과 열정을 어떤 것에 고정시키면, 나머지는 생각하지 않는다).[47]

(4) To the extent that propaganda is based on current news, it cannot permit time for thought or reflection. A man caught up in the news must remain one the surface of the event; he is carries along in the current, and at no time take a respite to judge and appreciate; he can never stop to reflect(시사 뉴스에 근거하는 선전은 성찰할 시간이 없다. 그런 뉴스에 갇힌 사람은 사건의 피상에만 머물러야 하며, 그런 흐름에 휩쓸린 나머지 판단하고 평가할 틈이 없으며, 성찰을 위해 멈춰 설 수 없다).[48]

(5) The 'current-events man' is unstable because

he runs after what happened today; he relate to the event, and therefore cannot resist any impulse coming from that event. Because he is immersed in current affairs, this man has a psychological weakness that puts him at the mercy of the propagandist. No confrontation ever occurs between the event and the truth; no relationship ever exists between the event and the person(‘시사적 인간’은 오늘 무슨 일이 일어났는지에 관심을 쏟기 때문에 불안정하다. 또 그는 사건에 매여 있어 그 사건에서 비롯된 충동을 다스릴 수 없기 때문이다. 그는 시사적 사건에 집착하기 때문에 심리적 약점을 갖게 되어 선전에 취약해진다. 사건과 진실 사이엔 아무런 대결도 일어나지 않는다. 아니 애초에 사건과 그 사람 사이엔 아무런 관련성도 없다).[49]

(6) Purely impassioned and emotional propaganda is disappearing. Even Hitler's most inflammatory speeches always contained some facts which served as base or pretext(순전히 정열적이고 감정적인 선전은 사라져가고 있다. 히틀러의 선동적인 연설들조차 늘 근거 또는 구실로 쓰인 어느 정도의 사실은 담고 있었다).[50]

(7) Modern man needs a relation to facts, a self-justification to convince himself that by acting in a certain way he is obeying reason and proved experience. We must therefore study the close relationship between information and propaganda. Propaganda's content increasingly resembles information(현대인은 사실과의 관계를 필요로 한다. 나름으로 일정한 방식에

따라 행동함으로써 자신이 이성과 입증된 경험에 따른다고 자신을 이해시킬 자기정당화를 위해서다. 그러므로 우리는 정보와 선전의 그런 밀접한 관계를 연구해야 한다. 선전의 내용은 점점 더 정보를 닮아간다).[51]

왜 '민심은 천심'이라는 말을 허구라고 하는가?

●
public opinion

The voice of the people is the voice of God(국민의 소리는 신의 소리다). 같은 뜻으로, 우리는 "민심은 천심이다"는 말을 즐겨 쓴다. 이렇듯 여론은 신성시되지만, 문제는 여론을 정확히 알 수 있느냐 하는 것이다. 이와 관련, 미국 정치학자 V. O. 키**V. O. Key, 1908~1963**는 이렇게 말했다. To speak with precision of public opinion is a task not unlike coming to grips with the Holy Ghost(여론에 대해 정확히 말한다는 건 성령聖靈을 이해하는 것과 다르지 않은 일이다).[52]

그런 문제를 들어 수많은 전문가가 '민심은 천심'이라는 말은 허구이거나 허구에 가깝다고 주장한다. 독일 건축가 발터 그로피우스**Walter Gropius, 1883~1969**는 이렇게 우려했다. Modern man has developed a kind of Gallup-poll mentality, relying on quantity instead of quality and yielding to expediency instead of building a new faith(현대인은 질質보다는 양量에 의존하고, 새로운 믿음을 만드는 대신 편의주의에 굴복하는 일종의 '갤럽 여론조사 멘탈리티'를 개발해냈다).

The scientific methodology of contemporary opinion research raises a form of enslavement that is restricting and soul-destroying to degrees hitherto unknown. Before, politicians had to guess what people wanted……that uncertainty creates an opening for taking a position closer to one's convictions. Under current conditions, however, there is almost no uncertainty(오늘날 여론조사의 과학적 방법론은 지금까지 알려지지 않은 정도로 제약적이고 정신을 파괴하는 노예화의 한 형태를 만들어낸다. 이전에 정치가들은 사람들이 무엇을 원하는지를 추측해야만 했다. 그러한 불확실성은 정치가로 하여금 자신의 신념에 더 가까운 어떤 입장을 취할 수 있게 했다. 그러나 현재의 상황 하에서는 불확실성이란 거의 없다).[53]

미국 논픽션 작가 수잔나 레저드Suzannah Lessard가 『워싱턴먼슬리The Washington Monthly』(1996년 1~2월호)에 기고한 「여론조사가들을 추방하라Banish the Pollsters」는 글에서 한 말이다. 레저드는 지도자 지망생들의 정신은 여론조사 기술에 의해 식민화되고 있다고 개탄했다. 이에 대해 데이비드 셴크David Shenk는 다음과 같이 말한다.

Followership wouldn't be such a bad thing if Americans were capable of making leadership-quality decisions. But, generally speaking, we citizens are simply too busy with our own complex, harried lives to also excel at making key policy decisions. Therefore, we have an unfortunate coinciding of two consequences of technology: more citizen power with less citizen understanding(미국인들이 지도력의 자질을 판단할 수 있는 능력을 가졌다면, 추종심은 그렇게 나쁜 일은 아닐 것이다. 그러나 그들은 대체로 자신들의 복잡하고 혼란스러운 삶으로 너무나도 바쁘며 그리고 그들의 지식은 너무 전문화되고 파편화되어 있어, 폭넓은 쟁점들에 관한 지적인 결정을 내리기에는 부적절하다. 그러므로 우리는 기술의 두 가지 불행한 결과, 즉 더 적은 이해를 하면서 더 많은 권력을 가진 시민들을 접하고 있다).[54]

미국 진보적 정치 컨설턴트 조 트리피Joe Trippi는 이렇게 말한다. "The reliance on polling and focus groups is the worst trend in politics. It substitutes a candidate's convictions with bland, market-tested, centrist bullshit.……I have come to believe that polling takes much of the courage out of politics(여론조사와 이를 위한 초점 집단에 의존하는 것이야말로 정치에서 최악의 트렌드다. 이는 후보의 신념을 흐리멍텅한, 시장 테스트를 거친, 중도적 입장으로 대체해버린다. 정말이지 바보 같은 짓이라고 말하고 싶다. 여론조사는 정치에 필요한 용기를 없애버렸다는 것이 내 생각이다)."[55]

논란의 소지는 있을망정, 일리 있는 주장이라 볼 수 있겠다. 리더십도 마찬가지다. 일반 기업에서 의사결정을 내릴 때 사원들의 생각을 알아보는 건 필요한 일이지만, 여론조사를 하듯이 해서 무조건 다수결의 결정을 따르는 것은 혁신을 어렵게 만든다는 걸 명심할 필요가 있겠다.

여론조사는 선거운동을 위한
여론조작의 도구인가?

●
push poll

                        프랑스 사회학자 피에르 부르디
외Pierre Bourdieu, 1930~2002는 1960년대 프랑스 정치에 여론조
사가 도입되자 그걸 강력히 반대했다. 그는 여론조사가 ① 여
론조사는 모든 사람이 의견을 갖고 있다, ② 모든 의견이 똑같
은 무게를 갖고 있다, ③ 질문을 할 가치가 있는 질문에 관한
동의가 이루어졌다는 등의 그릇된 전제 위에서 출발하는 것이
라는 점을 지적하면서 '여론은 존재하지 않는다'고 주장했다.
게다가 여론조사는 단순한 것을 좋아하는 언론인들이 이미 단
순한 데이터를 더욱 단순화시키는 위험을 처음부터 안고 있으
며, 응답자의 정치 문제에 대한 대답이라고 하는 건 '계급적
성향'에 따라 이루어질 뿐이라는 점을 강조했다.[56]

    이제 그런 수준의 문제 제기는 사치스럽게 여겨질 정도로
'여론'을 둘러싼 투쟁은 극도의 타락상을 보인다. 무엇보다도
push poll(여론조사를 빙자한 선거운동)의 문제가 매우 심각하
다. 이는 모든 각급 선거에서 대유행, 아니 기승을 부린다.
"push poll"은 사실상 poll이 아니기 때문에 잘못된 말이며,
'정치적 텔리마케팅'으로 불러야 한다는 주장도 있다. 1996년

대통령선거 시 공화당 예선에서 밥 돌Bob Dole과 스티브 포브스Steve Forbes가 각각 상대방 진영이 'push poll'을 너무 많이 한다고 비난하면서 화제가 되었다.

1997년 'push poll'을 규제하는 'Push Poll Disclaimer Act' 법안이 하원에 제출되었지만, 하원 정부개혁위원회House Committee on Government Reform and Oversight도 통과하지 못한 채 묵살되고 말았다. 웨스트버지니아West Virginia 등 일부 주에선 비슷한 법안이 통과되어 주 차원에서 규제를 하는 실정이다.

'push poll'을 닮은 유사 관행들도 있다. frugging은 조사를 빙자한 기부금 모집fund-raising이다(frug는 트위스트에서 파생된 춤을 가리킨다). sugging은 조사를 빙자한 물건 판매다. 900 or 800 dial-in surveys는 텔레비전에서 많이 쓰는 의사 여론조사pseudo poll며, internet polling도 의사 여론조사로 응답자들의 대표성 문제가 심각하게 제기되고 있다. push poll의 가장 큰 문제는 정당한 여론조사를 어렵게 만드는 동시에 정치냉소주의를 심화시킨다는 데에 있다.[57]

콜로라도주 덴버에서 발행되는 『로키마운틴뉴스Rocky Mountain News』 1994년 7월 29일자는 다음과 같이 보도했다. Bird also continues to be outraged by a "push poll" conducted by Benson last week······that was designed to alert voters to Bird's alleged political failures(버드는 또한 지난주 벤슨의 'push poll'에 대해 분노하고 있다. 벤슨이 버드의 정치적 실패라고 주장하는 것들을 유권자들에게 알려주기 위해 획책된 것이기 때문이다).[58]

한국에선 'push poll'은 애교 수준이라고 해도 좋을 정도로, 노골적인 여론 조작용 사이비 여론조사가 판을 친다. 일반

전화 수백 수천 대를 개통한 후 이를 휴대전화로 착신 전환해서 여론을 조작하는 수법이 광범위하게 저질러졌다.

life
happiness
hedonic treadmill
despair
good enough
satisfaction
contentment
honor
money
ideal

인생 · 삶 · 행복

인생은 가까이서 보면 비극이지만 멀리서 보면 코미디인가?

·
life

       영국 출신으로 미국에서 활동한 희극배우 찰리 채플린Charlie Chaplin, 1889~1977은 "Life is a tragedy when seen in close-up, but a comedy in long-shot(인생은 가까이서 보면 비극이지만 멀리서 보면 코미디)"이라고 말했다.[1] 과연 그런가? 인생에 관한 명언을 10개만 감상해보자.

(1) Life is life(인생은 인생일 뿐 별 것 없다).

(2) Never take life seriously. Nobody gets out alive anyway(인생을 심각하게 살지 마라. 아무도 살아남지 못하는 게 인생이다).[2]

(3) Now life's like a box of chocolates, you never know what you're going to get(세상엔 다양한 초콜릿이 있는 것처럼 별의별 사람이 다 있다).[3]

(4) Whosoever saves a single life is as if he had saved the whole world; whosoever destroys a single life is as if he had destroyed the whole world(한 생명을 구한 자는 전 세계를 구한 것과 같으며, 한 생명을 멸한 자는 전 세계를 멸한 것과 같다). 유대교 율법 해설서인 『탈무드The Talmud』에 나

오는 말이다. whosoever는 whoever를 강하게 표현한 강의어強意語다.

(5) Life is the continuous adjustment of internal relations to external relations(삶이란 외적 관계에 대한 내적 관계의 끊임없는 조정이다). 영국 사회학자 허버트 스펜서 Herbert Spencer, 1820~1903의 말이다.

(6) Life is a dead-end street(인생이란 막다른 골목이다). 미국 저널리스트 독설가로 유명한 헨리 루이 멩켄Henry Louis Mencken, 1880~1956의 말이다.

(7) Life is either a daring adventure or nothing(인생이란 대담무쌍한 모험이거나 아무것도 아니다). 헬렌 켈러Helen Keller, 1880~1968의 말이다.[4]

(8) Life improves slowly and goes wrong fast, and only catastrophe is clearly visible(인생은 천천히 나아지고 빨리 나빠지며, 재난만 분명하게 눈에 들어온다). 제2차 세계대전 중 원자폭탄을 개발한 맨해튼 계획Manhatten Project에 참가한 미국 원자 물리학자 에드워드 텔러Edward Teller, 1908~2003의 말이다.

(9) Life is an opportunity, benefit from it. Life is a beauty, admire it. Life is a dream, realize it. Life is a challenge, meet it. Life is a duty, complete it. Life is a game, play it. Life is a promise, fulfill it. Life is sorrow, overcome it. Life is a song, sing it. Life is a struggle, accept it. Life is a tragedy, confront it. Life is an adventure, dare it. Life is luck, make it. Life is too precious, do not destroy it. Life is life, fight for it(인생은 기회이니, 거기에서 얻어라. 인생은 아름다움이니, 그것을 찬미하라.

Life is
either a daring adventure
or nothing

인생은 꿈이니, 그것을 실현시켜라. 인생은 도전이니, 그것에 맞서라. 인생은 의무이니, 그것을 수행하라. 인생은 게임이니, 그것을 즐겨라. 인생은 약속이니, 그것을 실현하라. 인생은 슬픔이니, 그것을 극복하라. 인생은 음악이니, 그것을 불러라. 인생은 투쟁이니, 그것을 받아들여라. 인생은 비극이니, 그것에 직면하라. 인생은 모험이니, 용기를 내라. 인생은 행운이니, 그것을 잡아라. 인생은 너무나 귀중하니 그것을 파괴하지 마라. 인생은 인생이니, 쟁취하라).[5] 테레사 수녀Mother Teresa, 1910~1997의 말이다.

(10) Losers let life happen to them; winners make it happen(패배자는 삶의 지배를 받고 승리자는 삶을 지배한다). 미국 자기계발 전문가 데니스 웨이틀리Denis Waitley, 1933~의 말이다.

왜 행복을 합리적으로
설명하려고 하면 안 되는가?

●
happiness

happiness(행복)의 본뜻은 "good fortune(행운)"이다. happiness와 happening(우연한 사건)의 어원인 'hap'은 '우연'이라는 의미를 갖는다. 따라서 happiness라고 하는 말에는 외부에서 찾아오는 '행운'과 비슷한 울림이 있다.[6] 영국 작가 G. K. 체스터턴G. K. Chesterton, 1874~1936은 "Happiness is a mystery like religion, and it should never be rationalized(행복은 종교처럼 미스터리이므로, 합리적으로 설명하려고 해선 안 된다)"라고 했는데, 이 또한 행복을 행운으로 여기라는 말처럼 들린다. 행복에 관한 명언을 10개만 더 감상해보자.

(1) The secret of happiness is to count your blessings while others are adding up their troubles(행복의 비결은 남들이 걱정을 더할 때 좋은 일을 세어 보는 것이다). 미국 펜실베이니아주를 세운 윌리엄 펜William Penn, 1644~1718의 말이다.[7]

(2) The discovery of a new dish does more for human happiness than the discovery of a star(새로운 별을

발견하는 것보다 새로운 요리를 발견하는 것이 행복에 기여한다).
프랑스 식도락가 앙텔름 브리야사바랭Anthelme Brillat-Savarin,
1755~1826의 말이다.

(3) There is only one happiness in life, to love and
be loved(우리 인생엔 단 하나의 행복만 있다. 그것은 사랑하고 사
랑받는 것이다). 프랑스 작가 조르주 상드George Sand, 1804~1876
의 말이다.

(4) Happiness: An agreeable sensation arising from
contemplating the misery of another(행복은 다른 사람의 비
참한 상태를 곰곰이 생각할 때에 생겨나는 흐뭇한 마음이다). 독설
가 앰브로즈 비어스Ambrose Bierce, 1842~1914의 『악마의 사전』
에 나오는 말이다.[8]

(5) Happiness must be cultivated. It is like
character. It is not a thing to be safely let alone for a
moment, or it will run to weeds(행복은 인격처럼 계발되어야
하는 것이다. 잠시나마 안전하게 홀로 놔둘 수 있는 게 아니다. 잡초
가 무성해질 수 있기 때문이다). 미국 작가 엘리자베스 스튜어트
펠프스Elizabeth Stuart Phelps, 1844~1911의 말이다.

(6) A lifetime of happiness! No man alive could bear
it: it would be hell on earth(평생 행복하겠다니! 그 누구도 그
건 감당할 수 없다. 그건 이승에 존재하는 지옥일 것이다). 영국 작
가 조지 버나드 쇼George Bernard Shaw, 1856~1950의 말이다.

(7) The secret of happiness is not in doing what one
likes, but in liking what one does(행복의 비결은 좋아하는 일
을 하는 게 아니라 하는 일을 좋아하는 데 있다). 스코틀랜드 작가
J. M. 배리J. M. Barrie, 1860~1937의 말이다.[9]

(8) Anything you're good at contributes to happiness(당신이 잘하는 일이라면 무엇이건 행복의 근원이 된다). 영국 철학자 버트런드 러셀Bertrand Russell, 1872~1970의 말이다.

(9) You have to believe in happiness, or happiness never comes(행복이 올 거라고 믿어라, 그렇지 않으면 행복은 오지 않는다). 미국 시인 더글러스 맬럭Douglas Malloch, 1877~1938의 말이다.[10]

(10) Now and then it's good to pause our pursuit of happiness and just be happy(이따금 행복을 좇는 걸 멈추고 그냥 행복해하는 것도 좋지 않은가). 프랑스 작가 기욤 아폴리네르Guillaume Apollinaire, 1880~1918의 말이다.

쾌락은 돌고 도는 쳇바퀴인가?

●
hedonic treadmill

hedonic은 '쾌락의, 향락적인', hedonism은 '쾌락주의'인데, 영어로 delight(기쁨, 쾌락)를 뜻하는 그리스어 hēdonismos에서 유래한 말이다. hedonic scale은 '기호척도', hedonic calculus는 행위의 정당성을 쾌락을 가져오느냐로 결정하는 공리주의 철학의 쾌락 계산, hedonic treadmill(쾌락의 쳇바퀴)은 한 개인의 경제적 기대치나 욕구는 소득 증가 수준에 비례하여 상승하나, 만족감이나 행복감의 순이익으로는 전혀 연결되지 않는 경향을 말한다.[11]

digital hedonism(디지털 쾌락주의)은 디지털 세계의 쾌락주의를 말한다. 미국 미래학자 리처드 왓슨Richard Watson은 『퓨처 마인드』(2010)에서 이렇게 말한다. "오디오와 비디오가 글로 쓴 문장보다 더 유용한 것으로 간주될 때 우리 문화에는 어떤 일이 일어날까? 대다수 사람들이 읽을 수는 있지만 읽으려 하지 않는 '문자에 의존하지 않는 사회'가 탄생할 것이다. 그리고 문자는 미술 보조도구로 전락하게 될 것이다. 시각적 사고가 인간의 전형적인 특징이 되고, 질보다 특이성이 더 중시되는 생각 없는 '디지털 쾌락주의'를 부추길 확률이 높다."[12]

'최대 다수의 최대 행복'을 외친 제러미 벤담Jeremy Bentham은 '쾌락계산법hedonic calculus'이라는 것을 고안해서 행복을 측정하고자 했다. 그는 7가지 척도를 제시했는데, 그건 순수성purity(쾌감 뒤에 고통이 뒤따르느냐 아니냐), 강도intensity(쾌락의 세기와 힘), 근사성propinquity(쾌락이 얼마나 가까운 장소나 시간에 있느냐), 확실성centainty(쾌락의 확실함), 풍요성fecundity(같은 종류의 쾌감이 뒤따르느냐 아니냐), 범위extent(쾌락이 포괄하는 사람들의 수), 지속성duration(쾌락이 지속되는 시간)이었다.[13]

'쾌락의 쳇바퀴hedonic treadmill'는 미국 심리학자 필립 브릭먼Philip Brickman과 도널드 캠벨Donald Campbell이 1971년에 발표한 「쾌락 상대주의와 좋은 사회 설계Hedonic Relativism and Planning the Good Society」라는 논문에서 처음 제시한 개념이다. 1990년대 후반 영국 심리학자 마이클 아이센크Michael Eysenck가 이 개념을 '쾌락의 쳇바퀴 이론hedonic treadmill theory'으로 발전시켰다. 대니얼 카너먼Daniel Kahneman, 1934~은 1999년 한 걸음 더 나아가 '만족의 쳇바퀴satisfaction treadmill'라는 개념을 제시했다.[14]

독일 뮌헨대학 교수 요하네스 발라허Johannes Wallacher는 『경제학이 깔고 앉은 행복』(2011)에서 "우리는 더 높은 소득에 비교적 빨리 익숙해지고 자신의 기대 태도를 거기에 맞춘다"며 이를 '쾌락 적응hedonic adaptation'이라고 부른다. 더 많은 소득과 소비가 가져다주는 행복을 과대평가하면서 늘어나는 욕구에 적응하게 되고 끝없는 경쟁에 휘말리는 '쾌락의 쳇바퀴'에 걸려들게 된다는 것이다. 그는 "더 많이 소유하고 소비한다고 해서 삶이 더 만족스러워지지 않는다는 사실을 기억하라" 면서 "더 중요한 것은 안정적인 사회적 관계와 일에 대한 만족감, 안정된 직장, 사회적 참여 그리고 건강" 이라고 강조한다.[15]

hedonic reversal(쾌락의 역전)은 고추처럼 처음 먹을 때 고약한 맛이었던 음식도 시간이 지나면 기분 좋은 맛으로 변하는 현상을 말한다. 미국 펜실베이니아대학의 심리학자 폴 로진Paul Roizin은 이것을 긍정적인 마조히즘이라고 알려진, 더 일반적인 현상의 원인이라고 주장한다. 무서운 체험을 하기 위해 롤러코스터를 타는 것도 같은 현상이다. 그는 "도대체 인간이란 얼마나 괴상한 종입니까?" 라면서 다음과 같이 말한다.

"사람들은 자신이 체감하는 것과 실제 상황이 다르다는 것을 안다는 사실에서 즐거움을 얻습니다. 슬픈 영화를 보면서 울고 즐길 수 있는 것은 실제로는 슬프지 않다는 사실을 알기 때문입니다. 여러분의 몸은 슬프다는 느낌에 속아 반응하지만 머리로는 실제로 자신에게 슬픈 일이 일어나지 않는다는 것을 알고 있습니다. 이러한 차이가 즐거움의 원천이 됩니다. 인간에게만 나타나는 현상이지요." [16]

왜 절망은 희망보다
더 큰 사기꾼인가?

●
despair

despair(절망)는 "be dismayed, lose hope(낙담하다, 희망을 잃다)"라는 뜻의 프랑스 고어 desperer에서 나온 말이다. desperer의 원조인 라틴어 desperare 역시 같은 뜻의 단어다. 족보도 비슷한 동의어지만 despair보다는 desperation의 의미가 조금 더 강하다.

despair에서 나온 desperate는 '자포자기한, 발악하는, 될 대로 되라는 식의', be the despair of somebody는 '~의 애물단지다', in desperation은 '절망하여, 자포자기하여', exasperate a person to desperation은 '~을 화나게 하여 자포자기하게 하다'는 뜻이다. She uttered a cry of despair(그녀가 절망 어린 비명을 토했다). My handwriting was the despair of my teachers(나의 글씨가 선생님들의 골칫거리였다). The prisoners grew increasingly desperate(죄수들은 갈수록 점점 더 될 대로 되라는 식이 되었다). In desperation, she called Louise and asked for her help(그녀는 필사적인 심정으로 루이스에게 전화를 걸어 도움을 청했다).[17]

프랑스 작가 보브나르그Vauvenargues, 1715~1747는

"Despair is a greater deceiver than hope(절망은 희망보다 더 큰 사기꾼이다)"라고 했다. 희망 때문에 좌절하건, 절망 때문에 좌절하건, 희망과 절망 모두 가능성의 게임이라는 점에서 아무리 낮은 가능성일망정 반전의 기회는 희망에게만 있다는 이야기로 이해할 수 있겠다. 같은 취지의 명언을 7개만 더 감상해보자.

(1) Despair is the conclusion of fools(절망은 바보들의 결론이다). 영국 정치가이자 작가인 벤저민 디즈레일리 Benjamin Disraeli, 1804~1881의 말이다.

(2) The mass of men lead lives of quiet desperation. What is called resignation is confirmed desperation(수많은 사람이 조용한 절망의 삶을 살고 있다. 이른바 포기라는 것은 고질적인 절망이다). 미국 초월주의 작가 헨리 데이비드 소로 Henry David Thoreau, 1817~1862의 말이다.

(3) God does not send us despair in order to kill us; he sends it in order to awaken us to new life(신은 우리를 죽이기 위해 우리에게 절망을 내려 보내는 게 아니다. 절망은 우리가 새로운 삶에 눈을 뜨도록 하기 위한 것이다). 독일 작가 헤르만 헤세|Hermann Hesse, 1877~1962의 말이다.

(4) When you're at the bottom, you've got no place to go but up(바닥에 떨어진 사람에겐 위로 올라가는 것 말고는 갈 곳이 없는 법이다). 미국 제33대 대통령 해리 트루먼Harry S. Truman, 1884~1972의 말이다.

(5) Despair is a greater sin than any of the sins which provoke it(절망은 그것을 낳게 한 그 어떤 죄악보다 더 큰 죄악이다). 영국 작가 C. S. 루이스C. S. Lewis, 1890~1960의 말이다.

(6) Human life begins on the other side of despair (인생은 절망의 이면에서부터 시작된다). 프랑스 철학자 장 폴 사르트르Jean-Paul Sartre, 1905~1980의 말이다.

(7) In the depth of winter, I finally learned that within me there lay an invincible summer(한겨울에 나는 내 안에 무적無敵의 여름이 웅크리고 있다는 것을 마침내 알게 되었다). 프랑스 작가 알베르 카뮈Albert Camus, 1913~1960의 말이다.

적당히 괜찮은 것은
괜찮지 않은가?

●

good enough

        Enough is enough!는 "참을 만
큼 참았다!" 또는 "더는 못 참겠다!"는 뜻이다. 고대 로마 시절
부터 쓰이던 말로, 2008년 미국 대선에서 버락 오마바Barack
Obama, 1961~ 진영이 초기에 내걸었던 선거 구호다. 비슷한 표
현으로 "I've had it!" "That does it!" 등이 있다.

        leave well enough alone은 '(기왕 잘된 것은) 그대로 두
다, 지나치게 욕심 부리지 않다'는 뜻이다. 지금 그대로도 괜
찮은데 괜히 손을 댔다가 망치는 수가 있다는 의미로 쓰인다.
일상 회화에선 "If it ain't broke, don't fix it"이라는 말로 표
현된다. 미국 저널리스트이자 외교전문가인 스트로브 탤벗
Strobe Talbott, 1946~은 『타임』 1990년 7월 2일자에 미국 대통령
조지 부시George H. W. Bush와 독일 수상 헬무트 콜Helmut Kohl의
정상회담에서 독일 통일 후 NATO의 장래에 대한 논의가 이
루어진 것과 관련, 다음과 같이 말했다.

        They both believe in the old adage, 'If it ain't broke,
don't fix it.' NATO has kept the peace for 40 years, and
there's no reason to believe it can't do so for another

40(그들은 '기왕 잘된 것은 그대로 두라'는 옛날 속담을 믿고 있다. NATO는 지난 40년간 평화를 지켜왔는데, 앞으로 40년간도 그러하리라는 것을 믿지 못할 이유는 없다고 보는 것이다).[18]

1978년 노벨경제학상을 받은 미국 경제학자이자 심리학자인 허버트 사이먼Herbert A. Simon, 1916~2001은 희생sacrifice과 만족satisfy을 합해 satisfice란 말을 만들었는데, 이는 인간이 주어진 조건의 제약에서 적당히 희생할 것은 희생하고 취할 것은 취하는 것을 뜻한다. 인간은 신고전주의 학파의 주장처럼 최선의 선택이 아니라 '최소한의 필요를 충족시키는 선택satisfice', 즉 '그만하면 괜찮은good enough' 선택을 하게 된다는 게 사이먼의 주장이다.[19]

소프트웨어와 시스템 디자인을 할 때에 적용되곤 하는 규칙 가운데 'principle of good enough(적당히 괜찮은 원칙)'란 게 있다. "good enough" principle이라고도 한다. 이는 더욱 진전된 기술을 적용할 수 있음에도 소비자들의 필요를 기준으로 '적당히 괜찮은' 수준에 머무르는 게 소비자들의 환영을 받을 수 있다는 원칙이다.[20]

그러나 개인의 능력 발휘에선 그런 원칙은 통하지 않는다. 경영자들은 "The Enemy of the best is the good enough(최선의 적은 대충 만족)"라고 말하기도 하는데, 이는 '최선이 있는데 왜 good 상태에서 만족하느냐'는 뜻이다. 이런 식의 표현에 대해 임귀열은 다음과 같이 말한다.

"약간 응용해보면 'Good is the enemy of great'가 있다. good보다는 great을 지향해야 한다는 것이다. 'Best is the enemy of better'는 최선만 추구하는 것보다는 better로 만족하는 게 낫다는 얘기다. 특히 'The greatest enemy of excellence is good'이라는 문장은 훌륭함을 추구하라는 뜻이고 'Time is often the enemy of excellence'는 시간이 걸려도 훌륭하게 마치는 게 낫다는 의미다."[21]

특히 완벽주의 성향이 강했던 애플의 스티브 잡스Steve Jobs, 1955~2011는 '그만하면 괜찮은 원칙'을 거부했고, 이는 오랫동안 애플의 광고를 대행한 샤이엇데이Chiat/Day가 티셔츠 문구로 내세운 이런 슬로건에 반영되었다. Good enough is not enough(적당히 괜찮은 것은 괜찮지 않다).[22]

왜 '만족은 곧 죽음'이라고
하는가?

●
satisfaction

"Comfort is the enemy of achievement(사람이 편안해지면 성취 욕구가 적어진다)"거나 "Satisfaction is the enemy of success(쉽게 만족하면 성공하기 어렵다)"라는 말이 있다.[23] 그런 이유인지 만족을 찬양하는 명언은 드물다. 대부분 만족을 경고하는 명언들이다. 만족에 관한 명언을 7개만 감상해보자.

(1) Those who are quite satisfied sit still and do nothing. Those who are not quite satisfied are the sole benefactors of the world(만족하는 사람은 가만히 앉아 아무것도 하지 않는다. 만족하지 못하는 사람들이 세계를 위해 기여하는 은인이다). 영국 작가 월터 새비지 랜더Walter Savage Landor, 1775~1864의 말이다.

(2) It is better to be a human being dissatisfied than a pig satisfied; better to be Socrates dissatisfied than a fool satisfied(만족하는 돼지보다는 불만족하는 인간이 낫고, 만족하는 바보보다는 불만족하는 소크라테스가 낫다). 영국 철학자 존 스튜어트 밀John Stuart Mill, 1806~1873의 말이다. 서옥식은 『오역의

제국: 그 거짓과 왜곡의 세계』(2013)에서 "만족하는 돼지보단 불만족하는 소크라테스가 낫다"거나 "배부른 돼지보단 배고 픈 소크라테스가 낫다"는 명언은 엄밀한 의미에서 이 말이 오 역이 된 채 잘못 전해진 말이라고 말한다.[24]

(3) Dissatisfaction is a sign of people who are walking on the road and not standing still(불만족은 한 곳에 정체되어 있지 않고 앞으로 나아가는 인간의 표식이다). 러시아 작가 레오 톨스토이Leo Tolstoy, 1828~1910의 말이다.

(4) Show me a thoroughly satisfied man and I will show you a failure(완전히 만족하는 사람을 내게 보여주면, 나는 실패가 무엇인지 보여주마). 미국 발명왕 토머스 에디슨Thomas A. Edison, 1847~1931의 말이다.

(5) As long as I have a want, I have a reason for living. Satisfaction is death(부족한 게 있다면 살아갈 이유가 있 는 것이다. 만족이 곧 죽음이다). 영국 작가 조지 버나드 쇼George Bernard Shaw, 1856~1950의 말이다.[25]

(6) Be always restless, unsatisfied, unconforming. Whenever a habit becomes convenient, smash it! The greatest sin of all is satisfaction(늘 들떠 있고 불만족스러워하 고 저항하라. 어떤 습관이 익숙해지면 그것을 박살내라! 최악의 죄악 은 만족이다). 그리스 작가 니코스 카잔차키스Nikos Kazantzakis, 1885~1957의 말이다.

(7) We are less dissatisfied when we lack many things than when we seem to lack but one thing(우리는 어느 한 가지가 없을 때보다는 여러 가지가 없을 때에 덜 불만족스러 워한다). 미국 작가 에릭 호퍼Eric Hoffer, 1902~1983의 말이다.

불만은 개인과 국가 발전의 첫걸음인가?

● contentment

c o n t e n t m e n t (만족) 는 satisfaction과 비슷한 뜻이지만, satisfaction을 하는 상태를 가리킨다는 의미에서 작은 차이가 있다. 물론 실제로 사용하는 데엔 그게 그거지만 말이다. contentment는 긍정적인 안분지족安分知足, 즉 '편한 마음으로 자기 분수를 지키며 만족할 줄 아는 것'을 가리키는 말로 많이 쓰이는 동시에 비판의 대상인 '현실 안주'의 의미로도 쓰인다.

complacency는 부정적인 현실 안주의 의미가 강한 단어다. complacency about은 '~에 대한 안주', complacency towards는 '~에 대한 안주', an antidote to complacency는 '자만심에 대한 해독제', self-complacence는 '자기만족, 자아도취'라는 뜻으로 쓰인다. Despite signs of an improvement in the economy, there is no room for complacency(경제가 개선되는 조짐들이 있긴 하지만 안주하고 있을 여지는 없다).

반면 complacency를 'inner tranquility(내적 평온)'로 해석한 미국 철학자 로버트 브루스 라우프Robert Bruce Raup,

1888~1976는 『안주: 인간 행동의 기초Complacency: The Foundation of Human Behavior』(1925)라는 책에서 안주에 대한 욕구는 인간 행동의 숨은 동력이라고 했다. 그는 이 생각을 교육 이론으로 발전시켜 1930년대의 미국 교육 시스템을 맹렬히 비판했다.[26]

Content is happiness(행복은 만족이다). Happiness consists in contentment(행복은 만족함을 아는 데에 있다). 둘 다 "All happiness is in the mind"라고 말할 수도 있겠다. 영국 퓨리턴 성직자인 토머스 왓슨Thomas Watson, 1620~1686은 『성스러운 만족의 기술The Art of Divine Contentment』에서 "불만은 영혼을 어지럽게 풀어헤치며 영혼이 길을 잃게 만든다"며 "불만은 사람을 초조하게 만드는 기질이며, 뇌를 말리고 영혼을 낭비하고 삶의 안락을 허물어뜨리고 삼켜버린다"고 했다.[27] 300여 년 전의 퓨리턴다운 말이라고 할 수 있겠다. 물론 오늘날엔 만족하지 말라는 명언이 훨씬 더 많다. 3개만 감상해보자.

(1) Restless and discontent are the necessities of progress(들떠 있는 것과 불만은 진보의 필수품이다). 미국 발명왕 토머스 에디슨Thomas A. Edison, 1847~1931의 말이다.

(2) Discontent is the first step in the progress of a man or a nation(불만은 개인과 국가 발전의 첫걸음이다). 영국 작가 오스카 와일드Oscar Wilde, 1854~1900의 말이다.

(3) At the end of every day of every year, two things must remain unshakable: our constancy of purpose and our continuous discontent with the present(매년 매일을 끝낼 때 2가지만큼은 변함이 없어야 한다. 그 2가지는 우리 목표의 항상성과 현재에 대한 우리의 끊임없는 불만족이다). 1980년에서 1997년까지 미국 코카콜라 회장을 지낸 로버트 고이주에타

Robert Goizueta, 1931~1997의 말이다.

다 좋은 말이긴 하지만, "Since we cannot get what we like, let us like what we can get(우리가 좋아하는 걸 얻을 수 없기 때문에 우리가 얻을 수 있는 걸 좋아하도록 하자)"이라는 말은 어떤가? 농담 같은 격언이지만, 행복의 비결을 담고 있다. "모자라도 없는 것보다는 낫다Anything is better than nothing"는 속담이 시사하는 긍정적 사고와 맥을 같이한다. 이는 '포기'라기보다는 '발상의 전환'으로 이해할 필요가 있다. 욕망엔 끝이 없기 때문에 욕망의 방향을 전환함으로써 욕망을 나의 완전한 통제하에 두는 것, 재미있지 않은가?

도둑에게도
명예는 있는가?

●
honor

　　　　　　　　　　　　　미국에서 실제로 있었던 일이다. 한 텔레비전 방송사가 어느 범죄자를 FBI 정보원으로 추정하는 뉴스를 내보냈는데, 이 범죄자는 이 뉴스로 인해 감옥 동료들 사이에서 자신의 명성이 손상을 입었다며 명예훼손 소송을 제기했다. 그러나 법원은 사회적 일탈집단에서 명성을 보호해주는 것이 이 법의 목적은 아니라고 원고 패소 판결을 내렸다. 적어도 원고가 사는 지역의 상당수 사람이 원고의 명성이 손상되었다고 믿어야 한다는 것이다.[28]

　이 판례에 따르자면, 도둑에겐 적어도 법적으로는 명예가 없는 셈이다. 그러나 사람이 어디 법만으로 사는가? "There is honor among thieves(도둑에게도 명예는 있다)"라거나 "Better die with honor than live with shame(치욕스럽게 사느니 명예롭게 죽는 게 더 낫다)" 등과 같이 명예가 소중하다고 역설하는 말은 무수히 많다. honor(명예)에 관한 명언 10개만 감상해보자.

　(1) Rather fail with honor than succeed by fraud=I would prefer even to fail with honor than win by

cheating(사기 쳐서 성공하는 것보다 명예롭게 실패하는 게 낫다). 고대 그리스 비극 시인 소포클레스Sophocles, B.C.496~B.C.406의 말이다.

(2) You should not honor men more than truth(사람의 명예보다는 진실을 존중해야 한다). 고대 그리스 철학자 플라톤Platon, B.C.427~B.C.347의 말이다.

(3) Honor is the reward of virtue. Ability without honor is useless(명예는 덕목에 대한 보상이다. 명예롭지 못한 능력은 쓸모가 없다). 고대 로마 철학자 키케로Cicero, B.C.106~ B.C.43의 말이다.

(4) I love the name of honor, more than I fear death(나는 죽음을 두려워하는 것보다 명예를 좋아한다). 로마 정치가 율리우스 카이사르Julius Caesar, B.C.100~B.C.44의 말이다.

(5) The best memorial for a mighty man is to gain honor ere death(강한 사람에게 최고의 기념비적 업적은 죽기 전에 명예를 얻는 것이다). 로마 시인 아우소니우스Decimus Magnus Ausonius, 310~395의 말이다.

(6) Mine honor is my life; both grow in one(명예가 곧 내 인생이고 명예와 인생은 함께 가는 것이다). 영국 극작가 윌리엄 셰익스피어William Shakespeare, 1564~1616의 말이다.[29]

(7) Better to die ten thousand deaths, than wound my honor(불명예스런 상처를 입는 것보다 수만 번 죽는 게 낫다). 영국 작가 조지프 애디슨Joseph Addison, 1672~1719의 말이다.[30]

(8) Fame is something which must be won, honor, only something which must not be lost(유명세는 얻을 수 있지만 명예는 잃어서는 안 되는 것이다). 독일 철학자 아르투어 쇼

펜하우어Arthur Schopenhauer, 1788~1860의 말이다.

(9) No amount of ability is of the slightest avail without honor(명예롭지 못한 능력은 쓸모가 없다). 영국 사상가이자 역사가인 토머스 칼라일Thomas Carlyle, 1795~1881의 말이다.

(10) The louder he talked of his honor, the faster we counted our spoons(자신의 명예를 좇으면 자기 잇속을 챙기기 마련이다). 미국 철학자 랠프 월도 에머슨Ralph Waldo Emerson, 1803~1882의 말이다.[31]

돈은 천당 말고는
어디든 뚫는가?

●
money

"돈은 천당 말고는 어디든 뚫는
다Gold goes in at any gate except heaven's"는 말이 있다.[32] 돈의 위
력을 강조하는 말은 무수히 많다. "Money talks(돈이 말한
다)", "Money is security(돈이 있으면 안정을 찾을 수 있다)",
"Money is freedom(돈이 있으면 막힐 게 없다)", "Money
commands respect(돈을 쓰면 인정을 받는다)" 등등.[33] 돈에 관
한 명언을 10개만 감상해보자.

(1) Money is like an arm or a leg. Use it or lose it(돈
은 팔이나 다리 같다. 쓰지 않으면 어차피 없어진다). 미국 자동차
왕 헨리 포드Henry Ford, 1864~1947의 말이다.

(2) Money is like a sixth sense without which you
cannot make complete use of the other five(돈은 육감 같아
서 그게 없으면 나머지 5가지를 할 수가 없다). 영국 극작가 서머
싯 몸Somerset Maugham, 1874~1965의 말이다.

(3) If you can actually count your money, then you
are not really a rich man(돈을 셀 수 있으면 진정한 부자는 아니
다). 미국 부호 J. 폴 게티J. Paul Getty, 1892~1976의 말이다.

Gold goes in at any gate
except heaven's

(4) Money couldn't buy friends, but you got a better class of enemy(돈으로 친구를 사지는 못하지만 색다른 적이 생긴다). 아일랜드 영화배우 스파이크 밀리건Spike Milligan, 1918~2002 의 말이다.[34]

(5) A successful man is one who makes more money than his wife can spend. A successful woman is one who can find such a man(여자가 쓰기에 충분한 돈을 버는 남자가 성공한 것이고 그런 남자를 찾아내는 여자가 성공한 여자다). 미국 여배우 라나 터너Lana Turner, 1921~1995의 말이다.

(6) Money is the best deodorant(돈은 최고의 방취제다). 영국 출신의 미국 여배우 엘리자베스 테일러Elizabeth Taylor, 1932~2011의 말이다.[35]

(7) Money can't buy happiness, but it should buy power(돈으로 행복을 살 순 없지만 권력은 살 수 있다). 미국 정치가 마크 그린Mark J. Green, 1945~의 말이다.[36]

(8) The only way not to think about money is to have a great deal of it(돈에 대한 생각을 하지 않는 유일한 방법은 돈을 실컷 갖는 것이다). 미국 부동산 재벌 도널드 트럼프Donald Trump, 1946~의 말이다.[37]

(9) In my own way, I think money is one of the most spiritual things. Money will not set you free. It's your control over your thoughts and fears about money that will set you free. Even though I'm the last person to say money buy happiness—because it won't—I'll be the first to say the lack of money will make you miserable(제 식으로 말하자면 저는 돈이 가장 영적인 것이라고 생각해요. 돈은 당신을

자유롭게 해주진 않지요. 당신을 자유롭게 해주는 건 돈에 관한 생각과 두려움에 대한 당신의 통제력이지요. 저는 결코 돈으로 행복을 살 수 있다고는 말하지 않습니다. 실제로 그럴 수도 없고요. 그렇지만 저는 돈이 없으면 삶이 비참해진다고는 자신 있게 말하고 싶어요).

미국 재테크 상담 전문가인 수지 오먼Suze Orman, 1951~이 1998년 언론 인터뷰에서 한 말이다. 여러 재테크 책을 쓴 베스트셀러 작가인 동시에 재테크 방송프로그램 진행자로도 활약하는 그녀는 억만장자가 되었지만 그녀가 식당 웨이트리스로 일할 때 산 작은 집에서 살고 10년 넘은 차를 굴리는 등 '짠순이'로 유명하다. 러시아계 유대인인 그녀는 연간 소득의 25퍼센트를 무조건 자선단체에 기부하는 것이 생활신조라고 한다.[38]

(10) Out of everybody who gets married, the number one reason for divorce today is arguments over money, and one out of two people end up getting divorced. So we need to be financially intimate with each another. Talk about what we don't want to talk about, as well as every other aspect of our lives(모든 기혼자 중 오늘날 이혼 사유 1위는 돈 문제입니다. 두 사람 중 한 사람이 이혼을 하고야 말지요. 그래서 우리는 돈 문제에 대해 서로 잘 알 필요가 있습니다. 우리 인생의 다른 모든 것뿐만 아니라 말하고 싶지 않은 것에 대해서도 말해야 합니다).

수지 오먼이 2001년 방송 인터뷰에서 한 말이다. 그녀의 베스트셀러엔 『부자가 될 용기The Courage to Be Rich』(1999), 『벌었으면 잃지 마라You've Earned It, Don't Lose It』(1995), 『부자가 되는 길The Road to Wealth』(2001) 등이 있다. 금융계의 재테크

전문가들은 그녀의 재테크 이론이 인간 의지를 너무 강조한다며 비웃지만, 보통 사람들은 그녀의 주장에 더 귀를 기울인다.[39]

냉소주의자는
맛이 간 이상주의자인가?

●
ideal

"All big men are dreamers(모든 위대한 인물은 몽상가다)"라는 말이 있지만, 현실 세계에선 몽상은 말할 것도 없고 이상마저 좋은 대접을 받진 못한다. 그래서 2000년 미국 대선에서 민주당 대통령 후보였던 앨 고어 **Al Gore**는 'practical idealism(실제적 이상주의)'이라는 개념을 제시했다. 이상과 현실의 조화를 위해 pragmatic utopianism이라는 말도 쓰이는데, 이런 모순어법에 대해 우파들은 좌파들의 전략이 "piecemeal revolution(점진적 혁명)인가, 아니면 앞문이 아닌 뒷문으로 들어가서 하는 혁명인가?"라고 꼬집는다.[40]

미국 독설가 앰브로즈 비어스 **Ambrose Bierce, 1842~1914**는 "A cynic is simply a dead idealist(냉소주의자는 맛이 간 이상주의자다)"라고 했는데, 이는 그만큼 이상주의를 유지하고 옹호하는 게 힘들다는 걸 말해주는 건 아닐까? 이상, 이상주의, 이상주의자에 관한 명언을 8개만 더 감상하면서 생각해보자.

(1) Love is an ideal thing, marriage is a real thing; confusion of the real with the ideal never goes

unpunished(사랑은 이상, 결혼은 현실이다. 현실과 이상을 혼동하면 반드시 그 대가를 치르기 마련이다). 독일 시인 요한 볼프강 폰 괴테Johann Wolfgang von Goethe, 1749~1832의 말이다.

(2) Ideals are like the stars: we never reach them, but like the mariners of the sea, we chart our course by them(이상은 별과 같다. 우리는 결코 별에 도달하지 못하지만 바다의 항해사들처럼 그걸 보고 우리의 나아갈 길을 결정한다). 독일 출신의 미국 언론인이자 정치가인 카를 슈르츠Carl Schurz, 1829~1906의 말이다.

(3) Nobody grows old merely by a number of years. We grow old by deserting our ideals(세월을 거듭하는 것만으로 사람은 늙지 않는다. 이상을 잃을 때 비로소 늙게 된다). 미국 시인 새뮤얼 울먼Samuel Ullman, 1840~1924의 시 「청춘Youth」에 나오는 말이다.[41]

(4) Sometimes people call me an idealist. Well, that is the way I know I am an American. America is the only idealist nation in the world(때때로 사람들은 나를 이상주의자라고 부른다. 글쎄 그게 바로 내가 미국인임을 내가 알고 있다는 걸 말해주는 게 아닐까. 미국은 세계에서 유일한 이상주의 국가다). 미국 제28대 대통령 우드로 윌슨Woodrow Wilson, 1856~1924의 말이다.[42]

(5) Words without actions are the assassins of idealism(행동 없는 말은 이상주의의 암살자다). 미국 제31대 대통령 허버트 후버Herbert Hoover, 1874~1964의 말이다.

(6) Don't be overly idealistic. A vision should represent a worthwhile challenge, but it loses its force if

people think it is too ambitious or unrealistic(지나치게 이 상주의적으로 가지 마라. 비전은 보람 있는 도전을 해보자는 것이지만, 부하들이 그것을 지나친 야망이거나 비현실적이라고 생각하면 그 힘을 잃는 법이다). 미국 리더십 전문가 버트 나누스Burt Nanus, 1936~의 말이다.[43]

(7) I'm in touch with my inner teen. I think having an inner teen means idealism(저는 제 안의 10대와 소통하고 있어요. 내부의 10대를 갖는다는 건 이상주의를 의미한다고 생각해요). 미국 MTV 네트워크의 CEO 주디 맥그레스Judy McGrath, 1952~가 젊은이 대상의 MTV를 맡기엔 나이가 너무 많은 것 아니냐는 세간의 시선에 대해 2004년 『뉴욕타임스』 인터뷰에서 항변한 말이다. 당시 그녀는 52세였다.[44]

(8) I've never felt that I was in the idealistic camp. Sure I've always seen open source as a way of making the world a better place. But more than that, I see it as a way of having fun. That's not very idealistic. And I have always thought that idealistic people are interesting, but kind of boring and sometimes scary(나는 이상주의자는 아니었다. 나는 오픈 소스를 더 나은 세상을 만들기 위한 방편으로 생각했다. 하지만 내게 더 중요한 것은 '재미'였다. 재미를 즐기는 방편으로서 오픈 소스를 생각했으니, 분명 이상주의적인 견해는 아니었던 셈이다. 나는 항상 이상주의자들을 재미있지만 다소 따분하고, 가끔씩은 무서운 사람들로 생각했다). 컴퓨터 운영 체제인 리눅스Linux 개발에 핵심적 역할을 한 리누스 토르발스Linus Torvalds, 1969~의 말이다.[45]

◉
주

머리말

1 Webb Garrison, 『What's in a Word?』(Dallas, TX: Thomas Nelson, 2000), p.9; 「Booting」, 『Wikipedia』; 「Bootstrapping」, 『Wikipedia』; 『시사영어사/랜덤하우스 영한대사전』(시사영어사, 1991), 269쪽.

2 Christine Ammer, 『The Facts on File Dictionary of Clichés』(New York: Checkmark Books, 2001), p.311.

3 윤형준, 「[Weekly BIZ] 다 망한 브랜드를 명품으로 살리다」, 『조선일보』, 2015년 7월 11일; 윤형준, 「[Weekly BIZ] '브랜드 리부팅' 네 가지 키워드」, 『조선일보』, 2015년 7월 11일.

4 이동현, 『경영의 교양을 읽는다』(더난출판, 2006), 386쪽.

5 던컨 와츠(Duncan J. Watts), 정지인 옮김, 『상식의 배반』(생각연구소, 2011), 258~259쪽.

제1장 미국의 지리와 역사

1 「Minnesota」, 『Wikipedia』; 「미네소타주」, 『위키백과』; 「Gopher」, 『Wikipedia』.

2 김철중, 「[만물상] 미네소타와 한국」, 『조선일보』, 2015년 11월 21일.

3 제러미 리프킨(Jeremy Rifkin), 이희재 옮김, 『소유의 종말』(민음사, 2000/2001), 228~229쪽; Russell Jacoby, 『The Last Intellectuals: American Culture in the Age of Academe』(New York: Basic Books, 1987), pp.45~47.

4 톰 피터스(Thomas J. Peters)·로버트 워터먼(Robert H. Waterman, Jr.), 이동현 옮김, 『초우량 기업의 조건: 기업 경영을 지배하는 불변의 원칙 8가지』(더난출판, 1982/2005), 384쪽; 리처드 왓슨(Richard Watson), 이진원 옮김,

『퓨처 마인드: 디지털 문화와 함께 진화하는 생각의 미래』(청림출판, 2010/2011), 221쪽; 김기찬·송창석·임일, 『플랫폼의 눈으로 세상을 보라: 세상을 바꾸는 새로운 패러다임, 플랫폼』(성안북스, 2015), 131쪽; 최현묵, 「[Weekly BIZ] 포스트잇부터 비행기까지 통하는 기술」, 『조선일보』, 2015년 3월 21일; 강준만, 「Scotch Tape」, 『교양영어사전 2』(인물과사상사, 2013), 581~582쪽 참고.

5 Allan Metcalf & David K. Barnhart, 『America In So Many Words: Words That Have Shaped America』(New York: Houghton Mifflin, 1997), p.156.

6 「Dixie」, 『Wikipedia』; 「Dixie(song)」, 『Wikipedia』; 안수훈, 『딕시: 목화밭에서 오바마까지, 미국 남부를 읽는다』(서해문집, 2013), 16~18쪽; 질비아 엥글레르트(Sylvia Englert), 장혜경 옮김, 『상식과 교양으로 읽는 미국의 역사』(웅진지식하우스, 2005/2006), 109쪽.

7 조성주, 『알린스키, 변화의 정치학』(후마니타스, 2015), 32~33쪽.

8 안수훈, 『딕시: 목화밭에서 오바마까지, 미국 남부를 읽는다』(서해문집, 2013), 17~18쪽.

9 윤효규, 「'물에 잠긴' 미 사우스캐롤라이나… '1000년 내 최대 강우'」, 『이뉴스투데이』, 2015년 10월 5일.

10 배성규, 『서프라이즈 아메리카』(힐링21, 2015), 291쪽.

11 「South Carolina」, 『Wikipedia』.

12 M. 스캇 펙(Morgan Scott Peck), 최미양 옮김, 『아직도 가야 할 길』(율리시즈, 2002/2011), 341~342쪽.

13 이기환, 「[여적] 어메이징 그레이스」, 『경향신문』, 2015년 6월 30일; 김민정, 「오바마가 부른 찬송가 '어메이징 그레이스'는…」, 『조선일보』, 2015년 6월 29일; 「Amazing Grace」, 『Wikipedia』.

14 김서영, 「미국 감동시킨 오바마의 '어메이징 그레이스'」, 『경향신문』, 2015년 6월 29일; 오태진, 「[만물상] 대통령의 노래」, 『조선일보』, 2015년 6월 30일.

15 오윤희, 「별이 13개, 인종차별 상징 남부연합旗는?」, 『조선일보』, 2015년 6월 22일; 「Flags of the Confederate States of America」, 『Wikipedia』.

16 국기연, 「美 남북 갈등…역사의 뒤안길로/남북전쟁 139주 기념식」, 『세계일보』, 2000년 5월 31일, 12면.

17 박진빈, 「미국의 보수화와 군산복합체: 신남부의 힘」, 『역사비평』, 통권64호(2003년 가을), 39~59쪽.

18 김동춘, 『미국의 엔진, 전쟁과 시장』(창비, 2004).

19 김순배, 「링컨과 거리 둔 남부…썰렁한 분위기 '대조'」, 『한겨레』, 2009년 2월 12일.

20 박현, 「'남부연합기' 흔들며 백인 우월주의 '선언문'」, 『한겨레』, 2015년 6월 22일.

21 손제민, 「인종주의, 대선 앞둔 미 정치권 '핫이슈'로」, 『경향신문』, 2015년 6월 23일.

22 정의길, 「아마존·구글…기업들도 '남부연합기 철폐' 동참」, 『한겨레』, 2015년 6월 25일; 윤정호, 「용서가 증오의 깃발을 끌어내렸다」, 『조선일보』, 2015년 7월 11일.

23 장은교, 「잭슨 목사 "남북전쟁 끝나지 않았다"」, 『경향신문』, 2015년 7월 15일.

24 제러미 리프킨(Jeremy Rifkin), 신현승 옮김, 『육식의 종말』(시공사, 1993/2002), 88쪽.

25 앨런 브링클리(Alan Brinkley), 황혜성 외 옮김, 『미국인의 역사 2』(비봉출판사, 1993/1998), 173~174쪽.

26 「Abilene, Texas」, 『Wikipedia』; 「Abilene, Kansas」, 『Wikipedia』.

27 강준만, 「왜 최고의 엘리트 집단이 최악의 어리석은 결정을 할까?: 집단사고 이론」, 『감정 독재: 세상을 꿰뚫는 50가지 이론』(인물과사상사, 2013), 274~278쪽 참고.

28 「Idaho」, 『Wikipedia』.

29 「Sun Valley, Idaho」, 『Wikipedia』; 로버트 프랭크(Robert H. Frank), 이한 옮김, 『사치열병: 과잉시대의 돈과 행복』(미지북스, 1999/2011), 45~46쪽; 신은진, 「9일 개최 美 선 밸리 콘퍼런스…이재용, 올해도 참석하기로」, 『조선일보』, 2013년 7월 4일; 김성현, 「美 재벌 여름캠프 '선 밸리 콘퍼런스' 온 머독」, 『조선일보』, 2013년 7월 11일.

30 앨리스 슈뢰더(Alice Schroeder), 이경식 옮김, 『스노볼 1: 워런 버핏과 인생 경영』(랜덤하우스, 2008/2009), 33쪽.

31 앨리스 슈뢰더(Alice Schroeder), 이경식 옮김, 『스노볼 1: 워런 버핏과 인생 경영』(랜덤하우스, 2008/2009), 33~34쪽.

32 하워드 진(Howard Zinn)·레베카 스테포프(Rebecca Stefoff), 김영진 옮김, 『하워드 진 살아 있는 미국 역사』(추수밭, 2007/2008), 113쪽.

33 Vernon Pizer, 『Ink, Ark., and All That: How American Places Got Their Names』(New York: G.P.Putnam's Sons, 1976), pp.43~44; Martin Terban, 『Guppies in Tuxedos: Funny Eponyms』(New York: Clarion Books, 1988), p.33; 「New Mexico」, 『Wikipedia』; 「뉴멕시코주」, 『위키백과』; 바턴 J. 번스타인(Barton J. Bernstein), 「"일본 대도시 초토화하라": 원폭투하, 그 숨겨졌던 비밀」, 『신동아』, 1995년 6월, 572~585쪽; 한겨레신문 문화부 편, 『20세기 사람들』(전2권, 한겨레신문사, 1995).

34 「Santa Fe」, 『Wikipedia』; 「Santa Fe, New Mexico」, 『Wikipedia』.

35 류대영, 『미국종교사』(청년사, 2007), 53~54쪽.

36 배성규, 『서프라이즈 아메리카』(힐링21, 2015), 32쪽.

37 「Albuquerque, New Mexico」, 『Wikipedia』.

38 정경민, 『미국 누비기』(필맥, 2005), 27쪽.

39 「Millennials」, 『Wikipedia』.

40 윤희영, 「[윤희영의 News English] '밀레니얼 세대' '가장 위대한 세대'」, 『조선일보』, 2015년 9월 22일.

41 토드 부크홀츠(Todd G. Buchholz), 장석훈 옮김, 『러쉬!: 우리는 왜 도전과 경쟁을 즐기는가』(청림출판, 2011/2012), 302쪽; 진 트웬지(Jean M. Twenge)·키스 캠벨(W. Keith Campbell), 이남석 편역, 『나는 왜 나를 사랑하는가』(옥당, 2009/2010), 166~167쪽; 강준만, 「왜 사람들은 대부분 자신이 운전을 잘한다고 생각할까?: 과신 오류」, 『감정 독재: 세상을 꿰뚫는 50가지 이론』(인물과사상사, 2013), 193~198쪽 참고.

42 최진주, 「비소유 세대」, 『한국일보』, 2014년 12월 19일.

43 「Millennials」, 『Wikipedia』.

44 정유진, 「미 밀레니엄 세대 뉴스 접촉 통로 1위는 '페이스북'」, 『경향신문』, 2015년 6월 3일.

45 국기연, 「[세계는 지금] 밀레니얼 세대, '백악관 주인' 결정권 쥐다」, 『세계일보』, 2015년 10월 5일.

제2장 경제·경영·기업

1 조승연, 「[Weekly BIZ] [인문학으로 배우는 비즈니스 영어] rent」, 『조선일보』, 2013년 9월 7일.

2 정유진, 「영국 청년층 '렌트세대'…10년 후 절반이 세입자」, 『경향신문』, 2015년 7월 23일.

3 「Rent-seeking」, 『Wikipedia』; 「렌트[rent]」, 『네이버 지식백과』; 최장집, 『민주화 이후의 민주주의: 한국 민주주의의 보수적 기원과 위기』(후마니타스, 2002); 강준만, 「왜 정치와 행정은 사익을 추구하는 비즈니스인가?: 공공 선택 이론」, 『감정 독재: 세상을 꿰뚫는 50가지 이론』(인물과사상사, 2013), 291~295쪽 참고.

4 조지프 스티글리츠(Joseph E. Stiglitz), 이순희 옮김, 『불평등의 대가: 분열된 사회는 왜 위험한가』(열린책들, 2012/2013), 132쪽.

5 하노 벡(Hanno Beck), 배명자 옮김, 『경제학자의 생각법』(알프레드, 2009/2015), 245쪽.

6 김대호, 『2013년 이후: 희망 코리아 가는 길』(백산서당, 2011), 271~276쪽.

7 「Rentier state」, 『Wikipedia』.

8 마이클 스펜스(Michael Spence), 이현주 옮김, 『넥스트 컨버전스: 위기 이후 도래하는 부와 기회의 시대』(리더스북, 2011/2012), 204~208쪽; 토드 부크홀츠(Todd G. Buchholz), 장석훈 옮김, 『러쉬!: 우리는 왜 도전과 경쟁을 즐기는가』(청림출판, 2011/2012), 260쪽; 「Resource curse」, 『Wikipedia』; 「자원의 저주」, 『네이버 지식백과』; 강준만, 「왜 천연자원이 풍부한 나라들은 발전이 어려운가?: 자원의 저주」, 『생각의 문법: 세상을 꿰뚫는 50가지 이론 3』(인물과사상사, 2015), 265~270쪽 참고.

9 피에르 불러, 「푸틴의 '브레즈네프 증후군'」, 『중앙일보』, 2011년 12월 12일.

10 박형중, 「엘리트 장악, 주민 포섭으로 독재 내구성 키웠다: 북한은 왜 붕괴도, 개혁개방도 안 할까?」, 『신동아』, 제647호(2013년 8월), 226~233쪽.

11 한국 산업용 전력의 42.3퍼센트는 200개 대기업이 사용하는데, 산업용 전기 요금은 미국, 프랑스, 일본 등에 비해 훨씬 낮아 사실상 대기업들을 세금으로 보조해주는 꼴이다. 김대호, 『2013년 이후: 희망 코리아 가는 길』(백산서당, 2011), 19~20쪽.

12 서울대학교 공과대학, 『축적의 시간: 서울공대 26명의 석학이 던지는 한국산업의 미래를 위한 제언』(지식노마드, 2015), 448쪽.

13 「rachet」, 『네이버 영어사전』.

14 황샤오린(黃曉林)·황멍시(黃夢溪), 정영선 옮김, 『세상은 2대 8로 돌아가고 돈은 긴꼬리가 만든다』(더숲, 2010/2011), 66쪽; 로버트 하일브로너(Robert Heilbroner)·레스터 서로(Lester Thurow), 조윤수 옮김, 『경제학은 무엇을 말할 수 있고 무엇을 말할 수 없는가』(부키, 1998/2009), 255쪽.

15 「Ratchet effect」, 『Wikipedia』.

16 김대호·윤범기, 『결혼불능세대: 투표하고, 연애하고, 결혼하라』(필로소픽, 2012), 145~146쪽.

17 김정필, 「"규제 완화, FTA 역진방지 조항 관련 정부 사전연구용역 한 번도 안 했다"」, 『한겨레』, 2014년 4월 9일.

18 에릭 슐로서(Eric Schlosser), 김은령 옮김, 『패스트푸드의 제국』(에코리브르, 2001), 49~50쪽.

19 Eric Schlosser, 『Fast Food Nation: The Dark Side of the All-American Meal』(Boston: Houghton Mifflin, 2001), p.37; 에릭 슐로서(Eric Schlosser), 김은령 옮김, 『패스트푸드의 제국』(에코리브르, 2001), 55쪽.

20 Eric Schlosser, 『Fast Food Nation: The Dark Side of the All-American Meal』(Boston: Houghton Mifflin, 2001), p.37; 에릭 슐로서(Eric Schlosser), 김은령 옮김, 『패스트푸드의 제국』(에코리브르, 2001), 55쪽.

21 Eric Schlosser, 『Fast Food Nation: The Dark Side of the All-American Meal』(Boston: Houghton Mifflin, 2001), p.41; 에릭 슐로서(Eric Schlosser), 김은령 옮김, 『패스트푸드의 제국』(에코리브르, 2001), 61~62쪽.

22 Max Cryer, 『Common Phrases』(New York: Skyhorse, 2010), pp.260~261; 루이스 A. 코저(Lowis A. Coser), 신용하·박명규 옮김, 『사회사상사』(일지사, 1978).

23 로이 바우마이스터(Roy F. Baumeister), 서은국·신지은·이화령 옮김, 『소모되는 남자: 남녀 차에 대한 새로운 사회진화론적 해석』(시그마북스, 2010/2015), 129쪽.

24 조지 리처(George Ritzer), 김종덕 옮김, 『맥도날드 그리고 맥도날드화: 유토피아인가, 디스토피아인가』(시유시, 1996/1999), 37쪽.

25 김인규, 『박정희, 압축 민주화로 이끌다: 경제학 제국주의자의 한국경제론』(기파랑, 2014), 61쪽.

26 강준만, 「bureaucracy」, 『교양영어사전 2』(인물과사상사, 2013), 87~88쪽 참고.

27 강준만, 「왜 조직에서 승진할수록 무능해지는가?: 피터의 법칙」, 『생각의 문법: 세상을 꿰뚫는 50가지 이론 3』(인물과사상사, 2015), 231~237쪽 참고.

28 로렌스 피터(Laurence J. Peter)·레이몬드 헐(Raymond Hull), 나은영·서유진 옮김, 『피터의 원리: 승진할수록 사람들이 무능해지는 이유』(21세기북스, 1996/2009), 270쪽. '감성지능'의 전도사인 대니얼 골먼(Daniel Goleman)은 선도형 리더가 피터의 법칙에 해당된다고 주장한다. 선도형 리더는 업무의 기술적인 부분에선 매우 뛰어나지만 리더십을 발휘하는 데 필요한 서로 어울려 같이 일하는 능력은 등한시하기 때문에 실패하기 쉽다는 것이다. 대니얼 골먼(Daniel Goleman) 외, 장석훈 옮김, 『감성의 리더십』(청림출판, 2002/2003), 129~133쪽. 자신이 주장하는 감성지능 능력의 필요성을 역설하기 위해 한 말이지만, 피터가 감성지능을 '성과(output)'와 무관한 '투입물(input)'로 간주했다는 걸 감안컨대, 그렇게 썩 와닿진 않는다.

29 라즐로 복(Laszlo Bock), 이경식 옮김, 『구글의 아침은 자유가 시작된다: 구글 인사책임자가 직접 공개하는 인재등용의 비밀』(알에이치코리아, 2015), 85~86쪽.

30 나지홍·김민정, 「흑인을 고릴라로 인식한 구글, 초스피드 사과」, 『조선일보』, 2015년 7월 3일.

31 「디커플링[decoupling]」, 『네이버 지식백과』; 「Decoupling」, 『Wikipedia』; 김기찬·송창석·임일, 『플랫폼의 눈으로 세상을 보라: 세상을 바꾸는 새로운 패러다임, 플랫폼』(성안북스, 2015), 258쪽; 요르겐 랜더스(Jorgen Randers), 김태훈 옮김, 『더 나은 미래는 쉽게 오지 않는다: 성장이 멈춘 세계, 나와 내 아이는 어떤 하루를 살고 있을까』(생각연구소, 2012/2013), 237쪽.

32 배정원, 「[Weekly BIZ] 세계경제 디커플링 시대, 한국은…」, 『조선일보』, 2015년 9월 26일.

33 배정원, 「[Weekly BIZ] 美와 디커플링 한국, 이제 中과 함께 굴러간다…더 강력하게」, 『조선일보』, 2015년 11월 7일.

34 조환규, 「[과학 오디세이] 기계와 더불어 살기」, 『경향신문』, 2013년 7월 22일.

35 James Surowiecki, 『The Wisdom of Crowds』(New York: Anchor Books, 2005), p.31; 제임스 서로위키(James Surowiecki), 홍대운·이창근 옮김, 『대중의 지혜: 시장과 사회를 움직이는 힘』(랜덤하우스중앙, 2004/2005), 64쪽.

36 Warren G. Bennis, 『Why Leaders Can't Lead: The Unconscious Conspiracy Continues』(San Francisco, CA: Jossey-Bass Publishers, 1989), p.153.

37 원정환, 「"병적인 나르시시즘이 미국을 망치는 주범"」, 『조선일보』, 2009년 3월 23일.

38 데이비드 와인버거(David Weinberger), 『지식의 미래』(리더스북, 2011/2014), 140쪽; 강준만, 「왜 독일은 '2014 브라질 월드컵'에서 우승할 수 있었는가?: 필수적 다양성의 법칙」, 『독선 사회: 세상을 꿰뚫는 50가지 이론 4』(인물과사상사, 2015), 225~229쪽 참고.

39 「유연안전성」, 『네이버 지식백과』; 「Flexicurity」, 『Wikipedia』.

40 브리짓 슐트(Brigid Schulte), 안진이 옮김, 『타임푸어: 항상 시간에 쫓기는 현대인을 위한 일·가사·휴식 균형잡기』(더퀘스트, 2014/2015), 358쪽.

41 김성모·최줌석, "부모는 정규직, 자식은 非정규직…이건 바꿔야죠", 『조선일보』, 2015년 1월 20일.

42 「Post-Fordism」, 『Wikipedia』.

43 류동민, 『서울은 어떻게 작동하는가: 그리고 삶은 어떻게 소진되는가』(코난북스, 2014), 65쪽.

44 앨빈 토플러(Alvin Toffler), 이규행 감역, 『권력이동』(한국경제신문사, 1990), 231, 239쪽.

45 조승연, 「[Weekly BIZ] [인문학으로 배우는 비즈니스 영어] incentive」, 『조선일보』, 2014년 1월 25일.

46 장기영, 「임종룡 "기업 구조조정은 신속한 옥석 가리기"」, 『대한금융신문』, 2015년 11월 4일.

47 알피 콘(Alfie Kohn), 이영노 옮김, 『경쟁에 반대한다: 왜 우리는 이기기 위한 경주에 삶을 낭비하는가?』(산눈, 1986/2009), 167~174, 294~298쪽; 김영선, 『과로사회』(이매진, 2013), 66~67쪽; 강준만, 「왜 재미있게 하던 일도 돈을 주면 하기 싫어질까?: 과잉정당화 효과」, 『생각의 문법: 세상을 꿰뚫는 50가지 이론 3』(인물과사상사, 2015), 169~173쪽 참고.

48 마거릿 헤퍼넌(Margaret Heffernan), 김학영 옮김, 『의도적 눈감기: 비겁한 뇌와 어떻게 함께 살 것인가』(푸른숲, 2011/2013), 291쪽.

49 론다 번(Rhonda Byrne), 김우열 옮김, 『시크릿』(살림출판사, 2006/2007); 「The Secret(book)」, 『Wikipedia』; 「Rhonda Byrne」, 『Wikipedia』.

50 한윤형·최태섭·김정근, 『열정은 어떻게 노동이 되는가: 한국 사회를 움직이는 새로운 명령』(웅진지식하우스, 2011), 104쪽; 강준만, 「왜 '시크릿'은 열성 추종자들을 거느릴 수 있었는가?: 끌어당김의 법칙」, 『생각의 문법: 세상을 꿰뚫는 50가지 이론 3』(인물과사상사, 2015), 225~230쪽 참고.

51 매슈 허트슨(Matthew Hutson), 정은아 옮김, 『왜 우리는 미신에 빠져드는가』(소울메이트, 2012/2013), 170쪽.

52 바버라 에런라이크(Barbara Ehrenreich), 전미영 옮김, 『오! 당신들의 나라: 1%를 위한, 1%에 의한, 1%의 세상』(부키, 2009/2011), 255쪽.

53 더글러스 러시코프(Douglas Rushkoff), 오준호 옮김, 『보이지 않는 주인: 인간을 위한 경제는 어떻게 파괴되었는가』(웅진지식하우스, 2009/2011), 136쪽.

54 비키 쿤켈(Vicki Kunkel), 박혜원 옮김, 『본능의 경제학: 본능 속에 숨겨진 인간 행동과 경제학의 비밀』(사이, 2009), 138~141쪽.

55 비키 쿤켈(Vicki Kunkel), 박혜원 옮김, 『본능의 경제학: 본능 속에 숨겨진 인간 행동과 경제학의 비밀』(사이, 2009), 146~147쪽.

56 카를로 스트렝거(Carlo Strenger), 최진우 옮김, 『멘탈붕괴』(하늘눈, 2011/2012), 84~85쪽.

57 리처드 루멜트(Richard P. Rumelt), 김태훈 옮김, 『전략의 적은 전략이다』(생 각연구소, 2011), 90쪽.

58 바버라 에런라이크(Barbara Ehrenreich), 전미영 옮김, 『긍정의 배신: 긍정적 사고는 어떻게 우리의 발등을 찍는가』(부키, 2009/2011), 253~254쪽.

59 티모시 윌슨(Timothy D. Wilson), 강유리 옮김, 『스토리: 행동의 방향을 바꾸 는 강력한 심리처방』(웅진지식하우스, 2011/2012), 49~50쪽.

60 티모시 윌슨(Timothy D. Wilson), 강유리 옮김, 『스토리: 행동의 방향을 바꾸 는 강력한 심리처방』(웅진지식하우스, 2011/2012), 27~28쪽.

61 바버라 에런라이크(Barbara Ehrenreich), 전미영 옮김, 『긍정의 배신: 긍정적 사고는 어떻게 우리의 발등을 찍는가』(부키, 2009/2011), 257쪽.

제3장 자연·과학·기술

1 로버트 그린(Robert Greene), 이수경 옮김, 『마스터리의 법칙: 내 안에 숨겨 진 최대치의 힘을 찾는 법』(살림비즈, 2012/2013), 359쪽.

2 리처드 오글(Richard Ogle), 손정숙 옮김, 『스마트월드』(리더스북, 2007/ 2008), 132쪽.

3 리처드 오글(Richard Ogle), 손정숙 옮김, 『스마트월드』(리더스북, 2007/ 2008), 132~133쪽.

4 리처드 오글(Richard Ogle), 손정숙 옮김, 『스마트월드』(리더스북, 2007/ 2008), 134쪽.

5 임귀열, 「[임귀열 영어] Imagination will take you everywhere(상상의 날 개)」, 『한국일보』, 2011년 10월 4일.

6 임귀열, 「[임귀열 영어] Think Big-Think different」, 『한국일보』, 2014년 11월 5일.

7 양윤직, 『TGIF 스토리』(커뮤니케이션북스, 2011), 263쪽.

8 월터 아이작슨(Walter Isaacson), 안진환 옮김, 『스티브 잡스(Steve Jobs)』(민 음사, 2011), 600~601, 629~631쪽.

9 「Imagineer」, 『Wikipedia』; 「Imagineering」, 『Wikipedia』; 「Walt Disney Imagineering」, 『Wikipedia』; 김화종, 「'이매지니어'를 아십니까」, 『중앙일 보』, 2014년 3월 26일.

10 김화종, 「'이매지니어'를 아십니까」, 『중앙일보』, 2014년 3월 26일.

11 노먼 빈센트 필(Norman Vincent Peale), 이갑만 옮김, 『적극적 사고방식』(세 종서적, 1952/2001), 209~210쪽.

12 뤼크 드 브라방데르(Luc de Brabandere)·앨런 아이니(Alan Iny), 이진원 옮 김, 『아이디어 메이커: 현재 틀에서 벗어나 새로운 틀에서 생각하기』(청림출 판, 2013/2014), 162~163쪽.

13 「mantra」, 『네이버 영어사전』.

14 「진언[mantra , 眞言]」, 『네이버 지식백과』; 「Mantra」, 『Wikipedia』.

15 리처드 스텐걸(Richard Stengel), 임정근 옮김, 『아부의 기술: 전략적인 찬사, 아부에 대한 모든 것』(참솔, 2000/2006), 340쪽; 「Émile Coué」, 『Wikipedia』.

16 레오짱, 『스티브 잡스 마법의 명언 120』(지니넷, 2011), 43쪽.

17 배재런, 「미란다 커, 몸매 비결은 명상과 필라테스 '이른 아침 운동 삼매경'」, 『뉴스엔』, 2015년 11월 4일.

18 Charles Earle Funk & Charles Earle Funk, Jr., 『Horsefeathers and Other Curious Words』(New York: Quill, 1958/2002), p.162.

19 Phil Cousineau, 『Word Catcher』(Berkeley, CA: Viva, 2010), p.9; 「polymath」, 『네이버 영어사전』.

20 「Polymath」, 『Wikipedia』.

21 「aftermath」, 『네이버 영어사전』.

22 데이비드 크리스털(David Crystal), 서순승 옮김, 『언어의 작은 역사』(휴머니스트, 2010/2013), 252~253쪽.

23 김형근, 『행복한 과학자의 영어 노트』(인물과사상사, 2011), 144쪽.

24 아이작 아시모프(Isaac Asimov), 「블랙홀」, 존 캐리(John Carey) 편저, 이광렬 외 옮김, 『지식의 원전: 다빈치에서 파인만까지』(바다출판사, 1995/2004), 661쪽.

25 「Black hole」, 『Wikipedia』.

26 프리먼 다이슨(Freeman Dyson), 김학영 옮김, 『과학은 반역이다』(반니, 2006/2015), 30~32쪽.

27 백성호, 「블랙홀, 우주의 괴물일까」, 『중앙일보』, 2014년 11월 15일.

28 조일준, 「호킹 "블랙홀에도 출구가 있다"」, 『한겨레』, 2015년 8월 27일.

29 쉘린 리(Charlene Li)·조시 버노프(Josh Bernoff), 이주만 옮김, 『그라운드스웰, 네티즌을 친구로 만든 기업들』(지식노마드, 2008), 64쪽.

30 팔란티리 2020, 『우리는 마이크로 소사이어티로 간다: 세상의 변화를 읽는 디테일 코드』(웅진윙스, 2008), 111쪽; 재닛 로우(Janet Lowe), 배현 옮김, 『구글 파워: 전 세계 선망과 두려움의 기업』(애플트리태일즈, 2009/2010), 326쪽; 구본홍, 「21세기 기업문화 차원을 높이자! (하) 웹2.0시대의 조직문화」, 『내일신문』, 2007년 7월 3일.

31 데이비드 와인버거(David Weinberger), 이현주 옮김, 『혁명적으로 지식을 체계화하라』(살림비즈, 2007/2008), 288~289쪽; 「Folksonomy」, 『Wikipedia』.

32 하워드 라인골드(Howard Rheingold), 김광수 옮김, 『넷스마트: 구글, 페이스북, 위키, 그리고 그보다 스마트해야 할 당신』(문학동네, 2012/2014), 243~244쪽.

33 김정운, 『에디톨로지: 창조는 편집이다』(21세기북스, 2014), 97~99쪽.

34 홍성태, 『위험사회를 진단한다: 사고사회를 넘어 안전사회로』(아로파, 2014), 16~17쪽; 「Risk」, 『Wikipedia』; 강준만, 「왜 "위험 없는 삶은 살 가치가 없다"고 하는가? risk」, 『재미있는 영어 인문학 이야기 2』(인물과사상사, 2015), 62~

64쪽 참고.

35 로렌스 코틀리코프(Laurence J. Kotlikoff)·스콧 번즈(Scott Burns), 김정혜·장환 옮김, 『다가올 세대의 거대한 폭풍』(한언, 2004), 25쪽.

36 김난도 외, 『트렌드코리아 2013』(미래의창, 2012), 142쪽.

37 대니얼 J. 레비틴(Daniel J. Levitin), 김성훈 옮김, 『정리하는 뇌』(와이즈베리, 2014/2015), 417쪽.

38 파트리크 베르나우(Patrick Bernau), 「작은 리스크에 대한 지나친 걱정」, 비난트 폰 페터스도르프(Winand von Petersdorff) 외, 박병화 옮김, 『사고의 오류』(율리시즈, 2013/2015), 106쪽.

39 폴커 키츠(Volker Kitz)·마누엘 투쉬(Manuel Tusch), 김희상 옮김, 『스마트한 심리학 사용법』(갤리온, 2013/2014), 179쪽.

40 롤프 도벨리(Rolf Dobelli), 두행숙 옮김, 『스마트한 생각들: 사람의 마음을 움직이는 52가지 심리 법칙』(걷는나무, 2011/2012), 215쪽.

41 Martin H. Manser, 『Get to the Roots: A Dictionary of Word & Phrase Origins』(New York: Avon Books, 1990), p.195; Webb Garrison, 『What's in a Word?』(Dallas, TX: Thomas Nelson, 2000), p.5; 「Three Laws of Robotics」, 『Wikipedia』; 에릭 브린욜프슨(Erik Brynjolfsson)·앤드루 맥아피(Andrew McAfee), 이한음 옮김, 『제2의 기계시대: 인간과 기계의 공생이 시작된다』(청림출판, 2014), 43쪽.

42 에릭 브린욜프슨(Erik Brynjolfsson)·앤드루 맥아피(Andrew McAfee), 이한음 옮김, 『제2의 기계시대: 인간과 기계의 공생이 시작된다』(청림출판, 2014), 44쪽; 「Moravec's paradox」, 『Wikipedia』.

43 도널드 노먼(Donald A. Norman), 박창호 옮김, 『미래 세상의 디자인』(학지사, 2007/2009), 115쪽; 박수련, 「9·11 테러범 잡은 진짜 영웅은 '데이터 브로커'」, 『중앙일보』, 2015년 10월 13일.

44 주디스 허먼(Judith Herman), 최현정 옮김, 『트라우마: 가정폭력에서 정치적 테러까지』(열린책들, 1997/2012), 150~151쪽.

45 나지홍, 「글로벌 경제 현장] 美 로봇기술 발전할수록…중산층 비명소리는 커진다」, 『조선일보』, 2015년 3월 16일.

46 이철재·곽재민, 「2만 명 근무하던 중국 공장, 로봇 투입 뒤 100명만 남아」, 『중앙일보』, 2015년 3월 14일.

47 나지홍, 「글로벌 경제 현장] 美 로봇기술 발전할수록…중산층 비명소리는 커진다」, 『조선일보』, 2015년 3월 16일.

48 최우성, 「유레카] 자동화세」, 『한겨레』, 2015년 3월 16일.

49 윤진호, 「빅데이터」, 『매일경제』, 2012년 8월 31일; 강동식, 「알아봅시다] 빅데이터」, 『디지털타임스』, 2011년 3월 23일; 권오규, 「디지털 포럼] 빅데이터' 대비하는 지혜」, 『디지털타임스』, 2011년 8월 2일.

50 김한별, 「빅데이터의 배신?」, 『중앙일보』, 2014년 3월 14일; 「Big data」, 『Wikipedia』.

51 박수련, 「마윈 "빅데이터 시대, 계획경제 우월해질 것"」, 『중앙일보』, 2015년 9월 21일.

52 크리스티안 루더(Christian Rudder), 이가영 옮김, 『빅데이터 인간을 해석하다: 우리는 어떻게 연결되고, 분열하고, 만들어지는가』(다른, 2015), 36쪽.

53 알렉스 펜틀런드(Alex Pentland), 박세연 옮김, 『창조적인 사람들은 어떻게 행동하는가: 빅데이터와 사회물리학』(와이즈베리, 2014/2015), 29~30쪽.

54 「Virilio, Paul」, 『Current Biography』, 66:7(July 2005), p.82.

55 Michael A. Genovese, 『Memo to a New President: The Art and Science of Presidential Leadership』(New York: Oxford University Press, 2008), p.199.

56 임귀열, 「[임귀열 영어] Smile today, tomorrow could be worse(오늘은 여유를, 내일 일은 모르니까)」, 『한국일보』, 2012년 12월 12일.

57 찰스 펜(Charles Fenn), 김기태 옮김, 『호치민 평전』(자인, 2001).

제4장 정치·권력·리더십

1 William Safire, 『Safire's Political Dictionary』(New York: Random House, 1978), pp.33~35.

2 Guido H. Stempel III & Jacqueline Nash Gifford, 『Historical Dictionary of Political Communication in the United States』(Westport, CT: Greenwood Press, 1999), p.10; 강준만, 「back」, 『교양영어사전』(인물과사상사, 2012), 46~47쪽 참고.

3 Glenn C. Loury, 『Race, Incarceration, and American Values』(Cambridge, MA: MIT Press, 2008), pp.12~13; 「Frontlash」, 『Wikipedia』.

4 William Safire, 『Safire's Political Dictionary』(New York: Random House, 1978), p.247.

5 안정효, 『오역사전』(열린책들, 2013), 306~307쪽.

6 「Democracy」, 『Wikipedia』.

7 로버트 W. 맥체스니(Robert W. McChesney), 전규찬 옮김, 『디지털 디스커넥트: 자본주의는 어떻게 인터넷을 민주주의의 적으로 만들고 있는가』(삼천리, 2014), 105쪽.

8 임귀열, 「[임귀열 영어] Quotes on Election(선거 관련 어록들)」, 『한국일보』, 2012년 12월 19일.

9 임귀열, 「[임귀열 영어] Your theory is crazy(당신 얘기는 엉터리)」, 『한국일보』, 2012년 10월 31일.

10 E. E. Schattschneider, 『The Semi-Sovereign People: A Realist's View of Democracy in America』(New York: Holt, Rinehart and Winston, 1960), p.121.

11 Saul D. Alinsky, 『Reveille for Radicals』(New York: Vintage Books,

1946/1989), p.47.

12 Jacques Ellul, trans. Konrad Kellen and Jean Lerner, 『Propaganda: The Formation of Men's Attitudes』(New York: Vintage Books, 1973), p.124.

13 「Fidel Castro」, 『Current Biography』, 62:6(June 2001), p.24.

14 「Nancy Pelosi」, 『Current Biography』, 64:2(February 2003), p.45.

15 「Verbatim」, 『Time』, October 13, 2008, p.10.

16 「Vernacular」, 『Wikipedia』; 「vernacular」, 『다음 영어사전』; 「vernacular」, 『네이버 영어사전』.

17 이반 일리히(Ivan Illich), 박홍규 옮김, 『그림자 노동』(분도출판사, 1981/1988), 10쪽.

18 데이비드 볼리어(David Bollier), 배수현 옮김, 『공유인으로 사고하라: 새로운 공유의 시대를 살아가는 공유인을 위한 안내서』(갈무리, 2014/2015), 65쪽.

19 데이비드 볼리어(David Bollier), 배수현 옮김, 『공유인으로 사고하라: 새로운 공유의 시대를 살아가는 공유인을 위한 안내서』(갈무리, 2014/2015), 66쪽.

20 이영희, 「[책 속으로] 시장 커피수레, 아파트 옷 수거함…몸에 밴 지혜 품은 생활용품들」, 『중앙일보』, 2015년 2월 7일.

21 이자용, 「서울시, 세운상가 활성화 공모 'Modern Vernacular(현대적 토속)' 당선」, 『건설타임즈』, 2015년 6월 17일.

22 Benjamin R. Barber, 『A Passion for Democracy: American Essays』(Princeton, NJ: Princeton University Press, 1998), p.184.

23 박철수, 『아파트: 공적 냉소와 사적 정열이 지배하는 사회』(마티, 2013), 256쪽.

24 「Spirit of place」, 『Wikipedia』.

25 임귀열, 「[임귀열 영어] Election Talk(선거의 명언)」, 『한국일보』, 2011년 10월 19일.

26 임귀열, 「[임귀열 영어] Your vote is your voice(투표로 의사 표현을)」, 『한국일보』, 2010년 5월 19일.

27 임귀열, 「[임귀열 영어] Election Talk(선거의 명언)」, 『한국일보』, 2011년 10월 19일.

28 임귀열, 「[임귀열 영어] Quotes on Election(선거 관련 어록들)」, 『한국일보』, 2012년 12월 19일.

29 Drew Westin, 『The Political Brain: The Role of Emotion in Deciding the Fate of the Nation』(New York: PublicAffairs, 2007), p.25.

30 Joe Trippi, 『The Revolution Will Not Be Televised: Democracy, the Internet, and the Overthrow of Everything』(New York: ReganBooks, 2004), p.4; 조 트리피(Joe Trippi), 윤영미·김정수 옮김, 『혁명은 TV로 중계되지 않는다』(산해, 2004/2006), 79, 133쪽.

31 「Verbatim」, 『Time』, October 20, 2008, p.12.

32 임귀열, 「[임귀열 영어] Some Cases of Classic Insults(은근한 모욕 주기)」, 『한국일보』, 2012년 12월 26일.

33 신명순, 『비교정치』(박영사, 1999), 208쪽.

34 신명순, 『비교정치』(박영사, 1999), 208~209쪽.

35 유재일, 「제5장 정당의 기능」, 심지연 편저, 『현대 정당정치의 이해』(백산서당, 2003), 135쪽.

36 강원택, 『인터넷과 한국정치: 정당정치에 대한 도전과 변화』(집문당, 2007), 21쪽.

37 정영태, 「정당과 참여민주주의」, 참여사회연구소 편, 『참여민주주의와 한국사회』(창작과비평사, 1997), 173쪽.

38 다이앤 맥도넬, 임상훈 옮김, 『담론이란 무엇인가: 알튀세 입장에서의 푸코·포스트맑시즘 비판』(한울, 1992), 27쪽.

39 유재일, 「제5장 정당의 기능」, 심지연 편저, 『현대 정당정치의 이해』(백산서당, 2003), 145쪽.

40 이성훈, 「'정치인 不信'은 만국 공통의 정서」, 『조선일보』, 2013년 7월 11일.

41 김유철, 「신뢰집단 만들기」, 『경향신문』, 2014년 10월 11일.

42 김희선, 「"종교 신뢰도 급락…천주교가 신뢰도 가장 높아"」, 『연합뉴스』, 2015년 10월 28일.

43 놈 촘스키(Noam Chomsky), 오애리 옮김, 『507년, 정복은 계속된다』(이후, 1993/2000), 97쪽.

44 Dave Mulcahey, 「Leadership and You」, Thomas Frank & Matt Weiland, eds., 『Commodify Your Dissent: The Business of Culture in the New Gilded Age』(New York: W. W. Norton, 1997), pp. 121~122.

45 Donald T. Phillips, 『Lincoln on Leadership: Executive Strategies for Tough Times』(New York: Warner Books, 1992), p. 107.

46 Philip K. Howard, 『Life Without Lawyers: Liberating Americans form Too Much Law』(New York: W. W. Norton & Co., 2009), p. 189.

47 Bruce Miroff, 『Icons of Democracy: American Leaders as Heroes, Aristocrats, Dissenters, & Democrats』(Lawrence: University Press of Kansas, 1993/2000), p. 1.

48 Michael A. Genovese, 『The Presidential Dilemma: Leadership in the American System』, 2nd ed. (New York: Longman, 2003), p. 59.

49 박영석, 「길라드(前 호주 총리) "권력 잃는 건 주먹으로 강타당하는 느낌"」, 『조선일보』, 2013년 9월 16일.

50 EBS 3분영어 제작팀, 『생각하는 영어사전 ing 2』(인물과사상사, 2010), 62~63쪽.

51 Reinhold Niebuhr, 『Moral Man and Immoral Society: A Study in Ethics and Politics』(New York: Charles Scribner' s Sons, 1932, 1960), p. 46.

52 에릭 호퍼(Eric Hoffer), 방대수 옮김, 『에릭 호퍼 자서전』(이다미디어, 2003), 165쪽.

53 Saul D. Alinsky, 『Rules for Radicals: A Pragmatic Primer for Realistic

Radicals』(New York: Vintage Books, 1971/1989), p.127.

54 이철희, 『이철희의 정치 썰전: 보수와 진보를 향한 촌철살인 돌직구』(인물과 사상사, 2015), 290~292쪽.

55 필립 코틀러(Philip Kotler) 외, 방영호 옮김, 『필립 코틀러 전략 3.0』(청림출판, 2010/2011), 15쪽.

56 조승연, 「[Weekly BIZ] [인문학으로 배우는 비즈니스 영어] strategy」, 『조선일보』, 2014년 8월 16일.

57 윌리엄 더건(William Duggan), 윤미나 옮김, 『제7의 감각: 전략적 직관』(비즈니스맵, 2007/2008), 105~106쪽.

58 김경원, 「추천의 글/변화된 경영환경, 이제 당신이 전략가가 되어야 한다」, 신시아 몽고메리(Cynthia A. Montgomery), 이현주 옮김, 『당신은 전략가입니까』(리더스북, 2012/2013), 5~6쪽.

59 John Ayto, 『Movers and Shakers: A Chronology of Words That Shaped Our Age』(New York: Oxford University Press, 2006), p.65; 조지 마르스텐 (George M. Marsden), 홍치모 옮김, 『미국의 근본주의와 복음주의의 이해』 (성광문화사, 1992), p.13; 지오반나 보라도리(Giovanna Borradori), 손철성 외, 『테러시대의 철학: 하버마스, 데리다와의 대화』(문학과지성사, 2004), p.69.

60 스티븐 프레스필드(Steven Pressfield), 류가미 옮김, 『최고의 나를 꺼내라!』 (북북서, 2002/2008), 65쪽.

61 김진석, 『폭력과 싸우고 근본주의와도 싸우기』(나남출판, 2003), 5쪽.

62 조지프 스티글리츠(Joseph E. Stiglitz), 「 '보이지 않는 손'의 허상: 경제적 다원주의에 대한 찬양」, 놈 촘스키 외, 『경제민주화를 말하다』(위너스북, 2011/2012), 44~51쪽.

63 로런스 레시그(Lawrence Lessig), 이주명 옮김, 『자유문화: 인터넷시대의 창작과 저작권 문제』(필맥, 2004/2005), 397~398쪽.

64 Rebecca MacKinnon, 『Consent of the Networked: The Worldwide Struggle for Internet Freedom』(New York: Basic Books, 2012), p.10.

65 대럴 W. 레이(Darrel W. Ray), 권혁 옮김, 『신들의 생존법』(돈을새김, 2009/2012), 67쪽.

66 프랭크 레흐너(Frank J. Lechner) · 존 볼리(John Boli), 윤재석 옮김, 『문명의 혼성(World Culture)』(부글북스, 2005/2006), 83~85쪽.

67 「Kleptocracy」, 『Wikipedia』; 「클렙토크라시[kleptocracy]」, 『네이버 지식백과』.

68 「Kleptocracy」, 『Wikipedia』.

69 윤평중, 「 '도둑정치'」, 『조선일보』, 2015년 4월 30일.

70 채지은, 「머독 "구글 기사검색 차단하겠다"」, 『한국일보』, 2009년 11월 11일.

71 박지영, 『유쾌한 심리학 2』(파피에, 2006), 225쪽.

72 더글러스 러시코프(Douglas Rushkoff), 박종성 · 장석훈 옮김, 『현재의 충격: 모든 것이 지금 일어나고 있다』(청림출판, 2013/2014), 231쪽; 「Kleptomania」,

『Wikipedia』.

제5장 심리·마음·두뇌

1 임귀열, 「[임귀열 영어] Denial isn't just a river in Egypt(나일강은 이집트의 강뿐일까)」, 『한국일보』, 2009년 11월 18일.
2 아지트 바르키(Ajit Varki)·대니 브라워(Danny Brower), 노태복 옮김, 『부정 본능』(부키, 2014/2015), 29~30쪽; 한승동, 「왜 침팬지나 돌고래가 아닌 인류만 똑똑해졌을까」, 『한겨레』, 2015년 7월 3일.
3 앤드루 킬패트릭(Andrew Kilpatrick), 안진환·김기준 옮김, 『워렌 버핏 평전 1』(월북, 2006/2008), 211쪽.
4 「Plausible deniability」, 『Wikipedia』; 여현호, 「'그럴듯한 부인'」, 『한겨레』, 2015년 7월 28일.
5 조너선 하이트(Jonathan Haidt), 왕수민 옮김, 『바른 마음: 나의 옳음과 그들의 옳음은 왜 다른가』(웅진지식하우스, 2012/2014), 166쪽.
6 조너선 하이트(Jonathan Haidt), 왕수민 옮김, 『바른 마음: 나의 옳음과 그들의 옳음은 왜 다른가』(웅진지식하우스, 2012/2014), 167쪽.
7 조너선 하이트(Jonathan Haidt), 왕수민 옮김, 『바른 마음: 나의 옳음과 그들의 옳음은 왜 다른가』(웅진지식하우스, 2012/2014), 167쪽.
8 하야시 노부유키(林信行), 김정환 옮김, 『스티브 잡스의 명언 50』(스펙트럼북스, 2009/2010), 74~75쪽.
9 배리 슈워츠(Barry Schwartz), 형선호 옮김, 『선택의 심리학』(웅진지식하우스, 2004/2005); Susie Dent, 『fanboys and overdogs: the language report』(New York: Oxford University Press, 2005), p.9; 강준만, 「왜 선택 사항이 많아지면 오히려 불행해지는가?: 선택의 역설」, 『우리는 왜 이렇게 사는 걸까?: 세상을 꿰뚫는 50가지 이론 2』(인물과사상사, 2014), 313~318쪽 참고.
10 문영미, 박세연 옮김, 『디퍼런트: 넘버원을 넘어 온리원으로』(살림비즈, 2010/2011), 116쪽.
11 마크 뷰캐넌(Mark Buchanan), 김희봉 옮김, 『세상은 생각보다 단순하다: 격변하는 역사를 읽는 새로운 과학』(지호, 2001/2004), 25쪽.
12 유정식, 『착각하는 CEO: 직관의 오류를 깨뜨리는 심리의 모든 것』(알에이치코리아, 2013), 425~426쪽.
13 비난트 폰 페터스도르프(Winand von Petersdorff) 외, 박병화 옮김, 『사고의 오류』(율리시즈, 2013/2015), 71~75쪽.
14 피터 우벨(Peter A. Ubel), 김태훈 옮김, 『욕망의 경제학』(김영사, 2009), 141쪽.
15 이남석, 『편향: 나도 모르게 빠지는 생각의 함정』(옥당, 2013), 214~217쪽; 「Belief bias」, 『Wikipedia』.
16 로저 코너(Roger Connors)·톰 스미스(Tom Smith), 『조직문화가 경쟁력이

다: 문화를 바꾸면 시장판도가 바뀐다』(아빈저연구소코리아, 2011/2013), 114~115쪽.

17 김미라, 「사랑의 매: 꽃으로라도 얼굴과 머리만은 때리지 말자!」, 『대한변협신문』, 제489호(2014년 4월 7일); 이인식, 「해제: 몸으로 생각한다」, 프란시스코 바렐라(Francisco J. Varela) 외, 석봉래 옮김, 『몸의 인지과학』(김영사, 1991/2013), 14~15쪽; 「Embodied cognition」, 『Wikipedia』; 강준만, 「왜 세월호 참사를 '몸의 문제'라고 하는가?: 신체화된 인지」, 『우리는 왜 이렇게 사는 걸까?: 세상을 꿰뚫는 50가지 이론 2』(인물과사상사, 2014), 58~63쪽 참고.

18 「embody」, 『다음 영어사전』; 「embody」, 『네이버 영어사전』.

19 리처드 레스택(Richard M. Restack), 홍승효 옮김, 『인간적인, 너무나 인간적인 뇌』(휴머니스트, 2012/2015), 14~15쪽.

20 마이클 본드(Michael Bond), 문희경 옮김, 『타인의 영향력: 그들의 생각과 행동은 어떻게 나에게 스며드는가』(어크로스, 2014/2015), 36쪽.

21 김재휘, 『설득 심리 이론 2』(커뮤니케이션북스, 2013), 56쪽; 데이비드 스튜어트(David W. Stewart) · 폴 파블로(Paul A. Pavlou), 「미디어가 마케팅커뮤니케이션에 미치는 효과」, 제닝스 브라이언트(Jennings Bryant) · 메리 베스 올리버(Mary Beth Oliver) 편저, 김춘식 외 옮김, 『미디어 효과이론』(나남, 2009/2010), 434쪽.

22 「관여(關與, involvement)」, 『이해하기 쉽게 쓴 행정학용어사전』; 『네이버 지식백과』에서 재인용.

23 이명천 · 김요한, 『광고 전략』(커뮤니케이션북스, 2013), 81~82쪽.

24 홍성태, 『마케팅의 시크릿 코드』(위즈덤하우스, 2010), 70쪽; 강준만, 「왜 좋아하는 사람의 곁에 자주 얼씬거리면 데이트 가능성이 높아지나?: 단순 노출 효과」, 『우리는 왜 이렇게 사는 걸까?: 세상을 꿰뚫는 50가지 이론 2』(인물과사상사, 2014), 187~192쪽 참고.

25 에드워드 홀(Edward T. Hall), 최효선 옮김, 『침묵의 언어』(한길사, 1959/2000), 77쪽.

26 Joseph A. DeVito, 『Human Communication: The Basic Course』, 11th ed.(New York: Pearson, 2009), p.132.

27 임귀열, 「[임귀열 영어] Personal Space and Distance(대인관계의 거리)」, 『한국일보』, 2015년 9월 25일.

28 Geert Hofstede, 차재호 · 나은영 옮김, 『세계의 문화와 조직』(학지사, 1995), 49~54, 91쪽.

29 임귀열, 「[임귀열 영어] Lying and Distancing Language(거짓말과 딴소리하기)」, 『한국일보』, 2015년 4월 14일.

30 로버트 스키델스키(Robert Skidelsky) · 에드워드 스키델스키(Edward Skidelsky), 김병화 옮김, 『얼마나 있어야 충분한가』(부키, 2012/2013), 161쪽.

31 제임스 보그(James Borg), 정향 옮김, 『마음의 힘: 생각의 습관을 바꾸는 마인드 파워 트레이닝』(한스미디어, 2010/2011), 41쪽.

32 마이클 가자니가(Michael Gazzaniga), 박인균 옮김, 『왜 인간인가?: 인류가 밝혀낸 인간에 대한 모든 착각과 진실』(추수밭, 2008/2009), 71~72쪽; 마이클 캐플런(Michael Kaplan)·엘런 캐플런(Ellen Kaplan), 이지선 옮김, 『뇌의 거짓말: 무엇이 우리의 판단을 조작하는가?』(이상, 2009/2010), 248쪽; 「Theory of mind」, 『Wikipedia』.

33 장문선, 「마음 챙김[mindfulness]」, 『네이버 지식백과』(한국심리학회 편, 『심리학용어사전』).

34 존 카밧진(Jon Kabat-Zinn), 장현갑·김교헌·김정호 옮김, 『마음챙김 명상과 자기치유 上』(학지사, 1990/2005), 47쪽.

35 문영미, 박세연 옮김, 『디퍼런트: 넘버원을 넘어 온리원으로』(살림비즈, 2010/2011), 221쪽.

36 조나 레러(Jonah Lehrer), 강미경 옮김, 『탁월한 결정의 비밀: 뇌신경과학의 최전방에서 밝혀낸 결정의 메커니즘』(위즈덤하우스, 2009), 292쪽.

37 요하이 벤클러(Yochai Benkler), 최은창 옮김, 『네트워크의 부: 사회적 생산은 시장과 자유를 어떻게 바꾸는가』(커뮤니케이션북스, 2006/2015), 326쪽; 「마인드 셰어」, 『다음 백과사전』; 「Mind share」, 『Wikipedia』.

38 김윤덕, 「"멈추고, 호흡하고, 관찰하고 다시 시작하라": 마이클 잭슨 정신적 스승…대체의학 권위자 디팩 초프라 방한」, 『조선일보』, 2013년 3월 12일.

39 톰 지그프리드(Tom Siegfried), 이정국 옮김, 『호모루두스: 존 내시의 게임이론으로 살펴본 인간 본성의 비밀』(자음과모음, 2006/2010), 16~17, 148~149쪽.

40 정재승, 「위기에 놓인 댓글 문화」, 『중앙일보』, 2013년 9월 27일; 조너선 헤이트(Jonathan Haidt), 권오열 옮김, 『행복의 가설』(물푸레, 2006/2010), 101~103쪽; 강준만, 「왜 배고픈 건 참아도, 배 아픈 건 못 참는가?: 최후통첩 게임」, 『우리는 왜 이렇게 사는 걸까?: 세상을 꿰뚫는 50가지 이론 2』(인물과사상사, 2014), 304~307쪽 참고.

41 김진철, 『시장의 유혹과 거짓말로부터 내 돈을 지키는 경제학』(밀리언하우스, 2010), 181~182쪽; 「Neuroeconomics」, 『Wikipedia』.

42 제윤경, 『빚 권하는 사회, 빚 못 갚을 권리』(책담, 2015), 131쪽; 「Neuromarketing」, 『Wikipedia』.

43 이영완, 「"소비자 뇌를 읽어라": 감성본능 자극하는 '뉴로마케팅'」, 『조선일보』, 2006년 9월 22일, B1면; 「Neuromarketing」, 『Wikipedia』.

44 「Neuroethics」, 『Wikipedia』.

45 임귀열, 「[임귀열 영어] You live only once, but(인생은 한 번 사는 것이지만)」, 『한국일보』, 2010년 6월 23일.

46 대니얼 J. 부어스틴(Daniel J. Boorstin), 이보형 외 옮김, 『미국사의 숨은 이야기』(범양사출판부, 1989/1991), 31쪽.

47 마이클 베일리(Michael Bailey)·데스 프리드먼(Des Freedman) 엮음, 민영진 옮김, 『대학에 저항하라』(시드페이퍼, 2011/2012), 199쪽.

48 유정식, 『착각하는 CEO: 직관의 오류를 깨뜨리는 심리의 모든 것』(알에이치

코리아, 2013), 511~512쪽.

49 「Presentism(literary and historical analysis)」, 『Wikipedia』.

50 Daniel Gilbert, 『Stumbling on Happiness』(New York: Vintage Books, 2007), pp.161~162.

51 하워드 가드너(Howard Gardner), 류숙희 옮김, 『인간은 어떻게 배우는가?: 인지과학이 발견한 배움의 심리학』(사회평론, 2000/2015), 41쪽.

52 로널드 드워킨(Ronald W. Dworkin), 박한선·이수인 옮김, 『행복의 역습: 행복강박증 사회가 어떻게 개인을 병들게 하는가』(아로파, 2006/2014), 189쪽.

53 임귀열, 「[임귀열 영어] 2012 list of banished words(2012년의 금지어)」, 『한국일보』, 2012년 1월 4일.

54 임귀열, 「[임귀열 영어] Satisfaction is the enemy of success(만족하지 않아야 성공한다)」, 『한국일보』, 2015년 4월 22일.

55 올리버 버크먼(Oliver Burkeman), 김민주·송희령 옮김, 『행복 중독자: 사람들은 왜 돈, 성공, 관계에 목숨을 거는가』(생각연구소, 2011/2012), 42~44쪽.

56 올리버 버크먼(Oliver Burkeman), 김민주·송희령 옮김, 『행복 중독자: 사람들은 왜 돈, 성공, 관계에 목숨을 거는가』(생각연구소, 2011/2012), 44쪽.

57 박진영, 『심리학 일주일』(시공사, 2014), 97쪽.

제6장 대중문화·미디어·언론

1 「Clay Shirky」, 『Current Biography』, 64:5(May 2003), p.68.

2 Michael J. Robinson, 「The Media in 1980: Was the Message the Message?」, Austin Ranney, ed., 『The American Election of 1980』(Washington D. C.: American Enterprise Institute for Public Policy Research, 1981), pp.177~211.

3 Arlie Schardt, 「TV's Rush to Judgment」, 『Newsweek』, 28 July, 1980, pp.72~75; Martin Schram, 『The Great American Video Game: Presidential Politics in the Television Age』(New York: William Morrow, 1987).

4 마이클 서드슨(Michael Schudson), 이강형 옮김, 『뉴스의 사회학』(한국언론진흥재단, 2011/2014), 183~184쪽; 존 어리(John Urry), 강현수·이희상 옮김, 『모빌리티』(아카넷, 2014), 35쪽.

5 「Mediacracy」, 『Wikipedia』.

6 지그문트 바우만(Zygmunt Bauman) 외, 노명우 옮김, 『사회학의 쓸모: 지그문트 바우만과의 대화』(서해문집, 2015), 113~114쪽.

7 「Mediology」, 『Wikipedia』.

8 Mark Wheeler, 『Politics and the Mass Media』(Oxford: Blackwell, 1997), p.201.

9 토머스 드 젠고티타(Thomas de Zengotita), 박금자·박연진 옮김, 『미디에이

티드: 미디어가 만드는 세계와 우리의 삶』(커뮤니케이션북스, 2005/2012), 7, 9, 13쪽.

10 토드 기틀린(Todd Gitlin), 남재일 옮김, 『무한 미디어: 미디어 독재와 일상의 종말』(Human & Books, 2002/2006), 211쪽.

11 마틴 레이먼드(Martin Raymond), 박정숙 옮김, 『미래의 소비자들』(에코비 즈, 2003/2006), 460~462쪽; 「Adonis」, 『Wikipedia』; 「아도니스 콤플렉스 [adonis complex]」, 『네이버 지식백과』; 강준만, 「왜 근육질 몸매를 과시하는 식스팩 열풍이 부는가?: 아도니스 콤플렉스」, 『독선 사회: 세상을 꿰뚫는 50 가지 이론 4』(인물과사상사, 2015), 61~66쪽 참고.

12 수전 제퍼드(Susan Jeffords), 이형식 옮김, 『하드 바디: 레이건 시대 할리우드 영화에 나타난 남성성』(동문선, 1994/2002), 30, 43~45쪽.

13 송혜영, 「[창조경제포럼] 미디어 소비 패러다임 진화와 방송 산업 창조경제 화」, 『전자신문』, 2013년 11월 4일; 김인순, 「[이슈분석] 미디어 OTT 부상… TV 시대 종말 앞당긴다」, 『전자신문』, 2014년 1월 27일.

14 서기만, 「OTT 서비스의 이해와 전망」, 『방송공학회지』, 제16권1호(2011년 3 월), 91쪽.

15 양성희, 「거실을 점령하라…TV 삼키는 구글·애플·아마존」, 『중앙일보』, 2014년 7월 22일.

16 양성희, 「거실을 점령하라…TV 삼키는 구글·애플·아마존」, 『중앙일보』, 2014년 7월 22일.

17 정철운, 「통합시청률이라는 환상, 황금비율이 없다」, 『미디어오늘』, 2015년 7 월 15일.

18 「Netflix」, 『Wikipedia』.

19 지나 키팅(Gina Keating), 박종근 옮김, 『넷플릭스: 스타트업의 전설』(한빛비 즈, 2013/2015), 7쪽.

20 프레드 보겔스타인(Fred Vogelstein), 김고명 옮김, 『도그파이트: 애플과 구 글, 전쟁의 내막과 혁명의 청사진』(와이즈베리, 2013/2014), 15~16쪽.

21 루크 도멜(Luke Dormehl), 노승영 옮김, 『만물의 공식』(반니, 2014), 231~ 232쪽.

22 패트릭 터커(Patrick Tucker), 이은경 옮김, 『네이키드 퓨처: 당신의 모든 움직 임을 예측하는 사물인터넷의 기회와 위협』(와이즈베리, 2014), 151쪽.

23 남은주, 「쓰나미? 너울? 넷플릭스 상륙 직전」, 『한겨레』, 2015년 9월 16일.

24 「Binge eating」, 『Wikipedia』; 「Binge drinking」, 『Wikipedia』.

25 새디어스 러셀(Thaddeus Russsell), 이정진 옮김, 『불한당들의 미국사』(까치, 2010/2012), 22쪽.

26 고정애, 「콜린스의 올해의 단어 '빈지 워치'」, 『중앙일보』, 2015년 11월 5일.

27 「Binge-watching」, 『Wikipedia』; 양성희, 「거실을 점령하라…TV 삼키는 구 글·애플·아마존」, 『중앙일보』, 2014년 7월 22일.

28 손현철, 「TV의 미래, '채널'이냐 '앱'이냐」, 『피디저널』, 2013년 6월 24일.

29 강형철, 「공영방송의 '유료 VOD' 딜레마」, 『한겨레』, 2014년 4월 11일.

30 「creep, creeping, creepy」, 『네이버 영어사전』.

31 제프 자비스(Jeff Jarvis), 위선주 옮김, 『공개하고 공유하라』(청림출판, 2011/2013), 191쪽.

32 브리짓 슐트(Brigid Schulte), 안진이 옮김, 『타임푸어: 항상 시간에 쫓기는 현대인을 위한 일·가사·휴식 균형잡기』(더퀘스트, 2014/2015), 129쪽.

33 마크 스쿠젠(Mark Skoousen), 안진환 옮김, 『이코노파워: 나와 세상을 구하는 경제학의 힘』(크레듀, 2008), 311쪽.

34 제프 자비스(Jeff Jarvis), 위선주 옮김, 『공개하고 공유하라』(청림출판, 2011/2013), 113쪽.

35 「Feature creep」, 『Wikipedia』; 강준만, 「완제품이 아닌 베타 버전은 소비자를 '용병'으로 이용하는 것인가? beta release」, 『재미있는 영어 인문학 이야기 1』(인물과사상사, 2015), 306~308쪽 참고.

36 「Mission creep」, 『Wikipedia』; 데버러 로드(Deborah L. Rhode), 윤재원 옮김, 『대학의 위선』(알마, 2006/2015), 24쪽.

37 「Scope creep」, 『Wikipedia』.

38 「Instruction creep」, 『Wikipedia』.

39 「Fiscal drag」, 『Wikipedia』.

40 브레네 브라운(Brené Brown), 서현정 옮김, 『나는 왜 내 편이 아닌가: 나를 괴롭히는 완벽주의 신화로부터 자유로워지는 법』(북하이브, 2007/2012), 138쪽.

41 홀름 프리베(Holm Friebe)·사샤 로보(Sascha Lobo), 두행숙 옮김, 『디지털 보헤미안: 창조의 시대를 여는 자』(크리에디트, 2006/2007), 272~273쪽.

42 스테판 바이츠(Stefan Weitz), 이주만 옮김, 『검색이 바꿀 미래를 검색하다』(Korea.com, 2014/2015), 178쪽.

43 클라이브 톰슨(Clive Thompson), 이경남 옮김, 『생각은 죽지 않는다』(알키, 2013/2015), 338쪽.

44 하워드 가드너(Howard Gardner), 류숙희 옮김, 『인간은 어떻게 배우는가?: 인지과학이 발견한 배움의 심리학』(사회평론, 2000/2015), 151쪽.

45 Geert Hofstede, 차재호·나은영 옮김, 『세계의 문화와 조직』(학지사, 1995), 97쪽.

46 테렌스 브레이크(Terence Brake) 외, 정우찬 감역, 『국제협상 문화를 알아야 성공한다』(21세기북스, 1995/1997), 79쪽; 강준만, 『세계문화의 겉과 속』(인물과사상사, 2012), 19~27쪽 참고.

47 조민경, 「미국 '쓴소리 작가' 잃었다」, 『주간경향』, 2005년 3월 18일.

48 임병선, 「美 괴짜 작가 톰슨 유언대로 '하늘로 쏴 올린 유해」, 『서울신문』, 2005년 8월 22일.

49 존 캐스티(John L. Casti), 이현주 옮김, 『대중의 직관』(반비, 2010/2012), 157쪽; 리치 링(Rich Ling), 배진한 옮김, 『모바일 미디어와 새로운 인간관계 네트워크의 출현』(커뮤니케이션북스, 2008/2009), 178쪽.

50 「Gonzo journalism」, 『Wikipedia』; 노주석, 「[씨줄날줄] '곤조 저널리즘'」, 『서울신문』, 2012년 9월 17일; 김봉석, 「'곤조 저널리즘'은 이렇게 시작됐다」, 『시사IN』, 2012년 10월 11일.

51 박새미, 「"기자들, 객관 저널리즘의 함정을 경계하라"」, 『미디어오늘』, 2012년 2월 23일; 신진아, 「[그 영화 어때] "럼 다이어리", 조니 뎁의 "괴짜 절친" 곤조 저널리즘의 헌터 톰슨을 아십니까?」, 『노컷뉴스』, 2012년 9월 12일.

52 「Immersion journalism」, 『Wikipedia』.

53 존 하워드 그리핀(John Howard Griffin), 하윤숙 옮김, 『블랙 라이크 미: 흑인이 된 백인 이야기』(살림, 1961/2009), 118쪽.

54 「John Howard Griffin」, 『Wikipedia』; 김재중, 「흑인 변장한 백인 39일간 겪은 차별」, 『경향신문』, 2009년 2월 14일.

55 정영오, 「우리 사회의 데우스 엑스 마키나」, 『한국일보』, 2014년 12월 31일.

56 김대식, 『이상한 나라의 뇌과학』(문학동네, 2015), 229쪽; 「Deus ex machina」, 『Wikipedia』.

57 대니얼 데닛(Daniel C. Dennett), 노승영 옮김, 『직관펌프 생각을 열다: 대니얼 데닛의 77가지 생각도구』(동아시아, 2013/2015), 282쪽.

58 셰리 터클(Sherry Turkle), 이은주 옮김, 『외로워지는 사람들: 테크놀로지가 인간관계를 조정한다』(청림출판, 2010/2012), 34쪽.

제7장 남녀관계 · 노동 · 스포츠

1 Ronald Steel, 『Walter Lippmann and the American Century』(Boston, Mass.: Little, Brown, 1980), p.265.

2 Erich Fromm, 『The Art of Loving』(New York: Bantam Books, 1956, 1963), p.106.

3 「Faith」, 『Wikipedia』.

4 Erich Fromm, 『The Art of Loving』(New York: Bantam Books, 1956, 1963), p.106.

5 Saul D. Alinsky, 『Reveille for Radicals』(New York: Vintage Books, 1946/1989), p.192.

6 이유진, 「연애는 '낭만적 사랑' 아닌 '전시 상품'」, 『한겨레』, 2015년 9월 25일; 베스 베일리(Beth L. Bailey), 백준걸 옮김, 『데이트의 탄생: 자본주의적 연애제도』(앨피, 1989/2015), 55~60쪽.

7 John Ayto, 『Movers and Shakers: A Chronology of Words That Shaped Our Age』(New York: Oxford University Press, 2006), pp.242~243; 찰스 랜드리(Charles Landry), 최지영 옮김, 『크리에이티브 시티 메이킹: 찰스 랜드리의 우리를 위한 도시 이야기』(역사넷, 2006/2009), 178쪽; 「Speed dating」, 『Wikipedia』.

8 마이클 J. 실버스타인·닐 피스크, 보스턴컨설팅그룹 옮김, 『트레이딩 업: 소비의 새물결』(세종서적, 2005), 88쪽.

9 「하버스게이트, 소울메이팅과 스피드 데이트—미팅파티 MOU 체결」, 『스포츠월드』, 2015년 2월 27일.

10 최혜영, 「정확한 임팩트 위해 올바른 폴로스루 자세 근육에 기억시켜라」, 『매일신문』, 2015년 10월 13일.

11 다우베 드라이스마(Douwe Draaisma), 정준형 옮김, 『기억의 메타포』(에코리브르, 1995/2006), 320쪽; 「Muscle memory」, 『Wikipedia』.

12 조너선 번즈(Jonathan L. S. Byrnes), 이훈·구계원 옮김, 『레드오션 전략: 잃어버린 '혹자의 섬'을 찾아서』(타임비즈, 2010), 303쪽.

13 마티 파커(Marty Parker), 공지민 옮김, 『위대한 기업을 만드는 힘, 컬처 커넥션: 성공하는 기업 오래가는 기업, 조직문화로 승부한다』(재승출판, 2012/2013), 125쪽.

14 노나카 이쿠지로(野中郁次郎)·가쓰미 아키라(勝見明), 양영철 옮김, 『생각을 뛰게 하라: 뜻밖의 아이디어를 뜻대로 실현시키는 힘』(흐름출판, 2010/2012), 142쪽.

15 강준만, 「왜 스티브 잡스를 '세계 최고의 플리퍼족'이라고 하는가? flipper」, 『재미있는 영어 인문학 이야기 2』(인물과사상사, 2015), 68~69쪽 참고.

16 「flipping」, 『네이버 영어사전』.

17 「Coin flippin」, 『Wikipedia』; 윌리엄 파운드스톤(William Poundstone), 최정규·하승아 옮김, 『가격은 없다: 당신이 속고 있는 가격의 비밀』(동녘사이언스, 2010/2011), 125쪽.

18 「Flipism」, 『Wikipedia』.

19 「Bat flip」, 『Wikipedia』; 박승현, 「KBO 배트 플립, 뉴욕타임스도 관심」, 『OSEN』, 2015년 9월 3일; 정상혁, 「'빠던'의 나라」, 『조선일보』, 2015년 11월 23일.

20 「Aaron Sams」, 『Wikipedia』; 「Blended learning」, 『Wikipedia』; 천인성·백민경, 「동영상 강의 미리 보고, 수업 땐 토론…대학가 '플립 러닝' 확산」, 『중앙일보』, 2015년 11월 12일.

21 윤병웅, 『윤병웅의 야구기록과 기록 사이』(한울, 2012), 108~112쪽; 이상학, 「김기태 이전 유승안·이만수 시프트가 있었다」, 『OSEN』, 2015년 5월 14일.

22 「포수 뒤에 3루수가 멀뚱멀뚱…'김기태 시프트' 해프닝」, 『헤럴드경제』, 2015년 5월 14일.

23 로저 코너(Roger Connors)·톰 스미스(Tom Smith), 『조직문화가 경쟁력이다: 문화를 바꾸면 시장판도가 바뀐다』(아빈저연구소코리아, 2011/2013), 264쪽; 「huddle」, 『네이버 영어사전』.

24 Evan Morris, 『The Word Detective』(New York: Plume, 2000), pp.180~181.

25 「Time shifting」, 『Wikipedia』; 「Timeshift channel」, 『Wikipedia』; 「Effects

of time zones on North American broadcasting」, 『Wikipedia』.

26 Don R. Pember, 『Mass Media Law』 3rd ed.(Dubuque, Iowa: Wm.C.Brown, 1984), pp.424~433.

27 브리짓 슐트(Brigid Schulte), 안진이 옮김, 『타임푸어: 항상 시간에 쫓기는 현대인을 위한 일·가사·휴식 균형잡기』(더퀘스트, 2014/2015), 213쪽.

28 Arlie Hochschild & Anne Machung, 『The Second Shift: Working Families and the Revolution at Home』(New York: Viking, 1989), p.212; 앨리 러셀 혹실드(Arlie Russell Hochschild), 백영민 옮김, 『돈 잘 버는 여자 밥 잘 하는 남자: 맞벌이 부부의 가사분담 이야기』(아침이슬, 1989/2001), 292쪽.

29 앨리 러셀 혹실드(Arlie Russell Hochschild), 백영민 옮김, 『돈 잘 버는 여자 밥 잘 하는 남자: 맞벌이 부부의 가사분담 이야기』(아침이슬, 1989/2001), 295쪽.

30 Arlie Hochschild & Anne Machung, 『The Second Shift: Working Families and the Revolution at Home』(New York: Viking, 1989), pp.6~7; 앨리 러셀 혹실드(Arlie Russell Hochschild), 백영민 옮김, 『돈 잘 버는 여자 밥 잘 하는 남자: 맞벌이 부부의 가사분담 이야기』(아침이슬, 1989/2001), 32쪽.

31 Arlie Hochschild & Anne Machung, 『The Second Shift: Working Families and the Revolution at Home』(New York: Viking, 1989), p.12; 앨리 러셀 혹실드(Arlie Russell Hochschild), 백영민 옮김, 『돈 잘 버는 여자 밥 잘 하는 남자: 맞벌이 부부의 가사분담 이야기』(아침이슬, 1989/2001), 37쪽.

32 앨리 러셀 혹실드(Arlie Russell Hochschild), 백영민 옮김, 『돈 잘 버는 여자 밥 잘 하는 남자: 맞벌이 부부의 가사분담 이야기』(아침이슬, 1989/2001), 163, 245쪽.

33 박혜경, 「한국인에게 결혼은 숙명인가, 선택인가」, 김문조 외, 『한국인은 누구인가』(21세기북스, 2013), 248~249쪽.

34 김지환, 「경북 출생 남편과 사는 여성 가사노동 하루 65분 더 한다」, 『경향신문』, 2015년 10월 31일.

35 정선언, 「"실리콘밸리 핵심은 창업가·투자자 연결하는 미들맨": 미국 벤처박람회 참관한 3인에게 들어보니」, 『중앙일보』, 2012년 10월 9일.

36 온혜선, 「[Weekly BIZ] 돈 되는 곳 찾아내 연결…지금 잘 나가는 기업은 모두 '미들맨'」, 『조선일보』, 2015년 8월 22일.

37 민경희, 『미국 이민의 역사: 이론과 실제』(개신, 2008), 172~176쪽.

38 「Middleman minority」, 『Wikipedia』.

39 김종영, 『지배받는 지배자: 미국 유학과 한국 엘리트의 탄생』(돌베개, 2015), 22~24쪽.

40 「Trophy」, 『Wikipedia』; 「트로피」, 『다음 백과사전』.

41 「트로피 남편[trophy husband]」, 『네이버 백과사전』.

42 매슈 프레이저(Matthew Fraser)·수미트라 두타(Soumitra Dutta), 최경은 옮김, 『소셜 네트워크 e 혁명』(행간, 2008/2010), 72~73쪽.

43 「Millennials」, 『Wikipedia』.

44 오수진, 「美 셧다운 사태 속 '강경모드 주도' 티파티 주목」, 『연합뉴스』, 2013 년 10월 4일.

45 로버트 프랭크(Robert H. Frank), 이한 옮김, 『사치열병: 과잉시대의 돈과 행복』(미지북스, 1999/2011), 48쪽.

46 하선영, 「빗나간 과시욕 '트로피 헌팅'」, 『중앙일보』, 2015년 8월 8일.

47 하선영, 「빗나간 과시욕 '트로피 헌팅'」, 『중앙일보』, 2015년 8월 8일.

제8장 신체·건강·보건

1 Webb Garrison, 『What's in a Word?』(Dallas, TX: Thomas Nelson, 2000), p.190; 『엣센스 영한사전』, 제6정판(민중서림, 1995), 1296쪽; 『시사영어사/ 랜덤하우스 영한대사전』(시사영어사, 1991), 1100쪽.

2 게르트 기거렌처(Gerd Gigerenzer), 안의정 옮김, 『생각이 직관에 묻다: 논리 의 허를 찌르는 직관의 심리학』(추수밭, 2007/2008), 30~31쪽.

3 게르트 기거렌처(Gerd Gigerenzer), 강수희 옮김, 『지금 생각이 답이다: 이 불확실한 세계에서 어떻게 현명한 판단을 내릴까』(추수밭, 2014), 187쪽.

4 게르트 기거렌처(Gerd Gigerenzer), 강수희 옮김, 『지금 생각이 답이다: 이 불확실한 세계에서 어떻게 현명한 판단을 내릴까』(추수밭, 2014), 163쪽.

5 스콧 켈러(Scott Keller)·콜린 프라이스(Colin Price), 서영조 옮김, 『차이를 만드는 조직』(전략시티, 2011/2014), 111쪽.

6 리처드 루멜트(Richard P. Rumelt), 김태훈 옮김, 『전략의 적은 전략이다』(생 각연구소, 2011), 15쪽.

7 스티븐 존슨(Steven Johnson), 강주헌 옮김, 『우리는 어떻게 여기까지 왔을까: 오늘날의 세상을 만든 6가지 혁신』(프런티어, 2014/2015), 92쪽; 「Clarence Birdseye」, 『Wikipedia』.

8 Susie Dent, 『fanboys and overdogs: the language report』(New York: Oxford University Press, 2005), p.9; 강준만, 「왜 선택 사항이 많아지면 오히 려 불행해지는가?: 선택의 역설」, 『우리는 왜 이렇게 사는 걸까?: 세상을 꿰뚫 는 50가지 이론 2』(인물과사상사, 2014), 313~318쪽 참고.

9 Jordan Almond, 『Dictionary of Word Origins: A History of the Words, Expressions, and Cliches We Use』(Secaucus, NJ: Citadel Press, 1997), p.72.

10 강준만, 「왜 결정을 내리는 걸 두려워하는가? 결정공포증」, 『독선 사회: 세상 을 꿰뚫는 50가지 이론 4』(인물과사상사, 2015), 275~279쪽 참고.

11 제러미 리프킨(Jeremy Rifkin), 이경남 옮김, 『공감의 시대(The Emphatic Civilization)』(민음사, 2009/2010), 155~156쪽.

12 강준만, 「compassion fatigue」, 『교양영어사전 2』(인물과사상사, 2013), 152~ 153쪽 참고.

13 로버트 슐러(Robert H. Schuller), 박재천 옮김, 『적극적인 자존심을 가져라』 (태인문화사, 1982/1996), 189쪽.

14 스티븐 코비, 김경섭 옮김, 『성공하는 사람들의 8번째 습관』(김영사, 2004/2005), 449쪽.

15 로버트 커즈번(Robert Kurzban), 한은경 옮김, 『왜 모든 사람은 '나만 빼고' 위선자인가: 거짓말 심리학』(을유문화사, 2010/2012), 23~24쪽; 이남석, 『무삭제 심리학』(예담, 2008), 31쪽; 빌라야누르 라마찬드란(Vilayanur S. Ramachandran)·샌드라 블레이크스리(Sandra Blakeslee), 신상규 옮김, 『라마찬드란 박사의 두뇌 실험실: 우리의 두뇌 속에는 무엇이 들어 있는가?』 (바다출판사, 2000/2007), 68쪽.

16 수지 오바크(Susie Orbach), 김명남 옮김, 『몸에 갇힌 사람들: 불안과 강박을 치유하는 몸의 심리학』(창비, 2009/2011), 49~50쪽.

17 올리버 색스(Oliver Sachs), 장호연 옮김, 『뮤지코필리아: 뇌와 음악에 관한 이야기』(알마, 2008/2012), 397쪽.

18 「Phantom limb」, 『Wikipedia』; 「Phantom eye syndrome」, 『Wikipedia』.

19 「Savant」, 『Wikipedia』; 「savant」, 『네이버 영어사전』.

20 아지트 바르키(Ajit Varki)·대니 브라워(Danny Brower), 노태복 옮김, 『부정 본능』(부키, 2014/2015), 90~91쪽; 「Rain Man」, 『Wikipedia』.

21 올리버 색스(Oliver Sachs), 장호연 옮김, 『뮤지코필리아: 뇌와 음악에 관한 이야기』(알마, 2008/2012), 235~238쪽.

22 나카야 요헤이(仲谷洋平)·후지모토 고이치(藤本浩一) 편저, 김정운 편역, 『보다의 심리학』(21세기북스, 1993/2014), 395~396쪽.

23 임영익, 『메타생각』(리콘미디어, 2014), 160쪽.

24 아지트 바르키(Ajit Varki)·대니 브라워(Danny Brower), 노태복 옮김, 『부정 본능』(부키, 2014/2015), 92~93쪽.

25 「Savant syndrome」, 『Wikipedia』.

26 Marvin Terban, 『Scholastic Dictionary of Idioms』(New York: Scholastic, 1996), p.195.

27 Christine Ammer, 『The Facts on File Dictionary of Clichés』(New York: Checkmark Books, 2001), p.113.

28 Marvin Terban, 『Scholastic Dictionary of Idioms』(New York: Scholastic, 1996), p.70.

29 진 트웬지(Jean M. Twenge)·키스 캠벨(W. Keith Campbell), 이남석 편역, 『나는 왜 나를 사랑하는가』(옥당, 2009/2010), 189~190쪽.

30 「Elbow bump」, 『Wikipedia』.

31 김철중, 「만물상 독감 전파」, 『조선일보』, 2015년 3월 4일.

32 「epidemic, epidemics」, 『다음 영어사전』.

33 「역학(epidemiology, 疫學, Epidemiologie)」, 『네이버 지식백과』; 리처드 윌 킨슨(Richard G. Wilkinson), 김홍수영 옮김, 『평등해야 건강하다: 불평등은

어떻게 사회를 병들게 하는가』(후마니타스, 2005/2008), 23쪽.

34 강진구, 「[여적] 역학조사관」, 『경향신문』, 2015년 7월 2일.

35 최희진·김지원, 「역학조사관, 정규직 2명뿐…사람 안 키우니 매번 곤욕」, 『경향신문』, 2015년 7월 8일.

36 「인포데믹스[Infodemics]」, 『네이버 지식백과』.

37 조나 버거(Jonah Berger), 정윤미 옮김, 『컨테이저스: 전략적 입소문』(문학동네, 2013), 18~19쪽.

38 「Direct-to-consumer advertising」, 『Wikipedia』; 이덕규, 「제약광고 나가슈? 애듀케이션 효과 있~는데…: 신약 DTC 광고 2년 유예론에 美 의회예산국 반론」, 『약업신문』, 2011년 6월 2일.

39 주민우, 「FDA, 처방약 대중광고 조사」, 『헬스코리아뉴스』, 2013년 5월 15일.

40 이덕규, 「美 소비자 30% 처방약 광고 접한 후 실제 구입」, 『약업신문』, 2015년 4월 14일.

41 Julie Donohue, 「A History of Drug Advertising: The Evolving Roles of Consumers and Consumer Protection」, 『The Milibank Quarterly』, 84:4(2006), pp.659~699; Sanjo Adeoye & Kevin J. Bozic, 「Direct to Consumer Advertising in Healthcare: History, Benefits, and Concerns」, 『Clinical Orthopaedics and Related Research』, 457(April 2007), pp.96~104; 킴 월시 차일더즈(Kim Walsh-Childers)·제인 브라운(Jane D. Brown), 「개인과 공공의 헬스, 그리고 미디어」, 제닝스 브라이언트(Jennings Bryant)·메리 베스 올리버(Mary Beth Oliver) 편저, 김춘식 외 옮김, 『미디어 효과이론』(나남, 2009/2010), 553쪽.

42 「프로작[Prozac]」, 『네이버 지식백과』; 스콧 스토셀(Scott Stossel), 홍한별 옮김, 『나는 불안과 함께 살아간다: 희망과 회복력을 되찾기 위한 어느 불안증 환자의 지적 여정』(반비, 2014/2015), 280쪽.

43 로널드 드워킨(Ronald W. Dworkin), 박한선·이수인 옮김, 『행복의 역습: 행복강박증 사회가 어떻게 개인을 병들게 하는가』(아로파, 2006/2014), 28~29쪽.

44 스콧 스토셀(Scott Stossel), 홍한별 옮김, 『나는 불안과 함께 살아간다: 희망과 회복력을 되찾기 위한 어느 불안증 환자의 지적 여정』(반비, 2014/2015), 280쪽; 「Listening to Prozac」, 『Wikipedia』.

45 조기원, 「블룸버그 "한국, 항우울제 필요할지 몰라"」, 『한겨레』, 2015년 7월 18일.

46 스콧 스토셀(Scott Stossel), 홍한별 옮김, 『나는 불안과 함께 살아간다: 희망과 회복력을 되찾기 위한 어느 불안증 환자의 지적 여정』(반비, 2014/2015), 276~280쪽.

47 황수연, 「자살률 세계 1위 한국, 항우울제 복용은 최하위」, 『중앙일보』, 2015년 11월 19일.

48 신성식, 「"정신질환자, 낙인 두려워 15%만 진료"」, 『중앙일보』, 2013년 5월

21일.

49 「[사실] 한국, 이젠 우울증과 불행을 커밍아웃하라」, 『중앙일보』, 2014년 9월 18일.

50 임귀열, 「[임귀열 영어] Happy Birthday Wishes(생일 축하 메시지)」, 『한국일 보』, 2012년 10월 18일.

51 임귀열, 「[임귀열 영어] You Are As Old As You Feel(나이는 느끼기 나름)」, 『한국일보』, 2010년 11월 24일.

52 임귀열, 「[임귀열 영어] You Are As Old As You Feel(나이는 느끼기 나름)」, 『한국일보』, 2010년 11월 24일.

53 임귀열, 「[임귀열 영어] You Are As Old As You Feel(나이는 느끼기 나름)」, 『한국일보』, 2010년 11월 24일.

54 Scott Collins, 『Crazy Like a Fox: The Inside Story of How Fox News Beat CNN』(New York: Portfolio, 2004), p.34.

제9장 소통·의견·학문

1 『엣센스 영한사전』, 제6정판(민중서림, 1995), 167쪽.

2 최윤희·김숙현, 『문화 간 커뮤니케이션의 이해』(범우사, 1997), 169쪽.

3 최성애, 『나와 우리 아이를 살리는 회복탄력성: 최성애 박사의 행복 에너지 충전법』(해냄, 2014), 150쪽.

4 수 비숍(Sue Bishop), 신승미 옮김, 『자기주장의 기술』(비즈니스맵, 2006/2010), 235쪽.

5 김민선, 범기수·박기순·우지수 옮김, 『인간 커뮤니케이션, 비서구적 관점』(커뮤니케이션북스, 2002/2008), 60쪽.

6 「Assertiveness」, 『Wikipedia』.

7 김민선, 범기수·박기순·우지수 옮김, 『인간 커뮤니케이션, 비서구적 관점』(커뮤니케이션북스, 2002/2008), 56~59쪽.

8 「Assertiveness」, 『Wikipedia』.

9 Charles Earle Funk, 『Thereby Hangs a Tale: Stories of Curious Word Origins』(New York: Quill, 2002), p.157; Charles Earle Funk, 『Heavens to Betsy!: And Other Curious Sayings』(New York: Quill, 1955/2001), p.83; 『엣센스 영한사전』, 제6정판(민중서림, 1995), 1378쪽.

10 David Shenk, 『Data Smog: Surviving the Information Glut』(New York: HarperEdge, 1997/1998), pp.211~213; 데이비드 솅크, 정태석·유홍림 옮김, 『데이터 스모그』(민음사, 1997/2000), 260~263쪽.

11 앤드루 에드거(Andrew Edgar)·피터 세즈윅(Peter Sedgwick) 엮음, 박명진 외 옮김, 『문화이론사전』(한나래, 2003), 276~277쪽; 리처드 스텐걸(Richard Stengel), 임정근 옮김, 『아부의 기술: 전략적인 찬사, 아부에 대한 모든 것』(참

솔, 2000/2006), 14쪽; 「아이러니」, 『다음 백과사전』; 「반어」, 『위키백과』; 「Irony」, 『Wikipedia』.

12 임귀열, 「임귀열 영어」 American Humor vs. British Humour(유머와 아이러니), 『한국일보』, 2012년 12월 5일.

13 어수웅, 「중국을 보라, 이 얼마나 '아름다운 역설'인가」, 『조선일보』, 2013년 8월 1일.

14 임영익, 『메타생각』(리콘미디어, 2014), 259쪽.

15 임귀열, 「임귀열 영어」 Word Play(재미있는 말)」, 『한국일보』, 2015년 2월 5일.

16 J. 에드워드 루소(J. Edward Russo)·폴 슈메이커(Paul J. H. Schoemaker), 김명언·최인철 옮김, 『이기는 결정』(학지사, 2001/2010), 157쪽.

17 톰 피터스(Tom Peters), 노부호 외 옮김, 『해방경영』(한국경제신문사, 1992/1994), 59쪽.

18 말테 슈피츠(Malte Spitz)·브리기테 비어만(Brigitte Biermann), 김현정 옮김, 『내 데이터를 가져다 뭐하게: 디지털 시대의 자기결정권』(책세상, 2014/2015), 53쪽; 하워드 라인골드(Howard Rheingold), 김광수 옮김, 『넷스마트: 구글, 페이스북, 위키, 그리고 그보다 스마트해야 할 당신』(문학동네, 2012/2014), 243~244쪽.

19 이기형, 「거센 환경 변화 속 언론의 안내자 겸 감시자: '메타비평'과 '메타언론'의 역할과 과제」, 『신문과방송』, 2015년 7월, 44쪽.

20 김욱동, 『모더니즘과 포스트모더니즘』(현암사, 1992), 214쪽.

21 김욱동, 『포스트모더니즘의 이론: 문학/예술/문화』(민음사, 1992), 250, 257쪽.

22 조르주-클로드 길베르, 김승욱 옮김, 『포스트모던 신화 마돈나』(들녘, 2004), 49쪽.

23 Joseph A. DeVito, 『The Interpersonal Communication Book』 3rd ed. (New York: Harper & Row, 1983), p.195; 「Meta-communication」, 『Wikipedia』.

24 강준만, 「왜 우리는 대화를 하면 상황이 나아질 거라고 착각하는가?: 메라비언의 법칙」, 『독선 사회: 세상을 꿰뚫는 50가지 이론 4』(인물과사상사, 2015), 37~41쪽 참고.

25 임귀열, 「임귀열 영어」 Meta-communication-We're not communicating (소통의 문제)」, 『한국일보』, 2015년 1월 30일.

26 임귀열, 「임귀열 영어」 From meta-comments to meta-talking(덧말, 보조어) 2」, 『한국일보』, 2015년 2월 12일.

27 임귀열, 「임귀열 영어」 Word Play(재미있는 말)」, 『한국일보』, 2015년 2월 5일.

28 리처드 레스택(Richard M. Restack), 홍승효 옮김, 『인간적인, 너무나 인간적인 뇌』(휴머니스트, 2012/2015), 192쪽.

29 데이비드 디살보(David DiSalvo), 이은진 옮김, 『나는 결심하지만 뇌는 비웃는다』(모멘텀, 2012), 108쪽.

30 김경일, 『지혜의 심리학: 나의 잠재력을 찾는 생각의 비밀코드』(진성북스,

2013), 227~228쪽; 김경일, 「또 다른 지적 능력 메타인지」, 『네이버캐스트』, 2011년 8월 29일.

31 EBS 〈왜 우리는 대학에 가는가〉 제작팀, 『왜 우리는 대학에 가는가』(해냄, 2015), 259쪽.

32 임영익, 『메타생각』(리콘미디어, 2014), 259~260쪽.

33 제프 콜빈(Geoff Colvin), 김정희 옮김, 『재능은 어떻게 단련되는가?』(부키, 2008/2010), 179~180쪽.

34 피터 버크(Peter Burke), 조한욱 옮김, 『문화사란 무엇인가』(길, 2005), 137쪽.

35 「Linguistic turn」, 『Wikipedia』.

36 곽차섭, 「포스트모던 시대의 역사학을 위하여: 대화와 제언」, 김기봉 외, 『포스트모더니즘과 역사학』(푸른역사, 2002), 472쪽.

37 한스 위르겐 괴르츠(Hans-Jürgen Goertz), 최대희 옮김, 『역사학이란 무엇인가』(뿌리와이파리, 2003), 283쪽.

38 한스 위르겐 괴르츠(Hans-Jürgen Goertz), 최대희 옮김, 『역사학이란 무엇인가』(뿌리와이파리, 2003), 28쪽.

39 김수영, 「포스트모더니즘과 중국역사학」, 김기봉 외, 『포스트모더니즘과 역사학』(푸른역사, 2002), 266~267쪽.

40 마리아 루시아 G. 팔라레스-버크(Maria Lúcia G. Pallares-Burke), 곽차섭 옮김, 「4 케이쓰 토머스」, 『탐史: 현대 역사학의 거장 9인의 고백과 대화』(푸른역사, 2007), 262쪽.

41 마리아 루시아 G. 팔라레스-버크(Maria Lúcia G. Pallares-Burke), 곽차섭 옮김, 「3 내털리 제이먼 데이비스」, 『탐史: 현대 역사학의 거장 9인의 고백과 대화』(푸른역사, 2007), 188쪽.

42 임귀열, 「임귀열 영어」 Your theory is crazy(당신 얘기는 엉터리)」, 『한국일보』, 2012년 10월 31일.

43 Erich Fromm, 『Escape from Freedom』(New York: Avon Books, 1941/1970), p.215.

44 Erich Fromm, 『Escape from Freedom』(New York: Avon Books, 1941/1970), p.216.

45 Jacques Ellul, trans. Konrad Kellen and Jean Lerner, 『Propaganda: The Formation of Men's Attitudes』(New York: Vintage Books, 1962/1973), p.xvi.

46 Jacques Ellul, trans. Konrad Kellen and Jean Lerner, 『Propaganda: The Formation of Men's Attitudes』(New York: Vintage Books, 1962/1973), p.5.

47 Jacques Ellul, trans. Konrad Kellen and Jean Lerner, 『Propaganda: The Formation of Men's Attitudes』(New York: Vintage Books, 1962/1973), p.45.

48 Jacques Ellul, trans. Konrad Kellen and Jean Lerner, 『Propaganda: The Formation of Men's Attitudes』(New York: Vintage Books, 1962/1973),

p.46.

49 Jacques Ellul, trans. Konrad Kellen and Jean Lerner, 『Propaganda: The Formation of Men's Attitudes』(New York: Vintage Books, 1962/1973), p.47.

50 Jacques Ellul, trans. Konrad Kellen and Jean Lerner, 『Propaganda: The Formation of Men's Attitudes』(New York: Vintage Books, 1962/1973), p.85.

51 Jacques Ellul, trans. Konrad Kellen and Jean Lerner, 『Propaganda: The Formation of Men's Attitudes』(New York: Vintage Books, 1962/1973), p.85.

52 Donald R. Kinder, 「Diversity and Complexity in American Public Opinion」, Ada W. Finifter ed., 『Political Science: The State of the Discipline』(Washington, D.C.: The American Political Science Association, 1983), p.389.

53 David Shenk, 『Data Smog: Surviving the Information Glut』(New York: HarperEdge, 1997), p.136; 데이비드 솅크(David Shenk), 정태석·유홍림 옮김, 『데이터 스모그』(민음사, 2000), 170~171쪽.

54 David Shenk, 『Data Smog: Surviving the Information Glut』(New York: HarperEdge, 1997), p.136; 데이비드 솅크, 정태석·유홍림 옮김, 『데이터 스모그』(민음사, 2000), 171쪽.

55 Joe Trippi, 『The Revolution Will Not Be Televised: Democracy, the Internet, and the Overthrow of Everything』(New York: ReganBooks, 2004), p.36.

56 Pierre Bourdieu, 「Public Opinion Does Not Exist」, Armand Mattelart and Seth Siegelaub, eds., 『Communication and Class Struggle. Vol.1 Capitalism, Imperialism』(New York: International General, 1979), pp.124~126.

57 Matthew J. Streb & Susan H. Pinkus, 「When Push Comes to Shove: Push Polling and the Manipulation of Public Opinion」, Michael A. Genovese & Matthew J. Streb, eds., 『Polls and Politics: The Dilemmas of Democracy』(New York: State University of New York Press, 2004), pp.95~115.

58 Grant Barrett, ed., 『Oxford Dictionary of American Political Slang』(New York: Oxford University Press, 2004), pp.215~216.

제10장 인생·삶·행복

1 임귀열, 「[임귀열 영어] Life has a cause(인생은 인과응보의 필연)」, 『한국일보』, 2011년 3월 2일.

2 임귀열, 「[임귀열 영어] Coffee is not my cup of tea(커피는 내 스타일이 아니

다)」, 『한국일보』, 2010년 1월 20일.

3 임귀열, 「[임귀열 영어] Stupid is as stupid does!(하는 짓이 멍청하다)」, 『한국일보』, 2010년 1월 19일.

4 Joseph A. DeVito, 『The Interpersonal Communication Book』 3rd ed. (New York: Harper & Row, 1983), p.171.

5 임귀열, 「[임귀열 영어] Let's make the best of it(최선을 다하자)」, 『한국일보』, 2012년 9월 12일.

6 「happiness」, 『Online Etymology Dictionary』; 쓰지 신이치(辻信一), 장석진 옮김, 『행복의 경제학』(서해문집, 2008/2009), 177쪽.

7 임귀열, 「[임귀열 영어] A light heart lives long(걱정 없이 살아야 장수한다)」, 『한국일보』, 2012년 1월 25일.

8 Ambrose Bierce, 『The Devil's Dictionary』(New York: Bloomsbury, 2008), p.51.

9 임귀열, 「[임귀열 영어] A light heart lives long(걱정 없이 살아야 장수한다)」, 『한국일보』, 2012년 1월 25일.

10 임귀열, 「[임귀열 영어] A light heart lives long(걱정 없이 살아야 장수한다)」, 『한국일보』, 2012년 1월 25일.

11 「Hedonism」, 『Wikipedia』; 「hedonic」, 『네이버 영어사전』.

12 리처드 왓슨(Richard Watson), 이진원 옮김, 『퓨처 마인드: 디지털 문화와 함께 진화하는 생각의 미래』(청림출판, 2010/ 2011), 71쪽.

13 마이클 셔머(Michael Shermer), 박종성 옮김, 『경제학이 풀지 못한 시장의 비밀』(한국경제신문, 2008/2013), 262쪽.

14 「Hedonic treadmill」, 『Wikipedia』; 배리 슈워츠(Barry Schwartz), 형선호 옮김, 『선택의 심리학』(웅진지식하우스, 2004/2005), 178~179쪽; 강준만, 「왜 행복은 소득순이 아닌가?: 쾌락의 쳇바퀴」, 『생각의 문법: 세상을 꿰뚫는 50가지 이론 3』(인물과사상사, 2015), 150~155쪽 참고.

15 요하네스 발라허(Johannes Wallacher), 박정미 옮김, 『경제학이 깔고 앉은 행복』(대림북스, 2011), 114~116쪽; 이정환, 「"호모 에코노미쿠스의 역설…모두가 부자가 될 수는 없다": [서평] 요하네스 발라허의 '경제학이 깔고 앉은 행복'」, 『미디어오늘』, 2011년 10월 9일.

16 조 팰카(Joe Palca) · 플로라 리히트만(Flora Lichtman), 구계원 옮김, 『우리는 왜 짜증나는가: 우리의 신경을 긁는 것들에 대한 과학적 분석』(문학동네, 2011/2014), 55~56쪽.

17 「despair」, 『Online Etymology Dictionary』; 「despair, desperation」, 『네이버 영어사전』.

18 Christine Ammer, 『The Facts on File Dictionary of Clichés』(New York: Checkmark Books, 2001), pp.223~224.

19 장하준, 김희정 옮김, 『장하준의 경제학 강의: 지금 우리를 위한 새로운 경제학 교과서』(부키, 2014), 161쪽.

20 「Principle of good enough」, 『Wikipedia』.

21 임귀열, 「[임귀열 영어] Satisfaction is the enemy of success(만족하지 않아야
성공한다)」, 『한국일보』, 2015년 4월 22일.

22 켄 시걸(Ken Segall), 김광수 옮김, 『미친 듯이 심플: 스티브 잡스, 불멸의 경영
무기』(문학동네, 2012/2014), 37~38쪽.

23 임귀열, 「[임귀열 영어] Satisfaction is the enemy of success(만족하지 않아야
성공한다)」, 『한국일보』, 2015년 4월 22일.

24 서옥식 편저, 『오역의 제국: 그 거짓과 왜곡의 세계』(도리, 2013), 119쪽.

25 임귀열, 「[임귀열 영어] After death the doctor(사후 약방문)」, 『한국일보』,
2012년 6월 27일.

26 「Contentment」, 『Wikipedia』; 「complacency」, 『네이버 영어사전』.

27 리처드 스웬슨(Richard A. Swenson), 정명진 옮김, 『여유』(부글북스, 2004/
2012), 243쪽.

28 Don R. Pember, 『Mass Media Law』 3rd ed. (Dubuque, Iowa:
Wm.C.Brown, 1984), p.103.

29 임귀열, 「[임귀열 영어] Honor must not be lost(명예는 지켜 나가는 것)」, 『한
국일보』, 2012년 8월 1일.

30 임귀열, 「[임귀열 영어] Does Love need a reason?(사랑에도 이유가 필요한
가?)」, 『한국일보』, 2009년 6월 3일자.

31 임귀열, 「[임귀열 영어] Honor must not be lost(명예는 지켜 나가는 것)」, 『한
국일보』, 2012년 8월 1일.

32 임귀열, 「[임귀열 영어] Money is round(돈은 돌고 돈다)」, 『한국일보』, 2012
년 7월 18일.

33 임귀열, 「[임귀열 영어] Money Power(돈 얘기)」, 『한국일보』, 2011년 11월 16일.

34 임귀열, 「[임귀열 영어] Money Power(돈 얘기)」, 『한국일보』, 2011년 11월 16일.

35 임귀열, 「[임귀열 영어] Money and Women」, 『한국일보』, 2014년 9월 10일.

36 Mark J. Green, James M. Fallows, and David R. Zwick, 「Congress: The
Broken Branch」, Peter Collier ed., 『Dilemmas of Democracy: Readings in
American Government』(New York: Harcourt Brace Jovanivich, 1976), p.58.

37 임귀열, 「[임귀열 영어] Poverty is no disgrace(가난은 창피한 게 아니다)」,
『한국일보』, 2010년 2월 24일.

38 「Orman, Suze」, 『Current Biography』, 64:5(May 2003), p.62.

39 「Orman, Suze」, 『Current Biography』, 64:5(May 2003), p.67.

40 David Horowitz, 『The Art of Political War and Other Radical Pursuits』
(Dallas: Spence Publishing Co., 2000), pp.xii-xiii.

41 김종필, 「[김종필 증언록 '소이부답'] 〈101〉 JP의 문학과 사자성어」, 『중앙일
보』, 2015년 11월 2일.

42 David Riesman, Nathan Glazer, Reuel Denney, 『The Lonely Crowd: A
Study of the Changing American Character』(Garden City, N.Y.:

Doubleday Anchor Books, 1950/1954), p.200.

43 Burt Nanus, 『Visionary Leadership: Creating a Compelling Sense of Direction for Your Organization』(San Francisco, Ca.: Jossey-Bass Publishers, 1992), p.168.

44 「McGrath, Judy」, 『Current Biography』, 66:2(February 2005), p.41.

45 Linus Torvalds & David Diamond, 『Just for Fun: The Story of an Accidental Revolutionary』(New York: HarperBusiness, 2001), pp.164~165; 리누스 토르발스(Linus Torvalds)·데이비드 다이아몬드 (David Diamond), 안진환 옮김, 『리눅스•그냥 재미로: 우연한 혁명에 대한 이야기』(한겨레신문사, 2001), 243쪽.

**재미있는
영어 인문학 이야기 3**

ⓒ 강준만, 2015

초판 1쇄 2015년 12월 30일 펴냄
초판 2쇄 2021년 12월 29일 펴냄

지은이 | 강준만
펴낸이 | 강준우
기획 · 편집 | 박상문, 고여림
디자인 | 최진영
마케팅 | 이태준
관리 | 최수향
인쇄 · 제본 | (주)삼신문화

펴낸곳 | 인물과사상사
출판등록 | 제17-204호 1998년 3월 11일

주소 | 04037 서울시 마포구 양화로7길 6-16 서교제일빌딩 3층
전화 | 02-325-6364
팩스 | 02-474-1413
www.inmul.co.kr | insa@inmul.co.kr

ISBN 978-89-5906-385-7 04300
        978-89-5906-346-8 (세트)

값 15,000원

이 도서의 국립중앙도서관 출판시도서목록(CIP)은 서지정보유통지원시스템 홈페이지
(http://seoji.nl.go.kr)와 국가자료공동목록시스템(http://www.nl.go.kr/kolisnet)에서
이용하실 수 있습니다. (CIP제어번호: CIP2015035092)